Recht und Moral

Texte zur Rechtsphilosophie

Herausgegeben
von Norbert Hoerster

Reclam

RECLAMS UNIVERSAL-BIBLIOTHEK Nr. 8389
1987 Philipp Reclam jun. GmbH & Co. KG,
Siemensstraße 32, 71254 Ditzingen
Druck und Bindung: Kösel GmbH & Co. KG,
Am Buchweg 1, 87452 Altusried-Krugzell
Printed in Germany 2019
RECLAM, UNIVERSAL-BIBLIOTHEK und
RECLAMS UNIVERSAL-BIBLIOTHEK sind eingetragene Marken
der Philipp Reclam jun. GmbH & Co. KG, Stuttgart
ISBN 978-3-15-008389-5
www.reclam.de

Inhalt

Vorbemerkung zur Neuausgabe

Das vorliegende Buch erschien erstmals 1977 im Deutschen Taschenbuch Verlag (2. Aufl. 1980) und ist seit einiger Zeit vergriffen. Ich lege es hier in einer Neuausgabe vor. Für diese Neuausgabe habe ich das Vorwort, die Kapiteleinleitungen sowie sämtliche in dem Buch enthaltene Übersetzungen sorgfältig überarbeitet. Ich hoffe, daß diese Textsammlung jetzt ihrer Funktion, jeden Interessierten in die wichtigsten Fragestellungen der Rechtsphilosophie einzuführen, noch besser gerecht wird.

Die Rechtsphilosophie ist, richtig verstanden, eine Disziplin, die durchaus nicht nur den Juristen angeht. Denn das Recht ist neben der Moral der wichtigste Komplex sozialer Normen, der menschliches Zusammenleben regelt. Eine moderne Gesellschaft ist ohne eine funktionsfähige Rechtsordnung kaum vorstellbar. Andererseits greift eine Rechtsordnung in besonders gravierender Form in die Lebensgestaltung des Individuums ein.

Wer allgemein an Fragen der Sozialphilosophie interessiert ist, kann deshalb nicht darauf verzichten, das Phänomen des Rechts an wichtiger Stelle in seine Überlegungen einzubeziehen. Zum einen muß er der Frage nachgehen, worin überhaupt der spezifische Charakter einer Rechtsordnung liegt, insbesondere wodurch sich Recht und Moral *begrifflich*, ihrem Wesen nach, unterscheiden. Zum anderen muß er prüfen, ob sich für die Existenz einer Rechtsordnung irgendeine *Legitimation* finden läßt und ob intersubjektiv verbindliche Maßstäbe für die inhaltliche Ausgestaltung einer Rechtsordnung zur Verfügung stehen. In beiden Punkten geht es um Zusammenhänge zwischen Recht und Moral; und in beiden Punkten erweist sich die Rechtsphilosophie als ein zentrales Anwendungsgebiet innerhalb der Sozialphilosophie.

Im vorliegenden Band sind zwanzig rechtsphilosophische Texte in systematischer Anordnung zusammengestellt. Sie stammen überwiegend von Autoren des zwanzigsten Jahrhunderts. Da sie unterschiedliche Standpunkte zu dem jeweiligen Problem zum Ausdruck bringen, sind sie besonders geeignet, den Leser zu einer eigenen, kritischen Meinungsbildung anzuregen.

Norbert Hoerster

Vorwort

Philosophische Fragestellungen und Probleme im Zusammenhang mit dem Recht lassen sich zweckmäßigerweise in drei große Gruppen einteilen. In die *erste Gruppe* gehören Fragen nach dem Wesen oder Begriff des Rechts. Wir möchten wissen, welche allgemeinen Voraussetzungen erfüllt sein müssen, damit wir in der Realität von einer *Rechtsnorm* beziehungsweise von einer *Rechtsordnung* sprechen können. Gehören zu diesen Voraussetzungen etwa auch Voraussetzungen moralischer Natur, das heißt besteht zwischen Recht und Moral ein begrifflich notwendiger Zusammenhang? Oder sind Rechtsnorm und Rechtsordnung eher zu verstehen als Produkt einer bestimmten politischen Machtlage?

Solche Fragen sind Fragen begrifflich-definitorischer Art: Wir suchen nicht nach Maßstäben, anhand deren wir die verschiedenen Rechtsordnungen oder Rechtsnormen als *gut* oder *schlecht* bewerten können, sondern wir suchen nach Kriterien, anhand deren wir bestimmte soziale Phänomene überhaupt erst einmal als Rechtsnormen oder Rechtsordnungen *begrifflich einordnen* können. Eine analoge Frage beschäftigt etwa den Religionsphilosophen, wenn er die Voraussetzungen untersucht, die dazu berechtigen, ein bestimmtes Gefüge menschlicher Überzeugungen, Einstellungen und Verhaltensweisen als »Religion« zu qualifizieren – womit ja ebenfalls über Wahrheit oder Wert der betreffenden Religion noch nichts gesagt ist. Es ist diese Frage nach einer adäquaten Definition des Rechtsbegriffs, die uns im ersten Kapitel des Buches beschäftigen wird.

Die *zweite Gruppe* rechtsphilosophischer Fragestellungen, die im zweiten bis vierten Kapitel thematisiert wird, ist demgegenüber eindeutig wertender Natur. Hier geht es darum, von einem normativen Standpunkt aus Rechtsordnung und Rechtsnormen kritisch zu untersuchen. Besonders elementare Fragen in diesem Zusammenhang sind, ob sich die Exi-

stenz einer Rechtsordnung überhaupt rechtfertigen läßt und
welchen Zielen sie in ihren wesentlichen Zügen dienen sollte.
Daran anschließend stellt sich die weitere Frage, ob sich *für
den einzelnen Bürger* eine Verpflichtung begründen läßt, die
Gebote der Rechtsordnung zu befolgen. Diese Fragen hat das
zweite Kapitel des Buches zum Gegenstand.

Wer Fragen nach Rechtfertigung, Legitimation oder Begründung beantworten möchte, kann nicht umhin, dabei normative Bewertungsprinzipien ins Spiel zu bringen. Eines der
wichtigsten Prinzipien dieser Art, das Rechtsphilosophen seit
je als Maßstab des positiven Rechts herangezogen haben, ist
das Prinzip der Gerechtigkeit. Dieses Prinzip, das – in Form
des Gebotes der Gleichbehandlung – in den meisten demokratischen Staaten gleichzeitig ein Grundprinzip der Verfassung ist, wirft in Grundlage und Tragweite schwierige Probleme auf. Die Erörterung dieser Probleme steht im Mittelpunkt des dritten Kapitels.

Normative Rechtfertigungsfragen stellen sich für die Rechtsphilosophie nicht nur im Hinblick auf die leitenden Zielvorstellungen einer Rechtsordnung überhaupt. Sie stellen sich
auch im Hinblick auf die nähere Ausgestaltung einer solchen
Ordnung, insbesondere ihrer tragenden Institutionen. Individuelle Grundfreiheiten, staatliche Daseinsvorsorge, Privateigentum, Ehe sind Beispiele solcher Institutionen, die in
ihren Grundzügen ebenfalls rechtsphilosophischer Infrage-
stellung und Kritik unterliegen. In diesem Band müssen wir
uns aus Raumgründen auf die exemplarische Untersuchung
einer einzigen derartigen Institution beschränken. Aus drei
Erwägungen habe ich die Institution der staatlichen Strafe
ausgewählt: Erstens erscheint sie als besonders rechtfertigungsbedürftig, weil sie in drastischer Form in Freiheit und
Interessen des einzelnen eingreift; zweitens sind Existenz und
Ausgestaltung der staatlichen Strafe in vielen Ländern seit
Jahrzehnten außerordentlich umstritten; und schließlich ist
die Strafproblematik in hohem Maße geeignet, die leitenden

normativen Gesichtspunkte der Rechtskritik, besonders das Gerechtigkeitsprinzip, zu verdeutlichen. Das Problem staatlichen Strafens wird uns im vierten Kapitel beschäftigen.

Die *dritte Gruppe* rechtsphilosophischer Fragestellungen schließlich wird in diesem Sammelband nicht zu Wort kommen. Es handelt sich um Fragestellungen im Zusammenhang mit *Auslegung* und *Anwendung* geltender Rechtsnormen: Welcher Methoden sollen sich Rechtswissenschaft und Rechtsprechung bedienen, wenn sie ihrer Aufgabe der Systematisierung und Erläuterung, der Deutung und Konkretisierung des geltenden Rechts nachgehen? Sind es Methoden der deduktiven Logik, der induktiven Logik, einer Logik eigener Art, der Sprachanalyse, der Hermeneutik?

Ich habe diese methodologischen Fragen vor allem aus zwei Gründen in dem vorliegenden Band nicht berücksichtigt. Zum einen haben sie sich – unter dem Stichwort »Rechtsmethodologie« oder »juristische Methodenlehre« – weitgehend zu einer rechtsphilosophischen Spezialdisziplin verselbständigt, die zu den übrigen rechtsphilosophischen Problemstellungen nur lockere Berührungspunkte aufweist. Und zum anderen lassen sie sich ohne spezifisch juristische Kenntnisse, ohne die enge Vertrautheit mit dem tatsächlichen Argumentationsverfahren von Rechtswissenschaft und Rechtsprechung, kaum in fruchtbarer Weise erörtern. Dem unter sozialphilosophischem Aspekt an Grundlagenfragen des Rechts interessierten juristischen Laien sind sie daher nur schwer zugänglich.

Ich möchte darauf hinweisen, daß die Texte des ersten Kapitels wegen ihrer teilweise subtilen Begriffsuntersuchungen dem Anfänger vielleicht schwerer zugänglich sind als die Texte der übrigen Kapitel. Für diesen Fall rate ich, das erste Kapitel zunächst zu überschlagen.

Die meisten Texte mußten aus Gründen der Verständlichkeit stellenweise leicht redigiert werden. In den Sinngehalt der Texte wurde jedoch in keinem Fall eingegriffen. Auf Auslas-

sungen ganzer Passagen ist durch [. . .] hingewiesen. Die
Überschriften der einzelnen Texte wurden in fast allen Fällen
von mir hinzugefügt. Ich danke Herrn Diplom-Kaufmann
Dr. Hartmut Kliemt für wertvolle Unterstützung.

Norbert Hoerster

1. Kapitel

Begriff und Geltung des Rechts

Einleitung

Welche generellen Voraussetzungen müssen erfüllt sein, damit wir von einer Rechtsnorm beziehungsweise einer Rechtsordnung sprechen können? Seit den Anfängen der Rechtsphilosophie in der Antike stehen sich in der Beantwortung dieser Fragen zwei große Denkrichtungen gegenüber. Man kann sie, pauschal gesprochen, als die *naturrechtliche* und die *rechtspositivistische* Denkrichtung bezeichnen. Naturrechtstheorien behaupten, daß Rechtsnormen nur solche Normen sein können, die gewissen moralischen Anforderungen genügen. Dabei werden unterschiedliche Auffassungen darüber vertreten, in welcher Art von Moral diese Anforderungen zu suchen sind. Gewöhnlich sind Naturrechtler von der Existenz eines menschlichen Interessen und Idealen vorgegebenen, absolut geltenden Sittengesetzes ausgegangen. Seinen klassischen Ausdruck findet ein solches Naturrechtsdenken etwa in der pointierten These von AURELIUS AUGUSTINUS (354–430), Staaten ohne gerechte, an dem ewigen Sittengesetz ausgerichtete Normen seien keine Rechtsordnungen, sondern organisierte Räuberbanden. In unserem Jahrhundert sind ähnliche Auffassungen – nicht zuletzt unter dem Eindruck der zeitgenössischen Erfahrung totalitärer Unrechtsstaaten – vor allem von namhaften Rechtsdenkern vertreten worden. Zwei der bedeutendsten unter ihnen, GUSTAV RADBRUCH (1878–1949) und ALFRED VERDROSS (1890–1980), kommen in diesem Kapitel zu Wort.

Anders als das Naturrechtsdenken betrachtet der Rechtspositivismus Rechtsnorm und Rechtsordnung primär als empirische Gegebenheiten der sozialen Wirklichkeit. Dabei nimmt er zwischen Recht und Moral eine begriffliche Trennung vor:

Ob eine bestimmte Norm mit gewissen moralischen Anforderungen übereinstimmt, erscheint ihm für ihren *Rechts*charakter als unerheblich. »Autorität, nicht Wahrheit macht das Wesen eines Gesetzes aus«, wie es THOMAS HOBBES (1588 bis 1679) in programmatischer Form formulierte.

In der gegenwärtigen rechtsphilosophischen Diskussion wird der Ausdruck »Rechtspositivismus« häufig leider in einer mehrdeutigen Weise verwendet. So werden einer rechtspositivistischen Betrachtungsweise nicht selten unterschiedslos die folgenden Positionen unterstellt:

1. Der Begriff des Rechts ist so zu definieren, daß er von dem Begriff der Moral getrennt bleibt.
2. Es gibt keine Erkenntnis der Kriterien des richtigen Rechts.
3. Das Recht ist unter allen Umständen zu befolgen.
4. Der Begriff des Rechts ist so zu definieren, daß nur von einem Gesetzgeber erlassene Normen unter ihn fallen.
5. Eine Rechtsordnung ist ein in sich geschlossenes System, aus dem sich sämtliche Einzelfallentscheidungen wertungsfrei deduzieren lassen.

Es ist äußerst wichtig zu sehen, daß die Positionen 2–5 von Position 1, der sogenannten Trennungsthese, streng unterschieden werden müssen. Zwar ist die eine oder andere der Positionen 2–5 von dem einen oder anderen Anhänger der Trennungsthese *zusätzlich* vertreten worden. Diese Tatsache verschafft aber nicht die Berechtigung, die eventuelle Fragwürdigkeit dieser Positionen als Argument gegen die in jedem Fall im Zentrum des Rechtspositivismus stehende Trennungsthese ins Feld zu führen.

Der Rechtspositivismus wird in diesem Band durch JOHN AUSTIN (1790–1859), HANS KELSEN (1881–1973) und H. L. A. HART (geb. 1907) repräsentiert. Das Hauptanliegen dieser drei Rechtstheoretiker besteht jedoch nicht darin, sich mit dem Naturrechtsdenken auseinanderzusetzen, sondern zu der naturrechtlich-moralbehafteten Konzeption des Rechtsbegriffs eine konstruktive Alternative auszuarbeiten. Es ist dieser Aspekt der Texte, der dem Leser an Sorgfalt und Differenzierungsvermögen am meisten abverlangt.

Wer nicht wie der Naturrechtler gewillt ist, Recht zu *Moral* in eine begriffliche Beziehung zu setzen, scheint darauf angewiesen zu sein, Phänomenen wie »Macht«, »Zwang« oder »Gewalt« bei der Analyse des Rechtsbegriffs eine zentrale Rolle zuzuweisen. In der Tat hat es kein Rechtspositivist unterlassen, das Zwangselement in seine Rechtstheorie in irgendeiner Form einzubauen. Was jedoch den präzisen Stellenwert angeht, der diesem Element bei der Analyse von Rechtsnorm und Rechtsordnung zukommen soll, so besteht zwischen den einzelnen rechtspositivistischen Denkern keine Einigkeit. Meinungsverschiedenheiten treten insbesondere dort auf, wo es darum geht, so zentralen rechtlichen Begriffen wie Geltung, Gültigkeit und Verbindlichkeit (Pflicht) eine positivistisch adäquate Deutung zu geben.

Für jeden der drei hier vertretenen rechtspositivistischen Denker gibt es so etwas wie einen Schlüsselbegriff, durch den sich seine Position charakterisieren läßt. Es handelt sich um den Begriff des Befehls (bei Austin), den Begriff der Zwangsordnung (bei Kelsen) und den Begriff der Akzeptanz (bei Hart). Weshalb gerade diese drei Begriffe für die hier zu Wort kommenden Versionen des Rechtspositivismus eine Schlüsselfunktion haben, sei kurz erläutert.

Für Austin, der die intuitiv wohl am einfachsten nachvollziehbare Theorie vertritt, sind alle Rechtsnormen Befehle eines politischen Souveräns. Befehle aber sind mit einer Übelsandrohung verbundene Willensäußerungen. Eine derartige »Befehlstheorie« des Rechts wirft eine Reihe von Fragen auf. Die vielleicht wichtigsten sind die beiden folgenden:
1. Ist es nicht normalerweise selbst eine Frage des jeweils geltenden Rechts, wer denn als »Souverän«, das heißt als zur Rechtsetzung befugtes Organ, anzusehen ist? Muß es also nicht zumindest einige Rechtsnormen geben, die ihrerseits *nicht* als Befehle des Souveräns verstanden werden können?

2. Wie läßt sich aus dem bloßen Faktum eines Befehls, also aus einem *Sein*, eine rechtliche Verbindlichkeit, also ein *Sollen*, ableiten?

Es ist die zweite dieser Fragen, die Kelsen zu einer wesentlichen Modifizierung der Befehlstheorie veranlaßt hat. Kelsen behauptet nämlich, daß die Gültigkeit oder Verbindlichkeit einer Norm durch nichts anderes als eine weitere, höherrangige Norm begründet werden kann. Auf diese Weise gelangt er zum Postulat einer höchsten, die hierarchisch aufgebaute Rechtsordnung als ganze legitimierenden »Grundnorm«. Das Moment des Zwanges ist für Kelsen zur Charakterisierung des Rechts allerdings nicht weniger wichtig als für Austin. Jedoch richten sich für Kelsen die einzelnen Rechtsnormen nicht, wie für Austin, an den Bürger (indem sie ihm unter Androhung eines Zwangsaktes ein bestimmtes Verhalten abverlangen), sondern an die staatliche Amtsperson (indem sie ihr zum Vollzug eines Zwangsaktes ein Gebot oder eine Ermächtigung erteilen).

Noch weiter als Kelsen, wenngleich in eine andere Richtung, hat Hart sich von der Austinschen Befehlstheorie des Rechts entfernt. Ihm wird vor allem die erste der obengenannten Fragen zum Ausgangspunkt der Kritik. Hart ist der Auffassung, daß sich eine Rechtsordnung im Normalfall nur als System von zwei sehr unterschiedlichen Typen von Normen adäquat verstehen läßt: den »primären« Normen, die jemanden zu etwas *verpflichten*, und den »sekundären« Normen, die jemandem zu etwas *Befugnis verleihen*. An der Spitze einer Rechtsordnung muß für Hart immer eine sekundäre Norm stehen – eine Norm, die ein bestimmtes Organ zum Erlaß weiterer Normen befugt oder ermächtigt. Diese höchste Norm einer Rechtsordnung jedoch gilt nach Harts Sichtweise nicht kraft einer vorausgesetzten »Grundnorm«, sondern aus dem einfachen Grunde, weil sie de facto innerhalb der betreffenden Gesellschaft von den Amtspersonen zur Regelung des Rechtslebens akzeptiert wird.

John Austin: Rechtsnormen als Befehle des politischen Machthabers

Jede *Norm* oder *Regel* (im weitesten, aber noch angemessenen Sinn des Wortes) ist ein Befehl. Oder besser: Normen oder Regeln sind, sofern sie diesen Namen verdienen, eine besondere Art von Befehlen.
Da nun der Begriff des Befehls einen Oberbegriff zu dem Begriff der Norm bildet, ist jener sowohl einfacher als auch umfassender als dieser. Doch so elementar der Begriff des Befehls auch ist, er läßt sich trotzdem noch weiter erläutern. Und da er den Schlüssel zum Verständnis des Rechts wie der Moral bildet, muß seine Bedeutung genauestens analysiert werden. [. . .]

Wenn jemand den Wunsch äußert, daß ich etwas tun oder unterlassen soll, und wenn er mir, falls ich seinem Wunsch nicht nachkomme, ein Übel zufügen wird, so stellt die Äußerung dieses Wunsches einen *Befehl* dar. Ein Befehl unterscheidet sich von anderen Arten von Wünschen nicht durch die Art und Weise seiner Äußerung. Für ihn sind vielmehr Macht und Entschlossenheit des Befehlenden charakteristisch, im Fall der Nichtbefolgung des Wunsches ein Übel oder einen Schmerz zuzufügen. Ist der Betreffende nicht in der Lage oder nicht willens, mich zu bestrafen, falls ich seinem Wunsch nicht nachkomme, so ist der Ausdruck seines Wunsches kein Befehl, mag dieser Wunsch auch grammatikalisch in die Befehlsform gekleidet sein. Ist er andererseits in der Lage und willens, mir im Fall der Nichtbefolgung einen Schaden zuzufügen, dann läuft die Äußerung seines Wunsches selbst dann auf einen Befehl hinaus, wenn er diesen Wunsch aus Höflichkeit in die Form einer Bitte kleidet. [. . .]

Ein Befehl ist also der Ausdruck eines Wunsches. Doch ein Befehl unterscheidet sich von anderen Ausdrucksweisen eines Wunsches durch folgende typische Eigenschaft: Derjenige, an den der Befehl sich richtet, ist von seiten des Befehlenden einem Übel ausgesetzt, sofern er dem Befehl nicht nachkommt.

Daß ich einem Übel ausgesetzt bin, wenn ich einem Wunsch nicht Folge leiste, bedeutet, daß ich durch den betreffenden Befehl *gebunden* oder *verpflichtet* bin, daß ich einer *Pflicht* unterliege, dem Befehl zu gehorchen. Wenn ich trotz des drohenden Übels dem Wunsch nicht nachkomme, so kann man von mir sagen, daß ich dem Befehl nicht gehorche oder die durch ihn auferlegte Pflicht verletze.

Deshalb sind Befehl und Pflicht wechselseitige Begriffe: Sie umfassen einander beziehungsweise setzen einander voraus. Oder anders ausgedrückt: Wo es eine Pflicht gibt, da wurde ein Befehl gegeben; und wo ein Befehl gegeben wird, da entsteht eine Pflicht.

Knapp formuliert, ist die Bedeutung der beiden wechselseitigen Begriffe diese: Derjenige, der einen Wunsch äußert und für den Fall der Nichtbefolgung dieses Wunsches ein Übel bereithält, gibt einen Befehl; derjenige, der das Übel zu gewärtigen hat, falls er dem Wunsch nicht nachkommt, ist durch den Befehl gebunden oder verpflichtet.

Das im Fall der Nichtbefolgung eines Befehls, das heißt der Verletzung einer Pflicht, voraussichtlich zu erleidende Übel wird häufig als *Sanktion* oder als *Erzwingungsmittel des Gehorsams* bezeichnet. Oder, um es anders auszudrücken, der Befehl oder die Pflicht wird durch die Wahrscheinlichkeit des Übels *sanktioniert* oder *erzwungen*. [...]

Es sei betont, daß Größe und Wahrscheinlichkeit des Übels für unsere Frage ohne Bedeutung sind. Je größer und wahrscheinlicher das Übel ist, desto größer ist zwar die Wirksamkeit des Befehls beziehungsweise die Stärke der Verpflichtung oder, anders gesagt, desto größer ist die *Wahrscheinlichkeit*, daß der Befehl befolgt und die Pflicht nicht verletzt wird. Doch wo auch nur die geringste Wahrscheinlichkeit einer noch so geringfügigen Übelszufügung besteht, wird der Ausdruck eines Wunsches zu einem Befehl und zur Auferlegung einer Pflicht. Die Sanktion mag unbedeutend oder unzureichend sein; sie bleibt eine Sanktion, und damit ergeben sich eine Pflicht und ein Befehl. [. . .]

Jeder Befehl verpflichtet denjenigen, an den er sich richtet, etwas zu tun oder zu unterlassen. Ist der Befehl allgemeiner Art, verpflichtet er also zu einer Klasse von Handlungen oder Unterlassungen – wie im Fall eines Gesetzes –, dann ist er eine generelle Norm oder Regel. Betrifft er jedoch eine *einzelne* Handlung oder Unterlassung, so liegt ein situationsgebundener Befehl oder eine Einzelnorm vor. Mit anderen Worten: Durch eine generelle Norm oder Regel wird eine Klasse von Handlungen erfaßt, und sämtliche Handlungen, die dieser Klasse angehören, sind angeordnet beziehungsweise verboten. Dort aber, wo ein situationsgebundener Befehl oder eine Einzelnorm vorliegt, sind die Handlung oder die Handlungen, die der Befehl anordnet oder verbietet, sowohl durch ihre individuellen oder konkreten Eigenschaften als auch durch die Klasse, der sie angehören, definiert. [. . .]

Normen und andere Befehle gehen von *Höhergestellten* aus und verpflichten oder binden *Untergebene.* Daher möchte ich die Bedeutung der aufeinander bezogenen Begriffe »höhergestellt« und »untergeben« im einzelnen analysieren. Ich möchte sie von einem gewissen Schleier des Geheimnisses befreien, der ihre an sich klare Bedeutung offenbar schwer erkennen läßt.
»Höhergestellt« wird oft gleichbedeutend verwendet mit »überragend« oder »überlegen«. Wir vergleichen verschiedene Menschen miteinander und bringen zum Ausdruck, daß der eine dem anderen an gesellschaftlichem Rang, Reichtum oder Charakter überlegen ist. Doch in dem für uns maßgeblichen Sinne bedeutet Höherstellung Macht: die Macht, anderen Übel oder Schmerzen zuzufügen und sie sich durch Furcht gefügig zu machen. [. . .]

Der Begriff »Höherstellung« (wie auch die Begriffe »Pflicht« und »Sanktion«) dürfte daher im Begriff des Befehls enthalten sein. Denn Höherstellung bedeutet die Fähigkeit, die Befolgung von Wünschen zu erzwingen; und Äußerung oder Mitteilung eines Wunsches sowie Fähigkeit und Wille zu seiner Durchsetzung sind die beiden Elemente eines Befehls. Der Satz, daß Normen von Höhergestellten ausgehen, ist daher eine analytische Wahrheit; denn er folgt aus der Bedeutung der verwendeten Begriffe.

Wenn man den konkreten Urheber einer bestimmten Norm oder Klasse von Normen angibt, dann kann diese Angabe für den Hörer beziehungsweise Leser Informationswert besitzen. Wenn man jedoch generell versichert, daß Normen von Höhergestellten ausgehen und daß sie Untergebene zum Gehorsam verpflichten, dann ist dies nicht mehr als eine tautologische Trivialität. [...]

Ich will nun untersuchen, durch welche typischen Merkmale oder charakteristischen Eigenschaften Rechtsnormen gekennzeichnet sind. Zu diesem Zweck werde ich den Begriff »souverän«, den Komplementärbegriff »untergeben« und den mit beiden eng verbundenen Begriff »unabhängige politische Gemeinschaft« analysieren. Die Ziele oder Zwecke, wozu Rechtsordnungen existieren sollen, sowie das Maß, in dem ihre unterschiedlichen Ausgestaltungen diesen Zwecken dienen, sind in diesem Zusammenhang ohne Bedeutung. [...]

Die charakteristische Eigenschaft einer Rechtsnorm, die sie von anderen Normen unterscheidet, läßt sich folgendermaßen umschreiben: Jede Rechtsnorm, das heißt jede Norm im eigentlichen und engeren Sinne, wird von einer souveränen Person oder Körperschaft erlassen und richtet sich an eines oder mehrere Mitglieder jener unabhängigen politischen Gemeinschaft, in der die normsetzende Person oder Körperschaft souverän ist oder an der Spitze steht. Anders formuliert: Rechtsnormen werden von einem Monarchen oder einer souveränen Personengruppe gegenüber Individuen erlassen, die dem Monarchen beziehungsweise der Personengruppe untergeben sind. [...]

Diejenige Form von Höherstellung, die als Souveränität bezeichnet wird, und die mit ihr verbundene unabhängige politische Gemeinschaft unterscheiden sich von anderen Formen von Höherstellung beziehungsweise von anderen Formen von Gemeinschaft durch die folgenden Merkmale oder Eigenschaften:

1. Es gibt eine höhergestellte Instanz (ob Person oder Körperschaft), die für die ganze Gesellschaft identisch und eindeutig bestimmt ist und der die große Mehrheit der Bevölkerung gewohnheitsmäßig Gehorsam leistet.

2. Diese Person oder Körperschaft leistet ihrerseits *keiner* bestimmten, höhergestellten Instanz gewohnheitsmäßig Gehorsam. [...]

Der höhergestellten Person oder Körperschaft sind die übrigen Mitglieder der Gesellschaft untergeben; sie befinden sich ihr gegenüber in einem Zustand der Abhängigkeit. Die gegenseitige Beziehung können wir somit als Beziehung zwischen »Souverän« und »Untergebenen« bezeichnen.

Es ist daher nur eine verkürzte, unvollständige Ausdrucksweise, wenn man die *Gemeinschaft* als unabhängig bezeichnet. Wirklich unabhängig (das heißt unabhängig von einer bestimmten höhergestellten Instanz) ist nicht die Gemeinschaft, sondern ihr Souverän: jene Person oder Körperschaft in ihrer Mitte, deren direkt oder indirekt erlassenen Befehlen die große Mehrheit der Bevölkerung gewohnheitsmäßig Gehorsam leistet.

Hans Kelsen: Die Rechtsordnung als hierarchisches
System von Zwangsnormen

Auf die Normen, die den Charakter von Rechtsnormen
haben und gewissen Tatbeständen den Charakter von Rechts-
(oder Unrechts-) Akten verleihen, ist die Rechtserkenntnis
gerichtet. Denn das Recht, das den Gegenstand dieser
Erkenntnis bildet, ist eine normative Ordnung menschlichen
Verhaltens, und das heißt, ein System von menschliches Verhalten regelnden Normen. Mit »Norm« bezeichnet man: daß
etwas sein oder geschehen, insbesondere daß sich ein Mensch
in bestimmter Weise verhalten *soll*. Das ist der Sinn, den
gewisse menschliche Akte haben, die intentional auf das Verhalten anderer gerichtet sind. Sie sind intentional auf das Verhalten anderer gerichtet, wenn sie, ihrem Sinne nach, dieses
Verhalten gebieten (befehlen), aber auch wenn sie es erlauben
und insbesondere wenn sie es ermächtigen, das heißt: wenn
dem anderen eine gewisse Macht verliehen wird, insbesondere die Macht, selbst Normen zu setzen. Es sind – in diesem
Sinne verstanden – Willensakte. Wenn ein Mensch durch
irgendeinen Akt den Willen äußert, daß ein anderer Mensch
sich in bestimmter Weise verhalte, wenn er dieses Verhalten
gebietet oder erlaubt oder ermächtigt, kann der Sinn seines
Aktes nicht mit der Aussage beschrieben werden, daß sich der
andere so verhalten wird, sondern nur mit der Aussage, daß
sich der andere so verhalten soll. Derjenige, der gebietet oder
ermächtigt, will; derjenige, an den das Gebot gerichtet ist
oder dem die Erlaubnis oder Ermächtigung gegeben wird,
soll. Dabei ist das Wort »sollen« hier in einer weiteren als der
üblichen Bedeutung gebraucht. Dem üblichen Sprachgebrauch nach korrespondiert nur dem Gebieten ein »Sollen«,
dem Erlauben ein »Dürfen«, dem Ermächtigen ein »Können«. Hier aber wird mit »sollen« der normative Sinn eines
intentional auf das Verhalten anderer gerichteten Aktes
bezeichnet. In diesem »Sollen« ist das »Dürfen« und »Kön-

nen« mit inbegriffen. Denn eine Norm kann nicht nur gebieten, sondern auch erlauben und insbesondere ermächtigen.
Wenn derjenige, dem ein bestimmtes Verhalten geboten oder
erlaubt, der zu einem bestimmten Verhalten ermächtigt wird,
nach dem Grund dieses Geboten-, Erlaubt- oder Ermäch-
tigtseins (nicht nach der Ursache des Aktes, mit dem geboten,
erlaubt oder ermächtigt wird) fragen will, kann er nur fragen:
warum soll (oder, im üblichen Sprachgebrauch auch: darf,
kann) ich mich so verhalten? »Norm« ist der Sinn eines
Aktes, mit dem ein Verhalten geboten oder erlaubt, insbesondere ermächtigt wird. Dabei ist zu beachten, daß die Norm
als der spezifische Sinn eines intentional auf das Verhalten
anderer gerichteten Aktes etwas anderes ist als der Willensakt, dessen Sinn sie ist. Denn die Norm ist ein Sollen, der
Willensakt, dessen Sinn sie ist, ein Sein. Darum muß der
Sachverhalt, der im Falle eines solchen Aktes vorliegt, in der
Aussage beschrieben werden: der eine will, daß sich der
andere in bestimmter Weise verhalten soll. Der erste Teil
bezieht sich auf ein Sein, die Seins-Tatsache des Willensaktes,
der zweite Teil auf ein Sollen, auf eine Norm als den Sinn des
Aktes. Darum trifft nicht zu – wie vielfach behauptet wird –
die Aussage: ein Individuum soll etwas, bedeute nichts anderes als: ein anderes Individuum will etwas; das heißt, daß sich
die Aussage eines Sollens auf die Aussage eines Seins reduzieren lasse.

Der Unterschied zwischen Sein und Sollen kann nicht näher
erklärt werden. Er ist unserem Bewußtsein unmittelbar gegeben. Niemand kann leugnen, daß die Aussage: etwas ist – das
ist die Aussage, mit der eine Seins-Tatsache beschrieben wird
– wesentlich verschieden ist von der Aussage: daß etwas sein
soll – das ist die Aussage, mit der eine Norm beschrieben
wird; und daß daraus, daß etwas ist, nicht folgen kann, daß
etwas sein soll, so wie daraus, daß etwas sein soll, nicht folgen
kann, daß etwas ist. [. . .]

Ein Strafgesetz kann den Satz enthalten: Diebstahl wird mit Gefängnis bestraft. Der Sinn dieses Satzes ist nicht, wie sein Wortlaut anzuzeigen scheint, die Aussage über ein tatsächliches Geschehen, sondern eine Norm: ein Befehl oder eine Ermächtigung, Diebstahl mit Gefängnis zu bestrafen. Der Gesetzgebungsprozeß ist eine Reihe von Akten, die in ihrer Gesamtheit den Sinn von Normen haben. Wenn man sagt, daß mit einem der oben erwähnten Akte oder durch die Akte des Gesetzgebungsprozesses eine Norm »erzeugt« oder »gesetzt« wird, so ist das nur ein figürlicher Ausdruck dafür, daß der Sinn oder die Bedeutung des Aktes oder der Akte, die den Gesetzgebungsprozeß darstellen, eine Norm ist. Doch muß der subjektive von dem objektiven Sinne unterschieden werden. »Sollen« ist der subjektive Sinn jedes Willensaktes eines Menschen, der intentional auf das Verhalten eines anderen gerichtet ist. Aber nicht jeder solche Akt hat auch objektiv diesen Sinn. Nur wenn er auch objektiv den Sinn des Sollens hat, bezeichnet man das Sollen als »Norm«. Darin, daß »Sollen« auch der objektive Sinn des Aktes ist, kommt zum Ausdruck, daß das Verhalten, auf das der Akt intentional gerichtet ist, nicht nur vom Standpunkt des den Akt setzenden Individuums, sondern auch vom Standpunkt eines unbeteiligten Dritten als gesollt angesehen wird; und das auch dann, wenn das Wollen, dessen subjektiver Sinn das Sollen ist, faktisch aufgehört hat zu existieren, wenn mit dem Willen nicht auch der Sinn, das Sollen verschwindet; wenn das Sollen auch nach Aufhören des Wollens »gilt«, ja wenn es gilt, selbst wenn das Individuum, dessen Verhalten dem subjektiven Sinne des Willensaktes nach gesollt ist, von diesem Akt und seinem Sinn gar nichts weiß, wenn dieses Individuum als verpflichtet oder berechtigt angesehen wird, sich sollensgemäß zu verhalten. Dann ist das Sollen, als »objektives« Sollen, eine »geltende«, den Adressaten bindende »Norm«. Dies ist dann der Fall, wenn dem Willensakte, dessen subjektiver Sinn ein Sollen ist, dieser objektive Sinn durch eine Norm verliehen ist, wenn dieser Akt durch eine Norm ermächtigt ist, die darum als eine »höhere« Norm gilt. Der Befehl eines Gangsters, ihm eine bestimmte Geldsumme zu geben, hat denselben subjektiven Sinn wie der Befehl eines Steuerbeamten, nämlich den Sinn, daß das Individuum, an das der Befehl gerichtet ist, eine bestimmte Geldsumme leisten soll. Aber nur der Befehl des Steuerbeamten, nicht der Befehl des Gangsters hat den Sinn einer geltenden, den Adressaten verpflichtenden Norm, nur der eine, nicht der andere ist ein normsetzender Akt: weil der Akt des Steuerbeamten durch ein Steuergesetz ermächtigt ist, während der Akt des Gangsters auf keiner solchen ihn ermächtigenden Norm beruht. Daß der gesetzgebende Akt, der subjektiv den Sinn des Sollens hat, auch objektiv diesen Sinn, das heißt den Sinn einer geltenden Norm hat, ist darum der Fall, weil die Verfassung dem Gesetzgebungsakt diesen objektiven Sinn verleiht. Der verfassungsgebende Akt hat nicht nur subjektiv, sondern auch objektiv normativen Sinn, wenn vorausgesetzt wird, daß man sich so verhalten soll, wie der Verfassungsgeber vorschreibt. Fordert ein sich in Not befindlicher Mensch einen anderen auf, ihm Hilfe zu leisten, ist der subjektive Sinn seiner Forderung, daß der andere ihm Hilfe leisten soll. Aber eine objektiv gültige, den anderen verpflichtende Norm liegt in diesem Falle nur dann vor, wenn die generelle, etwa durch einen Religionsstifter gesetzte Norm der Nächstenliebe gilt; und diese gilt als objektiv verbindliche Norm nur, wenn vorausgesetzt wird, daß man sich so verhalten soll, wie der Religionsstifter befohlen hat. Eine solche, die objektive Geltung begründende Voraussetzung wird hier als Grundnorm bezeichnet. Es ist somit nicht die Seins-Tatsache eines auf das bestimmte Verhalten anderer gerichteten Willensaktes, sondern wiederum nur eine Soll-Norm, aus der – in einem objektiven Sinne – die Geltung der Norm folgt, daß sich diese anderen dem subjektiven Sinne des Willensaktes entsprechend verhalten sollen. [. . .]

Es ist unzutreffend, die Norm im allgemeinen und die
Rechtsnorm im besonderen als »Wille« oder »Befehl« – des
Gesetzgebers oder des Staates – zu charakterisieren, wenn
unter »Wille« oder »Befehl« der psychische Willensakt verstanden wird. [. . .]

Ist das Recht als normative Ordnung, als ein System von
Normen, begriffen, die das Verhalten von Menschen regeln,
entsteht die Frage: Was begründet die Einheit einer Vielheit
von Normen, warum gehört eine bestimmte Norm zu einer
bestimmten Ordnung? Und diese Frage steht in einem engen
Zusammenhang mit der Frage: Warum gilt eine Norm, was
ist ihr Geltungsgrund?
Daß eine sich auf das Verhalten eines Menschen beziehende
Norm »gilt«, bedeutet, daß sie verbindlich ist, daß sich der
Mensch in der von der Norm bestimmten Weise verhalten
soll. Schon in einem früheren Zusammenhang wurde ausgeführt, daß die Frage, warum die Norm gilt, das heißt: warum
sich der Mensch so verhalten soll, nicht mit der Feststellung
einer Seinstatsache beantwortet werden, daß der Geltungsgrund einer Norm nicht eine solche Tatsache sein kann. Daraus, daß etwas *ist*, kann nicht folgen, daß etwas sein *soll*;
sowie daraus, daß etwas sein *soll*, nicht folgen kann, daß
etwas *ist*. Der Geltungsgrund einer Norm kann nur die Geltung einer anderen Norm sein. Eine Norm, die den Geltungsgrund einer anderen Norm darstellt, wird figürlich als die
höhere Norm im Verhältnis zu einer niederen Norm bezeichnet. Zwar scheint es, daß man die Geltung einer Norm mit
der Tatsache begründen könne, daß sie von irgendeiner
Autorität, einem menschlichen oder übermenschlichen Wesen, gesetzt ist; so wenn man die Geltung der Zehn Gebote mit der Tatsache begründet, daß Gott Jehova sie auf
dem Berge Sinai gegeben habe; oder wenn man sagt, daß man
seine Feinde lieben soll, weil Jesus, der Sohn Gottes, dies in
seiner Bergpredigt befohlen habe. In beiden Fällen ist der
zwar nicht ausgesprochene, aber vorausgesetzte Geltungs-

grund nicht die Tatsache, daß Gott oder der Sohn Gottes zu einer bestimmten Zeit an einem bestimmten Ort eine bestimmte Norm gesetzt hat, sondern eine Norm: die Norm, daß man den Geboten Gottes, und die Norm, daß man den Geboten seines Sohnes gehorchen soll. Allerdings bildet in dem Syllogismus, dessen Obersatz der die höhere Norm aussagende Soll-Satz ist: man soll den Geboten Gottes (oder den Geboten seines Sohnes) gehorchen, und dessen Schlußsatz der die niedere Norm aussagende Soll-Satz ist: man soll den Zehn Geboten (oder dem Gebot, seine Feinde zu lieben) gehorchen, der eine Seins-Tatsache feststellende Satz: Gott hat die Zehn Gebote erlassen (oder der Sohn Gottes hat befohlen, die Feinde zu lieben) als Untersatz ein wesentliches Glied. Obersatz und Untersatz sind beide Bedingungen des Schlußsatzes. Aber nur der Obersatz, der ein Soll-Satz ist, ist *conditio per quam* im Verhältnis zum Schlußsatz, der auch ein Soll-Satz ist; das heißt, die im Obersatz ausgesagte Norm ist der Geltungsgrund der im Schlußsatz ausgesagten Norm. Der als Untersatz fungierende Seins-Satz ist nur *conditio sine qua non* im Verhältnis zum Schlußsatz; das heißt: die im Untersatz festgestellte Seins-Tatsache ist nicht der Geltungsgrund der im Schlußsatz ausgesagten Norm.

Die im Obersatz ausgesagte Norm: daß man den Geboten Gottes (oder seines Sohnes) gehorchen soll, ist in der Voraussetzung inbegriffen, daß die Normen, deren Geltungsgrund in Frage steht, von einer Autorität ausgehen, das heißt: von jemandem, der fähig, das heißt kompetent ist, gültige Normen zu setzen; diese Norm verleiht der normsetzenden Persönlichkeit die »Autorität«, Normen zu setzen. Die Tatsache, daß irgend jemand irgend etwas befiehlt, ist kein Grund, den Befehl als gültige, das heißt für den Normadressaten verbindliche Norm anzusehen. Nur eine kompetente Autorität kann gültige Normen setzen; und nur auf einer zur Normsetzung ermächtigenden Norm kann solche Kompetenz beruhen. Dieser Norm ist die zur Normsetzung ermächtigte

Autorität ebenso unterworfen wie die zum Gehorsam gegenüber den von ihr gesetzten Normen verpflichteten Individuen.
Wie erwähnt, ist die Norm, die den Geltungsgrund einer
anderen Norm darstellt, dieser gegenüber eine höhere Norm.
Aber die Suche dem Geltungsgrund einer Norm kann
nicht, wie die Suche nach der Ursache einer Wirkung, ins
Endlose gehen. Sie muß bei einer Norm enden, die als letzte,
höchste vorausgesetzt wird. Als höchste Norm muß sie *vorausgesetzt* sein, da sie nicht von einer Autorität *gesetzt* sein
kann, deren Kompetenz auf einer noch höheren Norm beruhen müßte. Ihre Geltung kann nicht mehr von einer höheren
Norm abgeleitet, der Grund ihrer Geltung nicht mehr in
Frage gestellt werden. Eine solche als höchste vorausgesetzte
Norm wird hier als Grundnorm bezeichnet. Auf sie mußte
schon in anderem Zusammenhang hingewiesen werden. Alle
Normen, deren Geltung auf eine und dieselbe Grundnorm
zurückgeführt werden kann, bilden ein System von Normen,
eine normative Ordnung. Die Grundnorm ist die gemeinsame Quelle für die Geltung aller zu einer und derselben
Ordnung gehörigen Normen, ihr gemeinsamer Geltungsgrund. Daß eine bestimmte Norm zu einer bestimmten Ordnung gehört, beruht darauf, daß ihr letzter Geltungsgrund
die Grundnorm dieser Ordnung ist. Diese Grundnorm ist es,
die die Einheit einer Vielfalt von Normen konstituiert, indem
sie den Grund für die Geltung aller zu dieser Ordnung gehörigen Normen darstellt. [. . .]

Als Zwangsordnung unterscheidet sich das Recht von anderen Gesellschaftsordnungen. Das Zwangsmoment, das ist der
Umstand, daß der von der Ordnung als Folge eines für gesell-
schaftsschädlich angesehenen Sachverhalts statuierte Akt
auch gegen den Willen des davon betroffenen Menschen und
– im Falle des Widerstandes – mit Anwendung physischer Gewalt zu vollstrecken ist, ist das entscheidende Kriterium.
Sofern der von der Rechtsordnung statuierte Zwangsakt als

Reaktion auf ein von der Rechtsordnung bestimmtes Verhalten eines Menschen auftritt, hat dieser Zwangsakt den Charakter einer Sanktion, und das menschliche Verhalten, gegen das der Zwangsakt gerichtet ist, den Charakter eines verbotenen, rechtswidrigen Verhaltens, eines Unrechts oder Deliktes; es ist das Gegenteil jenes Verhaltens, das als geboten oder rechtmäßig anzusehen ist, ein Verhalten, durch das die Anwendung der Sanktion vermieden wird. Daß das Recht eine Zwangsordnung ist, bedeutet nicht – wie dies mitunter behauptet wird –, daß es zum Wesen des Rechtes gehört, das rechtmäßige, von der Rechtsordnung gebotene Verhalten zu »erzwingen«. Dieses Verhalten wird nicht durch die Setzung des Zwangsaktes erzwungen, denn der Zwangsakt ist gerade dann zu setzen, wenn nicht das gebotene, sondern das verbotene, das rechtswidrige Verhalten erfolgt. Gerade für diesen Fall ist ja der als Sanktion fungierende Zwangsakt statuiert. Meint man mit der fraglichen Behauptung, daß das Recht durch die Statuierung von Sanktionen die Menschen zu dem gebotenen Verhalten motiviert, indem der Wunsch, die Sanktion zu vermeiden, als Motiv dieses Verhalten herbeiführt, so ist zu erwidern, daß diese Motivation nur eine mögliche, keine notwendige Funktion des Rechtes ist, daß das rechtmäßige, das ist das gebotene, Verhalten auch durch andere Motive herbeigeführt werden kann und sehr häufig auch durch andere Motive, wie religiöse oder moralische Vorstellungen, herbeigeführt wird. Der Zwang, der in der Motivation liegt, ist psychischer Zwang; und dieser Zwang, den die Vorstellung des Rechts und besonders der von ihm statuierten Sanktionen auf die rechtsunterworfenen Subjekte ausübt, indem sie zum Motiv des gebotenen, rechtmäßigen Verhaltens wird, darf mit der Statuierung des Zwangsaktes nicht verwechselt werden. Psychischen Zwang übt jede bis zu einem gewissen Grad wirksame Gesellschaftsordnung, und manche – wie etwa die religiöse – noch in einem höheren Maße aus als die Rechtsordnung. Dieser psychische Zwang ist kein das Recht von anderen Gesellschaftsordnungen unterscheidendes Merkmal. Das Recht ist eine Zwangsordnung nicht in dem Sinne, daß es – oder richtiger, daß seine Vorstellung – psychischen Zwang ausübt; sondern in dem Sinne, daß es Zwangsakte, nämlich die zwangsweise Entziehung von Leben, Freiheit, wirtschaftlichen und anderen Gütern als Folgen der von ihm bestimmten Bedingungen statuiert. [. . .]

Die Frage nach dem Geltungsgrund einer zu einer bestimmten staatlichen Rechtsordnung gehörigen Rechtsnorm kann sich aus Anlaß eines Zwangsaktes ergeben, zum Beispiel wenn ein Mensch einem anderen zwangsweise das Leben entzieht, seinen Tod durch Erhängen herbeiführt, und nun die Frage aufgeworfen wird, warum dieser Akt ein Rechtsakt, die Vollstreckung einer Strafe, und nicht ein Mord ist. Als Rechtsakt, und zwar als Vollstreckung einer Strafe, und nicht als Mord, kann ein solcher Akt nur gedeutet werden, wenn er von einer Rechtsnorm, und zwar von einer individuellen Rechtsnorm statuiert, das heißt als gesollt gesetzt ist, von einer Norm, die sich als richterliches Urteil darstellt. Damit erhebt sich die Frage, unter welchen Bedingungen eine solche Deutung möglich ist, warum es sich in dem vorliegenden Fall um ein richterliches Urteil handle, warum die damit statuierte individuelle Norm gilt, eine gültige Rechtsnorm ist, zu einer geltenden Rechtsordnung gehört und daher angewendet werden soll. Die Antwort auf diese Frage ist: weil diese individuelle Norm in Anwendung des Strafgesetzes gesetzt wurde, das eine generelle Norm enthält, derzufolge unter Bedingungen, die im gegebenen Fall vorliegen, eine Todesstrafe verhängt werden soll. Fragt man nach dem Geltungsgrund dieses Strafgesetzes, so erhält man zur Antwort: das Strafgesetz gilt, weil es von der gesetzgebenden Körperschaft beschlossen wurde und diese durch eine Norm der Staatsverfassung ermächtigt ist, generelle Normen zu setzen. Fragt man nach dem Geltungsgrund der Staatsverfassung, auf der die Geltung aller generellen Normen und die Geltung der auf Grund dieser generellen Normen erzeugten individuellen Normen beruht, das heißt: fragt man nach dem Geltungsgrund der Normen, die die Erzeugung der generellen Normen regeln, indem sie bestimmen, durch welche Organe und in welchem Verfahren generelle Normen zu erzeugen sind, so gerät man vielleicht auf eine ältere Staatsverfassung; das heißt: man begründet die Geltung der bestehenden Staatsverfassung damit, daß sie gemäß den Bestimmungen einer vorangehenden Staatsverfassung im Wege einer verfassungsmäßigen Verfassungsänderung, das heißt aber gemäß einer positiven, von einer Rechtsautorität gesetzten Norm zustande gekommen ist; und so schließlich auf eine historisch erste Staatsverfassung, die nicht mehr auf einem solchen Wege entstanden ist, und deren Geltung daher nicht mehr auf eine positive, durch eine Rechtsautorität gesetzte Norm zurückgeführt werden kann, eine Staatsverfassung, die revolutionär, das heißt unter Bruch einer früher bestandenen Staatsverfassung oder für einen Bereich in Geltung getreten ist, der vordem überhaupt nicht der Geltungsbereich einer Staatsverfassung und einer auf ihr beruhenden staatlichen Rechtsordnung gewesen war. Zieht man nur die staatliche Rechtsordnung – nicht auch das Völkerrecht – in Betracht und fragt man nach dem Grund der Geltung einer historisch ersten Staatsverfassung, das heißt einer Verfassung, die nicht im Wege einer verfassungsmäßigen Änderung einer vorangegangenen Staatsverfassung zustande gekommen ist, dann kann die Antwort – wenn man darauf verzichtet, die Geltung der Staatsverfassung und die Geltung der ihr gemäß erzeugten Normen auf eine Norm zurückzuführen, die von einer meta-rechtlichen Autorität, wie Gott oder Natur, gesetzt ist – nur sein, daß die Geltung dieser Verfassung, die Annahme, daß sie eine verbindliche Norm sei, *vorausgesetzt* werden muß, wenn es möglich sein soll, die ihr gemäß gesetzten Akte als die Erzeugung oder Anwendung gültiger genereller Rechtsnormen und die in Anwendung dieser generellen Rechtsnormen gesetzten Akte als die Erzeugung oder Anwendung gültiger individueller

Rechtsnormen zu deuten. Da der Grund der Geltung einer Norm nur wieder eine Norm sein kann, muß diese Voraussetzung eine Norm sein: keine von einer Rechtsautorität gesetzte, sondern eine vorausgesetzte Norm, das heißt eine Norm, die vorausgesetzt wird, wenn der subjektive Sinn des verfassunggebenden Tatbestandes und der subjektive Sinn der der Verfassung gemäß gesetzten normerzeugenden Tatbestände als deren objektiver Sinn gedeutet wird. Da sie die Grundnorm einer Rechtsordnung, das heißt: einer Zwangsakte statuierenden Ordnung ist, lautet der diese Norm beschreibende Satz, der Grundsatz der in Frage kommenden staatlichen Rechtsordnung: Zwangsakte sollen gesetzt werden unter den Bedingungen und auf die Weise, die die historisch erste Staatsverfassung und die ihr gemäß gesetzten Normen statuieren. (In verkürzter Form: Man soll sich so verhalten, wie die Verfassung vorschreibt.) Die Normen einer Rechtsordnung, deren gemeinsamer Geltungsgrund diese Grundnorm ist, sind – wie der im Vorhergehenden dargestellte Regreß zur Grundnorm zeigt – nicht ein Komplex nebeneinander in Geltung stehender, sondern ein Stufenbau einander über- und untergeordneter Normen. [...]

Eine Rechtsnorm gilt nicht darum, weil sie einen bestimmten Inhalt hat, das heißt: weil ihr Inhalt aus dem einer vorausgesetzten Grundnorm im Wege einer logischen Schlußfolgerung abgeleitet werden kann, sondern darum, weil sie in einer bestimmten, und zwar in letzter Linie in einer von einer vorausgesetzten Grundnorm bestimmten Weise erzeugt ist. Darum und nur darum gehört sie zu der Rechtsordnung, deren Normen dieser Grundnorm gemäß erzeugt sind. Daher kann jeder beliebige Inhalt Recht sein. Es gibt kein menschliches Verhalten, das als solches, kraft seines Gehalts, ausgeschlossen wäre, Inhalt einer Rechtsnorm zu sein. Deren Geltung kann nicht darum verneint werden, weil ihr Inhalt dem einer anderen Norm widerspricht, die nicht zu der Rechtsordnung gehört, deren Grundnorm der Grund der Geltung der in Frage stehenden Norm ist. Die Grundnorm einer Rechtsordnung ist nicht eine materielle Norm, die, weil ihr Inhalt als unmittelbar einleuchtend angesehen, als höchste Norm vorausgesetzt wird, und aus der durch logische Operation Normen menschlichen Verhaltens – als das Besondere aus dem Allgemeinen – abgeleitet werden können. Die Normen einer Rechtsordnung müssen durch einen besonderen Setzungsakt erzeugt werden. Es sind gesetzte, das heißt positive Normen, Elemente einer positiven Ordnung. Versteht man unter der Verfassung einer Rechtsgemeinschaft die Norm oder die Normen, die bestimmen, wie, das heißt von welchen Organen und in welchen Verfahren – durch bewußte Rechtssatzung, insbesondere Gesetzgebung, oder Gewohnheit – die generellen Normen der die Gemeinschaft konstituierenden Rechtsordnung zu erzeugen sind, ist die Grundnorm jene Norm, die vorausgesetzt wird, wenn die Gewohnheit, durch die die Verfassung zustande gekommen ist, oder wenn der von bestimmten Menschen bewußt gesetzte, verfassunggebende Akt objektiv als ein normerzeugender Tatbestand gedeutet wird. [. . .]

Die Geltung einer Norm, das heißt, daß man sich so verhalten soll, wie die Norm bestimmt, darf mit der Wirksamkeit der Norm, das ist mit der Tatsache, daß man sich tatsächlich so verhält, nicht vermengt werden. Es besteht aber eine wesentliche Beziehung zwischen beiden. Eine sich als Recht darstellende Zwangsordnung wird nur dann als gültig angesehen, wenn sie im großen und ganzen wirksam ist. Das heißt: die den Geltungsgrund einer Rechtsordnung darstellende Grundnorm bezieht sich nur auf eine Verfassung, die die Grundlage einer wirksamen Zwangsordnung ist. Nur wenn das tatsächliche Verhalten der Menschen im großen und ganzen dem subjektiven Sinn der auf dieses Verhalten gerichteten Akte entspricht, wird dieser subjektive Sinn auch als ihr objektiver anerkannt, werden diese Akte als Rechtsakte gedeutet.

Nunmehr können wir die Frage beantworten, warum wir dem unter Todesandrohung erlassenen Befehl eines Straßenräubers nicht den objektiven Sinn einer für den Adressaten verbindlichen, das heißt gültigen Norm beilegen, warum wir diesen Akt nicht als Rechtsakt, warum wir die Verwirklichung der Drohung als Delikt und nicht als Vollstreckung einer Sanktion deuten.

Handelt es sich um den vereinzelten Akt eines einzelnen Individuums, kann dieser schon darum nicht als ein Rechtsakt, sein Sinn nicht als eine Rechtsnorm angesehen werden, weil Recht – wie betont – nicht eine einzelne Norm, sondern ein System von Normen, eine soziale Ordnung ist, und eine besondere Norm als Rechtsnorm nur insofern anzusehen ist, als sie einer solchen Ordnung angehört. Der Vergleich mit einer Rechtsordnung käme nur in Betracht, wenn es sich um die systematische Tätigkeit einer organisierten Bande handelte, die ein bestimmtes Gebiet dadurch unsicher macht, daß sie dort lebende Menschen unter Androhung von Übeln zwingt, ihr Geld und Geldeswert auszuliefern. Dann ist die Ordnung, die das gegenseitige Verhalten der Mitglieder dieser als »Räuberbande« qualifizierten Gruppe regelt, von der externen Ordnung, das ist von den Befehlen zu unterscheiden, die die Mitglieder oder Organe der Bande unter Androhung von Übeln an Außenstehende richten. Denn nur gegenüber Außenstehenden betätigt sich die Gruppe als »Räuber«-Bande. Wären Raub und Mord im Verhältnis zwischen den Räubern nicht verboten, läge überhaupt keine Gemeinschaft, keine Räuber-»Bande« vor. Dennoch mag auch die interne Ordnung der Bande mit einer als Rechtsordnung angesehenen Zwangsordnung vielfach in Konflikt stehen, innerhalb deren territorialen Geltungsbereich die Tätigkeit der Räuberbande fällt. Wenn die diese Gemeinschaft konstituierende, die interne und externe Ordnung umfassende Zwangsordnung nicht als Rechtsordnung, wenn ihr subjektiver Sinn, daß man sich ihr entsprechend verhalten soll, nicht als ihr objektiver Sinn gedeutet wird, so darum, weil keine Grundnorm vorausgesetzt wird, derzufolge man sich dieser Ordnung gemäß verhalten soll, das heißt: daß Zwang unter den Bedingungen und in der Weise geübt werden soll, wie es diese Ordnung bestimmt. Aber – und das ist die entscheidende Frage – warum wird eine solche Grundnorm nicht vorausgesetzt? Sie wird nicht vorausgesetzt, weil – oder richtiger – wenn diese Ordnung nicht jene dauernde Wirksamkeit hat, ohne die keine sich auf sie beziehende, ihre objektive Geltung begründende Grundnorm vorausgesetzt wird. Sie hat diese Wirksamkeit offenbar nicht, wenn die Sanktionen statuierenden Normen der Rechtsordnung, innerhalb deren territorialen Geltungsbereich die Tätigkeit der Bande fällt, tatsächlich auf diese Tätigkeit als auf rechtswidriges Verhalten angewendet werden, den Angehörigen der Bande die Freiheit, ja das Leben durch Akte zwangsweise entzogen wird, die als Freiheits- und Todesstrafe gedeutet werden, und der Tätigkeit der Bande so ein Ende gesetzt wird. Das heißt: wenn die als Rechtsordnung angesehene Zwangsordnung wirksamer ist als die die Räuberbande konstituierende Zwangsordnung.

Ist diese Zwangsordnung in ihrem territorialen Geltungsbereich auf ein bestimmtes Gebiet begrenzt und innerhalb dieses Gebietes in der Weise wirksam, daß die Geltung jeder anderen solchen Zwangsordnung ausgeschlossen ist, kann sie als Rechtsordnung und die durch sie konstituierte Gemeinschaft sehr wohl als »Staat« betrachtet werden, auch wenn dieser nach außen eine – nach positivem Völkerrecht – verbrecherische Tätigkeit entfaltet. Das beweist die Existenz der sogenannten Seeräuber-Staaten an der Nordwestküste Afrikas (Algier, Tunis, Tripolis), deren Schiffe vom 16. bis zu Beginn des 19. Jahrhunderts durch Piraterie das Mittelmeer unsicher machten. Als »Seeräuber« waren diese Gemeinschaften nur mit Bezug auf ihre völkerrechtswidrige Gewaltanwendung gegenüber den Schiffen anderer Staaten qualifiziert. Ihrer internen Ordnung nach war gegenseitige Gewaltanwendung wohl in einem solchen Maße wirksam verboten, daß jenes Minimum an kollektiver Sicherheit gewährleistet war, das die Bedingung einer relativ dauernden Wirksamkeit der die Gemeinschaft konstituierenden Ordnung ist. [...]

Daß Gerechtigkeit kein das Recht von anderen Zwangsordnungen unterscheidendes Merkmal sein kann, ergibt sich aus dem relativen Charakter des Werturteiles, demzufolge eine Gesellschaftsordnung gerecht ist. [...]

Wird Gerechtigkeit als Kriterium der als Recht zu bezeichnenden normativen Ordnung angenommen, dann sind die kapitalistischen Zwangsordnungen der westlichen Welt, vom Standpunkt des kommunistischen Gerechtigkeitsideals, und die kommunistische Zwangsordnung der Sowjetunion, vom Standpunkt des kapitalistischen Gerechtigkeitsideals, kein Recht. Ein zu solcher Konsequenz führender Begriff des Rechts kann von einer positivistischen Rechtswissenschaft nicht akzeptiert werden. Eine Rechtsordnung mag vom Standpunkt einer bestimmten Gerechtigkeitsnorm aus als ungerecht beurteilt werden. Aber die Tatsache, daß der Inhalt einer wirksamen Zwangsordnung als ungerecht beurteilt werden kann, ist jedenfalls kein Grund, diese Zwangsordnung nicht als Rechtsordnung gelten zu lassen. Nach dem Sieg der Französischen Revolution Ende des 18. Jahrhunderts sowie nach dem Sieg der Russischen Revolution Anfang des 20. Jahrhunderts bestand in den anderen Staaten die deutliche Neigung, die durch die Revolution errichtete Zwangsordnung nicht als Rechtsordnung, die Akte der revolutionär zur Macht gelangten Regierung nicht als Rechtsakte zu deuten; die eine, weil sie das monarchische Legitimitätsprinzip verletzte, die andere, weil sie das Privateigentum an den Produktionsmitteln abschaffte. Aus dem letzteren Grunde haben sogar Gerichte der Vereinigten Staaten von Amerika sich geweigert, Akte der revolutionär etablierten russischen Regierung als Rechtsakte anzuerkennen, mit der Begründung, daß sie nicht Akte eines Staates, sondern einer Gangsterbande seien. Sobald jedoch die revolutionär errichteten Zwangsordnungen sich als dauernd wirksam erwiesen, wurden sie als Rechtsordnung, die Regierungen der durch sie konstituierten Gemeinschaften als Staatsregierungen, ihre Akte als Staats- und somit als Rechtsakte anerkannt. [. . .]

Eine Gesellschaftsordnung kann – und dies ist bei einer Rechtsordnung der Fall – ein bestimmtes Verhalten gerade dadurch gebieten, daß sie an das gegenteilige Verhalten einen Nachteil, nämlich die Entziehung der oben erwähnten Güter, das ist eine Strafe im weitesten Sinne des Wortes, knüpft; so daß ein bestimmtes Verhalten im Sinne dieser Gesellschaftsordnung als geboten, und das heißt im Falle einer Rechtsordnung als rechtlich geboten nur insofern angesehen werden kann, als das gegenteilige Verhalten Bedingung einer Sanktion (im engeren Sinne) ist. Wenn eine Gesellschaftsordnung, wie die Rechtsordnung, ein Verhalten dadurch gebietet, daß sie für den Fall des gegenteiligen Verhaltens eine Sanktion als gesollt statuiert, kann man diese Sachlage in einem Satze beschreiben, der aussagt, daß im Falle eines bestimmten Verhaltens eine bestimmte Sanktion eintreten soll. Damit ist schon ausgesagt, daß das die Sanktion bedingende Verhalten verboten, sein Gegenteil geboten ist. Das Gesollt-sein der Sanktion schließt das Verboten-sein des Verhaltens, das ihre spezifische Bedingung ist, das Geboten-sein seines Gegenteils in sich. Dabei ist zu beachten, daß mit »Geboten«- oder »Verboten«-sein eines bestimmten Verhaltens nicht das Gesollt-sein dieses Verhaltens oder seines Gegenteils, sondern das Gesollt-sein der Folge dieses Verhaltens, das ist: der Sanktion, gemeint ist. Das gebotene Verhalten ist nicht das gesollte Verhalten; gesollt ist die Sanktion. Das Geboten-sein eines Verhaltens bedeutet, daß das Gegenteil dieses Verhaltens Bedingung des Gesollt-seins der Sanktion ist. Die Vollstreckung der Sanktion ist geboten, ist Inhalt einer Rechtspflicht, wenn ihre Unterlassung zur Bedingung einer Sanktion gemacht ist. Ist dies nicht der Fall, kann sie nur als

ermächtigt, nicht auch als geboten gelten. Da dies kein endlo-
ser Regreß sein kann, kann die letzte Sanktion in dieser Reihe
nur ermächtigt, nicht geboten sein. [...]

Wird das Recht als eine Zwangsordnung begriffen, lautet die
Formel, mit der die Grundnorm einer staatlichen Rechtsordnung dargestellt wird: Zwang von Mensch zu Mensch soll in
der Weise und unter den Bedingungen geübt werden, wie es
in der historisch ersten Verfassung bestimmt ist. Die Grundnorm delegiert die historisch erste Verfassung, das Verfahren
zu bestimmen, in dem Zwangsakte statuierende Normen zu
setzen sind. Um objektiv als Rechtsnorm gedeutet zu werden, muß eine Norm der subjektive Sinn eines Aktes sein, der
in diesem – dem grundnormgemäßen – Verfahren gesetzt ist,
und muß einen Zwangsakt statuieren oder mit einer solchen
Norm in wesentlicher Verbindung stehen. Mit der Grundnorm wird somit die in ihr enthaltene Definition des Rechts
als Zwangsnorm vorausgesetzt. Die mit der Grundnorm vorausgesetzte Definition des Rechts hat zur Folge, daß als
rechtlich geboten oder, was dasselbe ist, als Inhalt einer
Rechtspflicht ein Verhalten nur dann angesehen werden
kann, wenn das gegenteilige Verhalten als Bedingung eines
Zwangsaktes normiert ist, der gegen den sich so verhaltenden
Menschen (oder Angehörige desselben) gerichtet ist. Doch ist
zu beachten, daß der Zwangsakt selbst nicht in diesem Sinne
geboten sein muß, daß seine Anordnung und seine Vollstrek-
kung nur ermächtigt sein kann.
Nun wird gegen die Definition des Rechts als Zwangsordnung, das heißt gegen die Aufnahme des Zwangsmomentes in
den Rechtsbegriff, geltend gemacht, daß die historisch gegebenen Rechtsordnungen tatsächlich Normen enthalten, die
keine Zwangsakte statuieren, Normen, die ein Verhalten
erlauben oder zu einem Verhalten ermächtigen; aber auch
Normen, die ein Verhalten gebieten, zu einem Verhalten verpflichten, ohne an das gegenteilige Verhalten als Bedingung
einen Zwangsakt als Folge zu knüpfen; und insbesondere,

daß die Nichtanwendung der Zwangsakte statuierenden Normen häufig nicht zur Bedingung von als Sanktionen fungierenden Zwangsakten gemacht wird.

Der letzterwähnte Einwand trifft nicht zu, denn die Definition des Rechts als Zwangsordnung kann aufrechterhalten werden, auch wenn die einen Zwangsakt statuierende Norm nicht selbst wieder in einer wesentlichen Verbindung mit einer Norm steht, die an die Nichtanordnung oder Nichtvollstreckung des Zwangsaktes in einem konkreten Falle eine Sanktion knüpft, wenn also die generelle Statuierung des Zwangsaktes rechtlich, das heißt objektiv nicht als geboten, sondern nur als ermächtigt oder positiv erlaubt zu deuten ist (auch wenn der subjektive Sinn des Aktes, mit dem der Zwangsakt generell statuiert ist, ein Gebieten ist). Die Definition des Rechts als Zwangsordnung kann auch gegenüber Normen aufrecht erhalten werden, die zu einem Verhalten ermächtigen, das nicht den Charakter eines Zwangsaktes hat, oder ein solches Verhalten positiv erlauben, sofern diese Normen unselbständige Normen sind, weil in wesentlicher Verbindung mit Zwangsakte statuierenden Normen stehend. Ein typisches Beispiel für solche Normen, die als Argument gegen die Aufnahme des Zwangsmomentes in den Rechtsbegriff angeführt werden, sind die Normen des Verfassungsrechts. Die Normen der Verfassung – so argumentiert man –, die das Verfahren der Gesetzgebung regeln, statuieren keine Sanktionen für den Fall, daß sie nicht beobachtet werden. Nähere Analyse zeigt aber, daß es unselbständige Normen sind, die nur eine der Bedingungen bestimmen, unter denen die von anderen Normen statuierten Zwangsakte anzuordnen und zu vollstrecken sind. Es sind Normen, die das Gesetzgebungsorgan zur Erzeugung von Normen ermächtigen, nicht die Erzeugung von Normen gebieten; und insofern kommen Sanktionen hier überhaupt nicht in Betracht. Werden die Bestimmungen der Verfassung nicht eingehalten, kommen keine gültigen Rechtsnormen zustande, sind die so erzeugten Normen nichtig oder vernichtbar, das heißt: der subjektive

Sinn der nicht verfassungsmäßig und sohin nicht grundnorm-
gemäß gesetzten Akte wird nicht als ihr objektiver Sinn
gedeutet oder die – provisorische – Deutung wird wieder
aufgehoben. [. . .]

Es kann natürlich nicht geleugnet werden, daß von dem
Gesetzgeber – und das heißt in einem grundnormgemäßen
Verfahren – ein Akt gesetzt werden kann, dessen subjektiver
Sinn eine Norm ist, die ein bestimmtes menschliches Verhalten gebietet, ohne daß ein Akt gesetzt wird, dessen subjektiver Sinn eine Norm ist, die für den Fall des gegenteiligen
Verhaltens einen Zwangsakt als Sanktion statuiert, und ohne
daß der Sachverhalt als Einschränkung der Geltung einer
einen Zwangsakt statuierenden Norm beschrieben werden
kann. Dann kann, wenn die vorausgesetzte Grundnorm als
eine Zwangsakte statuierende Norm formuliert ist, der subjektive Sinn des in Frage stehenden Aktes nicht als dessen
objektiver Sinn, die Norm, die sein subjektiver Sinn ist, nicht
als Rechtsnorm gedeutet, sondern muß als rechtlich irrelevant angesehen werden. Aber auch aus anderen Gründen
kann der subjektive Sinn eines in einem grundnormgemäßen
Verfahren gesetzten Aktes als rechtlich irrelevant betrachtet
werden. Denn der subjektive Sinn eines solchen Aktes kann
etwas sein, das überhaupt nicht den Charakter einer menschliches Verhalten gebietenden, erlaubenden oder ermächtigenden Norm hat. Ein durchaus verfassungsmäßig zustande
gekommenes Gesetz kann einen Inhalt haben, der keinerlei
Norm darstellt, sondern eine religiöse oder politische Theorie zum Ausdruck bringt, wie etwa den Satz, daß das Recht
von Gott stammt oder daß das Gesetz gerecht ist oder das
Interesse des ganzen Volkes verwirklicht. In Form eines verfassungsmäßig zustande gekommenen Gesetzes kann dem
Staatsoberhaupt zu seinem Regierungsjubiläum der Glückwunsch der Nation dargebracht werden, lediglich um diesem
Glückwunsch eine besondere feierliche Form zu geben.
Sofern verfassungsmäßig zustande gekommene Akte in Wor-

ten ausgedrückt werden, können sie jeden beliebigen Sinn
haben, das heißt eine Form darstellen, die keineswegs nur
Normen zum Inhalt haben muß. [. . .]

Eine Definition des Rechtes, die dieses nicht als Zwangsordnung bestimmt, ist abzulehnen. Vor allem darum, weil nur
durch die Aufnahme des Zwangsmomentes in den Begriff des
Rechtes dieses von jeder anderen Gesellschaftsordnung deutlich geschieden und mit dem Zwangselement ein für die
Erkenntnis der sozialen Beziehungen überaus bedeutsamer,
für die als »Recht« bezeichneten Gesellschaftsordnungen
höchst charakteristischer Faktor zum Kriterium erhoben
wird; insbesondere aber, weil damit der Zusammenhang
berücksichtigt wird, der in dem für die Erkenntnis des Rechts
bedeutendsten Fall, dem des modernen staatlichen Rechts,
zwischen Recht und Staat besteht, der wesentlich Zwangsordnung, und zwar eine zentralisierte und in ihrem territorialen Geltungsbereich begrenzte Zwangsordnung ist.
Normen, die der subjektive Sinn von Gesetzgebungsakten
sind, und die ein bestimmtes Verhalten gebieten, ohne daß
das gegenteilige Verhalten zur Bedingung eines Zwangsaktes
als einer Sanktion gemacht ist, sind in modernen Rechtsordnungen nur ganz ausnahmsweise feststellbar. Wenn allerdings die als Recht bezeichneten Gesellschaftsordnungen tatsächlich in erheblichem Ausmaß Gebotsnormen enthielten,
die nicht mit Normen wesentlich verbunden sind, die
Zwangsakte als Sanktionen statuieren, was jedoch nicht der
Fall ist, dann wäre die Zulässigkeit einer Definition des
Rechts als Zwangsordnung in Frage gestellt; und wenn aus
den bestehenden als Recht bezeichneten Gesellschaftsordnungen – wie der Marxsche Sozialismus prophezeit – das
Zwangselement (als Folge der Aufhebung des Privateigentums an den Produktionsmitteln) verschwinden würde, würden diese Gesellschaftsordnungen ihren Charakter wesentlich ändern. Sie würden – im Sinne der hier akzeptierten Definition des Rechts – ihren Rechtscharakter und die von ihnen

konstituierten Gemeinschaften ihren Staatscharakter verlieren, es würde, in der Marxschen Terminologie gesprochen, der Staat – aber mit dem Staat auch das Recht – »absterben«.

Schon in einem anderen Zusammenhange wurde darauf hingewiesen, daß, wenn eine Norm ein bestimmtes Verhalten gebietet und eine zweite Norm für den Fall der Nichtbefolgung der ersten eine Sanktion statuiert, beide miteinander wesentlich verbunden sind. Dies trifft insbesondere zu, wenn eine normative Ordnung – wie die Rechtsordnung – ein bestimmtes Verhalten eben dadurch gebietet, daß sie an das gegenteilige Verhalten einen Zwangsakt als Sanktion knüpft, so daß ein Verhalten im Sinne dieser Ordnung, im Falle der Rechtsordnung also rechtlich, nur insofern als geboten angesehen werden kann, als das gegenteilige Verhalten Bedingung einer Sanktion ist. Enthält eine Rechtsordnung, etwa ein von dem Parlament beschlossenes Gesetz, eine Norm, die ein bestimmtes Verhalten vorschreibt, und eine andere Norm, die an die Nichtbefolgung der ersten eine Sanktion knüpft, ist die erste keine selbständige Norm, sondern mit der zweiten wesentlich verbunden; sie bestimmt nur – negativ – die Bedingung, an die die zweite die Sanktion knüpft; und wenn die zweite positiv die Bedingung bestimmt, an die sie die Sanktion knüpft, ist die erste vom Standpunkt legislativer Technik überflüssig. Enthält zum Beispiel ein Zivilgesetzbuch die Norm, daß ein Schuldner das empfangene Darlehen dem Gläubiger vertragsgemäß zurückzahlen soll, und die Norm, daß, wenn ein Schuldner dem Gläubiger das empfangene Darlehen nicht vertragsgemäß zurückzahlt, eine Zivilexekution auf Klage des Gläubigers in das Vermögen des Schuldners geführt werden soll, so ist alles, was die erste Norm bestimmt, in der zweiten negativ als Bedingung enthalten. Ein modernes Strafgesetz enthält zumeist gar keine Normen, in denen, so wie in den Zehn Geboten, Mord, Ehebruch und andere Delikte verboten werden, sondern beschränkt sich darauf, an bestimmte Tatbestände Strafsanktionen zu knüpfen. Hier zeigt sich deutlich, daß eine Norm »Du sollst nicht morden« überflüssig ist, wenn eine Norm gilt: »Wer mordet, soll bestraft werden«; daß die Rechtsordnung ein bestimmtes Verhalten eben dadurch verbietet, daß sie an dieses Verhalten eine Sanktion knüpft, oder ein bestimmtes Verhalten gebietet, indem sie an das gegenteilige Verhalten eine Sanktion knüpft. [. . .]

Auch Rechtsnormen, die zu einem bestimmten Verhalten ermächtigen, sind unselbständige Normen, sofern man unter »ermächtigen« versteht: einem Individuum eine Rechtsmacht verleihen, das ist die Macht verleihen, Rechtsnormen zu erzeugen. Denn sie bestimmen nur eine der Bedingungen, an die – in einer selbständigen Norm – der Zwangsakt geknüpft ist. Es sind die Normen, die zur Erzeugung von generellen Rechtsnormen ermächtigen, die Normen der Verfassung, die die Gesetzgebung regeln oder die Gewohnheit als rechtserzeugenden Tatbestand einsetzen; und die Normen, die das Gerichts- und Verwaltungsverfahren regeln, in dem die durch Gesetz oder Gewohnheit erzeugten generellen Normen von hierzu ermächtigten Gerichts- und Verwaltungsbehörden mittels der von diesen Organen zu erzeugenden individuellen Normen angewendet werden. [. . .]

Aus dem Gesagten ergibt sich, daß eine Rechtsordnung, obgleich keineswegs alle ihre Normen Zwangsakte statuieren, dennoch als Zwangsordnung insofern gekennzeichnet werden kann, als alle Normen, die nicht selbst einen Zwangsakt statuieren und daher nicht gebieten, sondern zur Setzung von Normen ermächtigen oder positiv erlauben, unselbständige Normen sind, da sie nur in Verbindung mit einer einen Zwangsakt statuierenden Norm gelten. Aber auch nicht alle einen Zwangsakt statuierenden Normen, sondern nur jene, die den Zwangsakt als Reaktion gegen ein bestimmtes menschliches Verhalten, und das heißt als Sanktion statuieren, gebieten ein bestimmtes, nämlich das gegenteilige Verhalten. Daher hat das Recht auch aus diesem Grunde nicht ausschließlich gebietenden oder imperativischen Charakter. Da eine Rechtsordnung in dem eben bestimmten Sinne eine Zwangsordnung ist, kann sie in Sätzen beschrieben werden, die aussagen, daß unter bestimmten, und das heißt von der Rechtsordnung bestimmten, Bedingungen bestimmte, und das heißt von der Rechtsordnung bestimmte, Zwangsakte gesetzt werden sollen. Das gesamte in den Rechtsnormen einer Rechtsordnung gegebene Material fügt sich in dieses Schema.

Alfred Verdross: Die naturrechtliche Basis der Rechtsgeltung

Der Rechtspositivismus behauptet, daß das Recht eine von der Moral vollständig getrennte Normenordnung sei. Er definiert das Recht als eine Zwangsordnung mit einem beliebigen Inhalt. Darunter wird eine aus zwei Gliedern bestehende Normenordnung verstanden, von denen die eine den Menschen ein bestimmtes Verhalten vorschreibt, während die zweite anderen Menschen, nämlich den Gemeinschaftsorganen aufträgt, gegen jene Menschen Unrechtsfolgen zu verhängen, die einen Unrechtstatbestand gesetzt haben. Ein Mensch »soll« ein bestimmtes Verhalten beobachten, bedeute daher nichts anderes, als daß das gegenteilige Verhalten mit einer Unrechtsfolge bedroht sei. Das »Sollen« des Rechts habe daher keinen ethischen Gehalt. Es sei ethisch indifferent. Daher könne jeder beliebige Inhalt rechtlich geboten oder verboten werden. Dadurch soll natürlich nicht bestritten werden, daß sittliche und religiöse Vorstellungen die tatsächliche Wirksamkeit der Rechtsnormen mächtig beeinflussen können. Die Geltung der Rechtsnormen, das heißt ihr Gesolltsein sei aber von der Moral vollkommen unabhängig. Sie beruhe ausschließlich auf der im Rechtssatze ausgespro-

chenen Verknüpfung eines Tatbestandes mit einer Unrechtsfolge. Rechtlich gesollt sei also, was ein Rechtssatz durch
Androhung einer Rechtsfolge sanktioniert.

Eine Analyse der positiven Rechtssätze zeigt uns aber, daß
diese das »Sollen« keineswegs nur in dieser Bedeutung verwenden. Gewiß bedeutet das an Privatpersonen (und an die
unteren Staatsorgane) gerichtete »Sollen« eines positiven
Rechtssatzes nichts anderes, als daß er ein bestimmtes Verhalten mit einer Unrechtsfolge verknüpft, wenn man den
Rechtssatz isoliert betrachtet. Denkt man daher die Unrechtsfolge weg, so verschwindet damit auch das positiv-
rechtliche »Sollen«.

Neben dieser Art des positiv-rechtlichen »Sollens« gibt es
aber noch eine andere Art, die der Rechtspositivismus regelmäßig übersieht. Jede Rechtsordnung muß nämlich schließlich ein Organ vorsehen, dem sie zwar auch ein bestimmtes
Verhalten aufträgt, ohne ihm aber für den Fall eines norm-
widrigen Verhaltens eine Unrechtsfolge anzudrohen. So trägt
zum Beispiel das Gesetz den obersten Gerichten eines Staates
auf, seine Normen zu befolgen und anzuwenden. Diese
Pflicht steht aber nicht mehr unter einer positiv-rechtlichen
Unrechtsfolge, da das Oberste Gericht endgültig über die
Auslegung und Anwendung der Gesetze zu entscheiden hat.
Selbst wenn aber eine Disziplinarkammer seine Entscheidungen überprüfen und gegen seine Mitglieder wegen gesetzwid-
riger Entscheidungen Unrechtsfolgen verhängen dürfte,
dann wäre eben die Disziplinarkammer jenes Organ, dem ein
bestimmtes Verhalten in anderer Weise als durch Androhung
einer Unrechtsfolge aufgetragen wird. In jeder Rechtsgemeinschaft stoßen wir also schließlich auf ein letztes Organ,
das wir als Grenzorgan bezeichnen wollen. Auch ein Grenzorgan »soll« auf Grund der positiven Rechtsordnung ein
bestimmtes Verhalten beobachten. Dieses »Sollen« wird aber
nicht durch die Androhung einer Unrechtsfolge, sondern
durch einen Appell an das Gewissen des Grenzorgans, also
durch die Verweisung auf die Moral begründet, die das

Grenzorgan verpflichtet, die Rechtsordnung nach bestem Wissen und Gewissen zu beobachten. Das Grenzorgan wird also verpflichtet, ein bestimmtes Verhalten aus reiner Achtung vor der Norm zu beobachten.

Das beweist uns, daß das in einer Rechtsordnung ausgedrückte »Sollen« eine doppelte Bedeutung hat: Es bedeutet in den an die Privatperson (und an die untergeordneten Organe) gerichteten Normen ein sanktioniertes Sollen (handle so, sonst wird dich eine Strafe treffen), hingegen in den an die obersten Organe gerichteten Normen ein sanktionsloses Sollen (handle so, weil die Moral es so gebietet). Mündet aber jeder Rechtssatz schließlich in eine Verweisung auf ein moralisches Sollen, dann ist auch die Geltung der sanktionierten Normen von den sanktionslosen moralischen Normen abhängig. Dieser Gedanke kann durch folgende Erwägungen einsichtig gemacht werden: Wenn die Rechtsordnung den Menschen das Verhalten A bei sonstiger Strafe aufträgt, dann hängt die Geltung dieser Norm von der sanktionslosen, moralischen Norm ab, die dem Grenzorgan aufträgt, eine Verurteilung nur dann auszusprechen, wenn das Verhalten A nicht beobachtet wurde. Denkt man nämlich diese moralische Norm weg, dann würde auch die sanktionierte Normenreihe hinfällig werden, da keinerlei Pflicht bestünde, die angedrohte Sanktion zu verhängen.

Damit wird aber bewiesen, daß die Geltung positiver Rechtsnormen von der Moral abhängig ist. Recht und Moral sind daher notwendigerweise verknüpft.

Außerdem ist das Recht regelmäßig auch mit anderen Normen verbunden, da das Grenzorgan nicht nur durch die Moral, sondern auch durch verschiedene gesellschaftliche Normen (Konventionalnormen), zum Beispiel die Normen der Ehre und des Standes verpflichtet ist, sich bei der Ausübung seiner Amtstätigkeit streng an das Recht zu halten. All das zeigt uns, daß das positive Recht kein isoliertes Dasein führt, sondern zusammen mit anderen Normengruppen zu einem normativen Teppich verwoben ist. Innerhalb dieses

Teppichs müssen wir natürlich die verschiedenen normativen Fäden unterscheiden. Aber diese Unterscheidung darf und kann niemals zu einer Zerschneidung führen. Es ist daher zwar das Verdienst des Rechtspositivismus, die Eigenart des Rechts gegenüber anderen Normengruppen herausgearbeitet zu haben, er schießt aber über das Ziel, wenn er die rechtlichen Fäden aus dem reichen Normengewebe herauslösen will, ohne sich dessen bewußt zu sein, daß damit das positive Recht selbst zerstört wird. [. . .]

Dieses Ergebnis wird indirekt auch durch die neue von Kelsen begründete Theorie des positiven Rechts bestätigt, da er erkannt hat, daß das positive Recht nur dann als eine Ordnung von Normen begriffen werden kann, wenn es in einer überpositiven Norm verankert wird. Diese Norm nennt Kelsen die Grundnorm. Sie ist aber für Kelsen keine objektiv existierende Norm, sondern eine bloße wissenschaftliche Hypothese, um das positive Rechtsmaterial zu einer Einheit zusammenzufassen. Diese Annahme bedeutet gegenüber dem früheren Rechtspositivismus sicherlich einen Fortschritt, sie führt aber doch zu keiner wirklichen Lösung des Problems, da die Normativität des Rechts nicht durch eine bloße Annahme, sondern nur durch eine in der Gesellschaft geltende Norm begründet werden kann. Diese Norm ist auch – wie früher gezeigt wurde – gar nicht schwer zu finden, wenn man einmal eingesehen hat, daß das positive Recht kein isoliertes Dasein führen kann, sondern mit den übrigen Normen des menschlichen Verhaltens zu einer unlöslichen normativen Einheit verwoben ist.

Dieses Ergebnis kann auch durch jene Theorien nicht erschüttert werden, die das positive Recht nicht als ein »Sollen«, sondern als den erklärten oder ihm zugerechneten Willen des Staates oder einer anderen Gemeinschaft betrachten, unter bestimmten Voraussetzungen mit Unrechtsfolgen zu reagieren, da auch dieser Wille nur dann eine Verpflichtung der Normadressaten zu begründen vermag, wenn die An-

nahme besteht, daß der soziale Machthaber nach den von ihm
erlassenen Normen auch vorgehen wird. Auch hier steht also
im Hintergrund des positiven Rechts die nichtsanktionierte
Norm, daß das gegebene Wort gehalten werden soll. Denkt
man sich diese ethische Grundlage weg, dann vernichtet man
daher auch das Gesetzesrecht. So führt der philosophische
Rechtspositivismus schließlich zur Aufhebung der generellen
Normen. In seiner Hand bleiben nur mehr die einzelnen Entscheidungen zurück. Dadurch wird er aber schließlich zur
Behauptung gedrängt, daß allein das Recht sei, was und was
immer auch das Grenzorgan im einzelnen Falle als Recht
erklärt hat. [. . .]

Diese notwendige Verknüpfung von Recht und Moral bedeutet aber nicht, daß sich Recht und Moral decken. Sie bedeutet
nur, daß das positive Recht von einzelnen moralischen Normen abhängig ist. Diesen Ausschnitt der Moral nennt man in
der Regel das »Naturrecht«.

Gustav Radbruch: Gesetzliches Unrecht und übergesetzliches Recht

Recht ist Wille zur Gerechtigkeit. Gerechtigkeit aber heißt:
ohne Ansehen der Person richten, an gleichem Maße alle
messen.
Wenn die Ermordung politischer Gegner geehrt, der Mord
am Andersrassigen geboten, die gleiche Tat gegen die eigenen
Gesinnungsgenossen aber mit den grausamsten, entehrend-
sten Strafen geahndet wird, so ist das weder Gerechtigkeit
noch Recht.
Wenn Gesetze den Willen zur Gerechtigkeit bewußt verleug-
nen, zum Beispiel Menschenrechte Menschen nach Willkür
gewähren und versagen, dann fehlt diesen Gesetzen die Geltung, dann schuldet das Volk ihnen keinen Gehorsam, dann

müssen auch die Juristen den Mut finden, ihnen den Rechtscharakter abzusprechen.

Gewiß, neben der Gerechtigkeit ist auch der Gemeinnutz ein Ziel des Rechts. Gewiß, auch das Gesetz als solches, sogar das schlechte Gesetz, hat noch immer einen Wert – den Wert, das Recht Zweifeln gegenüber sicherzustellen. Gewiß, menschliche Unvollkommenheit läßt im Gesetze nicht immer alle drei Werte des Rechts: Gemeinnutz, Rechtssicherheit und Gerechtigkeit, sich harmonisch vereinigen, und es bleibt dann nur übrig abzuwägen, ob dem schlechten, dem schädlichen oder ungerechten Gesetze um der Rechtssicherheit willen dennoch Geltung zuzusprechen, oder um seiner Ungerechtigkeit oder Gemeinschädlichkeit willen die Geltung zu versagen sei. Das aber muß sich dem Bewußtsein des Volkes und der Juristen tief einprägen: es *kann* Gesetze mit einem solchen Maße von Ungerechtigkeit und Gemeinschädlichkeit geben, daß ihnen die Geltung, ja der Rechtscharakter abgesprochen werden muß.

Es gibt also Rechtsgrundsätze, die stärker sind als jede rechtliche Satzung, so daß ein Gesetz, das ihnen widerspricht, der Geltung bar ist. Man nennt diese Grundsätze das Naturrecht oder das Vernunftrecht. Gewiß sind sie im einzelnen von manchem Zweifel umgeben, aber die Arbeit der Jahrhunderte hat doch einen festen Bestand herausgearbeitet und in den sogenannten Erklärungen der Menschen- und Bürgerrechte mit so weitreichender Übereinstimmung gesammelt, daß in Hinsicht auf manche von ihnen nur noch gewollte Skepsis den Zweifel aufrechterhalten kann. [. . .]

Der Positivismus hat in der Tat mit seiner Überzeugung »Gesetz ist Gesetz« den deutschen Juristenstand wehrlos gemacht gegen Gesetze willkürlichen und verbrecherischen Inhalts. Dabei ist der Positivismus gar nicht in der Lage, aus eigener Kraft die Geltung von Gesetzen zu begründen. Er glaubt, die Geltung eines Gesetzes schon damit erwiesen zu haben, daß es die Macht besessen hat, sich durchzusetzen.

Aber auf Macht läßt sich vielleicht ein Müssen, aber niemals ein Sollen und Gelten gründen. Dieses läßt sich vielmehr nur gründen auf einen Wert, der dem Gesetz innewohnt. Freilich: *einen* Wert führt schon jedes positive Gesetz ohne Rücksicht auf seinen Inhalt mit sich: es ist immer noch besser als kein Gesetz, weil es zum mindesten Rechtssicherheit schafft. Aber Rechtssicherheit ist nicht der einzige und nicht der entscheidende Wert, den das Recht zu verwirklichen hat. Neben die Rechtssicherheit treten vielmehr zwei andere Werte: Zweckmäßigkeit und Gerechtigkeit. In der Rangordnung dieser Werte haben wir die Zweckmäßigkeit des Rechts für das Gemeinwohl an die letzte Stelle zu setzen. Keineswegs ist Recht alles das, »was dem Volke nützt«, sondern dem Volke nützt letzten Endes nur, was Recht ist, was Rechtssicherheit schafft und Gerechtigkeit erstrebt. Die Rechtssicherheit, die jedem positiven Gesetz schon wegen seiner Positivität eignet, nimmt eine merkwürdige Mittelstellung zwischen Zweckmäßigkeit und Gerechtigkeit ein: sie ist einerseits vom Gemeinwohl gefordert, andererseits aber auch von der Gerechtigkeit. Daß das Recht sicher sei, daß es nicht heute und hier so, morgen und dort anders ausgelegt und angewandt werde, ist zugleich eine Forderung der Gerechtigkeit. Wo ein Widerstreit zwischen Rechtssicherheit und Gerechtigkeit, zwischen einem inhaltlich anfechtbaren, aber positiven Gesetz und zwischen einem gerechten, aber nicht in Gesetzesform gegossenen Recht entsteht, liegt in Wahrheit ein Konflikt der Gerechtigkeit mit sich selbst, ein Konflikt zwischen scheinbarer und wirklicher Gerechtigkeit vor. Diesen Konflikt bringt großartig das Evangelium zum Ausdruck, indem es einerseits befiehlt: »Seid untertan der Obrigkeit, die Gewalt über euch hat«, und doch andererseits gebietet, »Gott mehr zu gehorchen als den Menschen«. Der Konflikt zwischen der Gerechtigkeit und der Rechtssicherheit dürfte dahin zu lösen sein, daß das positive, durch Satzung und Macht gesicherte Recht auch dann den Vorrang hat, wenn es inhaltlich ungerecht und unzweckmäßig ist, es sei denn, daß der Widerspruch des positiven Gesetzes zur Gerechtigkeit ein so unerträgliches Maß erreicht, daß das Gesetz als »unrichtiges Recht« der Gerechtigkeit zu weichen hat. Es ist unmöglich, eine schärfere Linie zu ziehen zwischen den Fällen des gesetzlichen Unrechts und den trotz unrichtigen Inhalts dennoch geltenden Gesetzen, eine andere Grenzziehung aber kann mit aller Schärfe vorgenommen werden: wo Gerechtigkeit nicht einmal erstrebt wird, wo die Gleichheit, die den Kern der Gerechtigkeit ausmacht, bei der Setzung positiven Rechts bewußt verleugnet wurde, da ist das Gesetz nicht etwa nur »unrichtiges Recht«, vielmehr entbehrt es überhaupt der Rechtsnatur. Denn man kann Recht, auch positives Recht, gar nicht anders definieren denn als eine Ordnung und Satzung, die ihrem Sinn nach bestimmt ist, der Gerechtigkeit zu dienen. An diesem Maßstab gemessen sind ganze Partien nationalsozialistischen Rechts niemals zur Würde geltenden Rechts gelangt. [. . .]

Infolgedessen entbehren die betreffenden Normen insoweit überhaupt der Rechtsnatur, sind nicht etwa unrichtiges Recht, sondern überhaupt kein Recht. Das gilt insbesondere von den Bestimmungen, durch welche die nationalsozialistische Partei entgegen dem Teilcharakter jeder Partei die Totalität des Staates für sich beanspruchte. Der Rechtscharakter fehlt weiter allen jenen Gesetzen, die Menschen als Untermenschen behandelten und ihnen die Menschenrechte versagten. Ohne Rechtscharakter sind auch alle jene Strafdrohungen, die ohne Rücksicht auf die unterschiedliche Schwere der Verbrechen, nur geleitet von momentanen Abschreckungsbedürfnissen, Straftaten verschiedenster Schwere mit der gleichen Strafe, häufig mit der Todesstrafe, bedrohten. Alles das sind nur Beispiele gesetzlichen Unrechts.
Es darf nicht verkannt werden – gerade nach den Erlebnissen jener zwölf Jahre –, welche furchtbaren Gefahren für die Rechtssicherheit der Begriff des »gesetzlichen Unrechts«, die Leugnung der Rechtsnatur positiver Gesetze mit sich bringen

kann. Wir müssen hoffen, daß ein solches Unrecht eine ein-
malige Verirrung und Verwirrung des deutschen Volkes bleiben werde, aber für alle möglichen Fälle haben wir uns durch
die grundsätzliche Überwindung des Positivismus, der jegliche Abwehrfähigkeit gegen den Mißbrauch nationalsozial-
istischer Gesetzgebung entkräftete, gegen die Wiederkehr
eines solchen Unrechtstaats zu wappnen.

H. L. A. Hart: Akzeptanz als Basis einer positiven Rechtsordnung

Wenn eine Gemeinde eine Satzung erläßt (die etwa von den
Grundstückseigentümern verlangt, ihr Land zu entwässern
oder einzuzäunen) oder wenn jemand einen Mietvertrag
schließt, der eine Verpflichtung zur Mietzahlung erzeugt,
dann müssen in beiden Fällen Rechtsnormen existieren, die
aus einer bestimmten Verwendung gewisser sprachlicher
Ausdrücke (in der Satzung beziehungsweise im Mietvertrag)
die betreffenden Rechtspflichten entstehen lassen. Was
jedoch bedeutet die Redeweise, daß diese Normen existieren?
Wenn es sich um untergeordnete Normen einer Rechtsordnung handelt (wie etwa die Bestimmungen, die eine Gemeinde zum Erlaß von Satzungen ermächtigen), dann bedeutet die Behauptung, daß die Normen existieren: Die Normen
gehören zu jener Klasse von Normen, die durch die in den
fundamentalen Normen der betreffenden Rechtsordnung
enthaltenen Kriterien als *gültige* Normen dieser Rechtsordnung gekennzeichnet sind. Solche fundamentalen Normen
sind etwa die Normen des Bonner Grundgesetzes, die
bestimmen, daß Beschlüsse des Parlamentes – in bestimmten
Bereichen und unter bestimmten Bedingungen – gültiges
Recht sind.
Wenn man jedoch von diesen fundamentalen Normen, die
die Gesetzgebungskompetenz der Legislative erzeugen und

umschreiben, sagt, daß *sie* existieren, so hat das eine andere
Bedeutung. »Existieren« kann hier nicht – wie bei untergeordneten Normen des Systems – bedeuten: »die Gültigkeitskriterien des Systems erfüllen«. In diesem Fall muß das
Prädikat »Existenz« vielmehr auf die *tatsächliche Praxis* jener
sozialen Gruppe Bezug nehmen, deren Rechtsordnung zur
Debatte steht.

Selbst in einer denkbar einfachen Rechtsordnung, in der ein
Monarch die uneingeschränkte Gesetzgebungskompetenz
besitzt und Rechtspflichten durch die mündliche oder schrift-
liche Äußerung seines Willens erzeugen kann, ist die tatsächliche Praxis, die dieser Situation zugrunde liegt, komplex und
nicht auf eine kurze Formel zu bringen. Austin macht es sich
zu einfach, wenn er sie beschreibt als allgemeine Gehorsamsgewohnheit gegenüber einer oder mehreren Personen, die
ihrerseits niemandem gewohnheitsmäßig Gehorsam leisten.
Kelsen, der die Unzulänglichkeiten dieser Formulierung
erkannt hat, erklärt zur Basis der Rechtsordnung eine
»Grundnorm«, die er jedoch, dadurch daß er sie irreführen-
derweise als fundamentale »Hypothese« oder als »Postulat«
der Rechtswissenschaft charakterisiert, von jeder tatsächlich
geübten Praxis loslöst. Die Unzulänglichkeiten dieser beiden
extremen Positionen haben andere Denker nur in ihrer Auffassung bestärkt, daß Grundlage jeder Rechtsordnung die allgemeine Anerkennung einer *moralischen* Gehorsampflicht
sein müsse. In dieser Sichtweise fallen die Feststellung, daß
eine Rechtsordnung existiert, und die Feststellung, daß der
überwiegende Teil der betreffenden Bevölkerung eine moralische Gehorsampflicht gegenüber den Normen dieser Ordnung anerkennt, mit logischer Notwendigkeit und nicht bloß
unter bestimmten empirischen Bedingungen zusammen.

Um solchen rechtstheoretischen Irrtümern zu entgehen, muß
man zunächst einmal sehen, warum die Begriffe »Gewohnheit« und »Gehorsam« nicht ausreichen, um jene Situation zu
beschreiben, die vorliegt, wenn wir davon sprechen, daß im
Wege der Gesetzgebung Rechtspflichten erzeugt werden.

Wenn Mitglieder einer Gruppe bloß *gewohnheitsmäßig* einem Individuum X gehorchen, das sie mit einem Übel bedroht und in der Lage ist, im Falle des Ungehorsams diese Drohung wahrzumachen, so läßt sich das zwar durch die Formulierung, sie seien zu den betreffenden Handlungen *genötigt* oder *gezwungen*, zum Ausdruck bringen. Aber man kann nicht sagen, daß sie eine entsprechende *Verpflichtung* haben oder anerkennen. Damit wir sagen können, daß sie eine Verpflichtung haben oder anerkennen, das zu tun, was X sagt, müssen sie mehr als eine gewohnheitsmäßige Gehorsamshaltung gegenüber X einnehmen. Hinzukommen muß mindestens, daß sie

1. die Worte von X im großen und ganzen als *Maßstab* richtigen Verhaltens akzeptieren, so daß Abweichungen von diesem Maßstab (anders als bloße Abweichungen von einer gängigen sozialen Verhaltensweise, wie etwa der Sitte, Tee oder Kaffee zu trinken) einen Anlaß für Kritik bilden, und daß sie

2. die Worte von X im allgemeinen als *Grund* für ihr eigenes Handeln, für ihre Verhaltenserwartungen gegenüber anderen sowie für die Zulässigkeit von Zwangsmaßnahmen bei Abweichungen anführen.

Die Frage, wie viele Mitglieder einer sozialen Gruppe (einfache Bürger oder Beamte) diese Dinge wie häufig und wie lange tun müssen, damit die genannten Bedingungen als erfüllt gelten können, läßt sich nicht präzise beantworten – so wenig, wie sich genau sagen läßt, wie alt jemand sein muß, um mittleren Alters zu sein. Aber in jeder sozialen Gruppe, in der Rechtspflichten im Wege der Gesetzgebung erzeugt werden und in der die Wendungen »Ich habe eine Rechtspflicht, so zu handeln« und »Er hat eine Rechtspflicht, so zu handeln« die derzeit übliche Bedeutung besitzen, muß es eine soziale Praxis geben, die wenigstens so komplex ist, wie sie beschrieben habe, und nicht bloß eine Gehorsamsgewohnheit der Gruppenmitglieder. Jeder, der sagt, er oder ein anderer sei zu einer bestimmten Handlung rechtlich verpflichtet, bringt damit zum Ausdruck, daß seine eigene Einstellung gegenüber den Worten des Gesetzgebers von der oben beschriebenen Form ist; denn diese Verpflichtungsurteile dienen dazu, Schlußfolgerungen aus Rechtsnormen zu ziehen, die der Urteilende als für sich verbindlich anerkennt. Jemand, der eine solche Verbindlichkeit ganz und gar ablehnt, könnte sich natürlich trotzdem klarmachen, daß eine Mißachtung der Normen ihm Schaden bringen würde. Doch die natürliche Ausdrucksweise für diese Einstellung wäre nicht »Ich bin verpflichtet, x zu tun«, sondern »Ich bin genötigt, x zu tun« oder »Ich werde unter diesem System Schaden nehmen, wenn ich nicht x tue«.

Die vorangehenden Ausführungen dürften mit hinreichender Deutlichkeit gezeigt haben, daß es unzulänglich ist, das Wesen einer Rechtsordnung durch den Begriff der Gehorsams*gewohnheit* zu charakterisieren. Kelsen hat recht, wenn er darauf besteht, daß hier Gewohnheiten oder regelmäßige Verhaltensweisen – in dem engen Sinne, daß regelmäßig getan wird, was die betreffende Autorität verlangt – nicht ausreichen. Jedoch bringt seine eigene Konzeption der fundamentalen Norm als einer »Hypothese« oder eines »Axioms«, dessen »Gültigkeit vorausgesetzt« oder »postuliert« wird, eine Reihe ganz unpassender, quasi-mathematischer Ausdrücke ins Spiel. Wir könnten uns zwar mit ihnen abfinden, wenn das die einzige Alternative zur Theorie der »Gehorsamsgewohnheit« wäre. Aber es gibt eine dritte Möglichkeit: Man kann sich zur Beschreibung der relevanten Fakten anstatt auf Gewohnheiten auf die in einer sozialen Gruppe tatsächlich akzeptierten Normen beziehen. Die Frage, ob eine Gruppe eine bestimmte Norm akzeptiert, unterscheidet sich in dem schon aufgezeigten Sinn von der Frage, ob diese Gruppe irgend jemandem gewohnheitsmäßig Gehorsam leistet, obschon sich die beiden Fragen darin gleichen, daß sie beide deskriptiver Natur sind, und obschon Austin vor Kelsen insofern den Vorzug verdient, als er sieht, daß in dem Urteil, jemand habe eine rechtliche Verpflichtung, eine Tatsachenbehauptung und keine »Gültigkeitsannahme« vorausgesetzt wird.

Wenn das Verhalten einer Gruppe von Menschen in der beschriebenen Weise zum Ausdruck bringt, daß die Gruppe die Worte eines Gesetzgebers als Verhaltensstandard akzeptiert, dann akzeptiert sie damit die Norm, daß man dem Gesetzgeber gehorchen muß; die Norm, daß sein Wort Gesetz ist, ist für sie existent. Die Norm des Grundgesetzes etwa, daß Beschlüsse des Parlamentes Gesetzeskraft haben, existiert in dieser Weise. Wenn man festgestellt hat, daß derartige Normen in der tatsächlichen Praxis einer Gruppe existieren, dann ist es absurd, so zu sprechen, als seien diese Normen *gültig* oder *ungültig* oder als müsse man ihre Gültigkeit *voraussetzen* oder *postulieren*. Ebensogut könnten wir die Gültigkeit der derzeit herrschenden Sitte, beim Betreten eines Hauses den Hut abzunehmen, postulieren oder voraussetzen. Natürlich kann man eine Reihe von Fragen solchen Normen gegenüber aufwerfen; man kann etwa fragen, ob es gut oder wünschenswert ist, daß sie von der betreffenden Gruppe akzeptiert werden oder daß ihre Beachtung den Charakter einer moralischen Verpflichtung annimmt. Doch es stiftet nur Verwirrung, diese Fragen unter dem Gesichtspunkt der »Gültigkeit« zu erörtern.

Die dritte Fehlkonzeption in diesem Zusammenhang ist die These, eine logisch notwendige Voraussetzung für die Existenz einer Rechtsordnung sei die allgemeine Anerkennung einer *moralischen* Pflicht zur Rechtsbefolgung. Diese These ist eine Überreaktion auf Kelsens »geometrische« Konzeption der Grundnorm. Es dürfte zwar zutreffen, daß keine auf Sanktionen gestützte Rechtsordnung Bestand haben könnte, wenn nicht die Mehrheit der Individuen die Rechtsnormen freiwillig befolgen würde. Und es mag sogar der Fall sein, daß die Verhältnisse ziemlich instabil wären, wenn nicht die meisten Individuen von einer *moralischen* Gehorsamspflicht bei sich und anderen ausgingen. Dies reicht jedoch nicht aus, um die behauptete *logische* Beziehung zwischen Sätzen wie »In

England gibt es eine Rechtsordnung« und »In England wird allgemein anerkannt, daß man moralisch zum Rechtsgehorsam verpflichtet ist« zu demonstrieren – mag auch der erste dieser Sätze mit Sicherheit und der zweite mit Wahrscheinlichkeit wahr sein.

Ebenso unerheblich für den eigentlichen Streitpunkt ist die unbezweifelbare Tatsache, daß die Rechtsentwicklung durch Gesetzgeber und Gerichte immer in hohem Maße durch die moralischen Überzeugungen der Bevölkerung beeinflußt wurde und beeinflußt werden wird. Diese Tatsache beweist nicht, daß die Existenz einer Rechtsordnung undenkbar ist, falls sie nicht auf die Überzeugung gegründet werden kann, daß eine moralische Verpflichtung zum Rechtsgehorsam besteht. Die Behauptung, daß es irgendwo eine Rechtsordnung gibt, setzt zwar voraus, daß eine fundamentale Norm von der Art »Beschlüsse des Parlamentes sind gültiges Recht« in dem betreffenden Land de facto allgemein akzeptiert wird (wobei diese Norm unter Umständen sehr kompliziert sein kann). Und die allgemeine Akzeptanz einer solchen Norm besteht in mehr als gewohnheitsmäßigem Gehorsam, denn sie schließt jene darüber hinausgehende Einstellung zum Recht ein, die ich oben beschrieben habe. Aber sowohl jener allgemeine Gehorsam als auch diese zusätzliche Einstellung können ebensogut durch Furcht, Trägheit, Traditionsbewußtsein oder langfristige Interessenabwägung motiviert sein wie durch die Anerkennung einer moralischen Verpflichtung zum Rechtsgehorsam. Als Antwort auf die Frage, ob eine Rechtsordnung vorliegt, genügt der Nachweis, daß eine allgemeine Praxis existiert, die von der beschriebenen, komplexen Art ist. Die Frage nach den Motiven dieser Praxis ist zwar nicht unwichtig, steht aber auf einem anderen Blatt. [. . .]

Wir müssen noch jenes Element näher erörtern, das die meisten Leute als das hervorstechendste Merkmal rechtlicher Verpflichtung ansehen würden: die bedeutsame Verbindung,

die zwischen Verpflichtung und Nötigung oder Zwang besteht. Wenn wir die Verpflichtung haben, x zu tun, so sind wir in einem gewissen Sinne gehalten, x zu tun; und wenn wir gehalten sind, x zu tun, dann sind wir in einem gewissen Sinne gezwungen, x zu tun. Um diese Begriffe im einzelnen untersuchen zu können, müssen wir drei Dinge unterscheiden:
1. den physischen Zwang zu einer Handlung;
2. die Nötigung zu einer Handlung;
3. die Verpflichtung zu einer Handlung.

Die Hauptschwierigkeit in diesem Zusammenhang besteht darin, die Beziehung zwischen dem dritten und den beiden übrigen Begriffen zu beschreiben, ohne dabei in Extreme zu verfallen. Austin, der große Anstrengungen unternahm, den Begriff der Rechtspflicht zu verstehen, hat diese Beziehung in verhängnisvoller Weise überbewertet. Er erkannte zwar, daß jemand, der ins Gefängnis geschleppt und damit in einem gewissen Sinne zum Betreten des Gefängnisses gezwungen wird, deshalb noch keiner entsprechenden Verpflichtung oder Pflicht unterliegt. Doch wenngleich er diese fehlerhafte Gleichsetzung vermied, so definierte er dennoch den Verpflichtungsbegriff durch die Sanktion oder das Übel, das jemand, der einen Befehl erteilt (der einem anderen gegenüber den Wunsch äußert, daß er etwas tun solle), für den Fall des Ungehorsams androht. Nach Austin ist man zu etwas verpflichtet, wenn man einem derartig angedrohten Übel ausgesetzt ist, das heißt wenn der Eintritt des Übels als wahrscheinlich anzusehen ist.

Der augenfälligste Fehler dieser Definition besteht darin, daß sie auch dann erfüllt ist, wenn ein Räuber mit gezückter Pistole von jemandem die Herausgabe seiner Brieftasche verlangt. In diesem Falle würden wir normalerweise jedoch keineswegs sagen »Er hatte die Verpflichtung, seine Brieftasche herauszugeben«. Wir würden allerdings sagen – und das mag Austin zu seinem Fehler verführt haben – »Er war genötigt, seine Brieftasche herauszugeben«. Auf den ersten Blick scheint Austin also zwar eine ziemlich gute Analyse des Sachverhaltes der Nötigung, aber eine sehr dürftige des Sachverhaltes der Verpflichtung zu geben.

Aber wir dürfen die Erweiterungen und Verfeinerungen, die Austin an seiner Ausgangsdefinition vorgenommen hat, nicht außer Betracht lassen. Seine Konzeption einer spezifisch *rechtlichen* Verpflichtung unterscheidet sich von dem simplen Modell des Räubers in einer Reihe von Punkten. An die Stelle des Räubers tritt der staatliche Souverän, der als die Person oder Personengruppe definiert ist, welcher der überwiegende Teil der Gesellschaft im allgemeinen Gehorsam leistet, ohne daß sie ihrerseits zu irgend jemandem in einer derartigen Gehorsamsbeziehung steht. Überdies müssen die Befehle des Souveräns in allgemeiner Form abgefaßt und im Normalfall an eine Vielzahl von Personen gerichtet sein. Und abgesehen von diesen Modifikationen für den Sonderfall der rechtlichen Verpflichtung betont Austin ausdrücklich, daß seine Definition des allgemeinen Verpflichtungsbegriffs selbst dann erfüllt ist, wenn die Chance, das angedrohte Übel zu erleiden, sehr gering und das Übel selbst sehr klein ist: »Die geringste Wahrscheinlichkeit einer noch so geringfügigen Übelszufügung« reicht aus, um eine Verpflichtung zu begründen. Schließlich macht Austin, wenn auch nur zögernd, geltend, daß zu einer Verpflichtung das Bewußtsein, die Furcht des drohenden Übels gehört. Allerdings spielt dieses psychologische Element in seiner Theorie keine bedeutende Rolle.

Unglücklicherweise führen diese Zusätze und Verfeinerungen dazu, daß Austin sich mit seiner Analyse zwischen zwei Stühle setzt. Sie hört auf, eine plausible Rekonstruktion des Sachverhalts der Nötigung zu sein, und bleibt eine unzureichende Analyse rechtlicher Verpflichtung. Um den Fehler genau lokalisieren zu können, müssen wir zunächst ein Zugeständnis machen, über das sich streiten läßt: Austin will ein Normensystem nur dann als Rechtsordnung gelten lassen, wenn die Normen für den Fall des Ungehorsams eine Übelszufügung vorsehen. Es sei um des Argumentes willen einmal

zugestanden, daß dies tatsächlich ein Bestandteil des Rechts-
begriffs ist, obgleich Austin diese These aus Prämissen ablei-
tet, die man möglicherweise nicht unterschreiben möchte.
(Austin faßt Rechtsnormen ja als Befehle auf und Befehle als
Äußerungen von Wünschen seitens einer Person, die für den
Fall der Nichtbefolgung eine Übelszufügung beabsichtigt
und auch in einem gewissen Maße durchzusetzen vermag.)
Aber selbst wenn man einräumt, daß zwischen dem Begriff
der »Rechtsordnung« und dem Begriff der »Sanktion« im
Sinne einer Übels- oder Schadenszufügung eine analytische
Verknüpfung besteht, führt eine Definition des Verpflich-
tungsbegriffs, die auf die *Wahrscheinlichkeit* und das
Bewußtsein der angedrohten Übelszufügung abstellt, zu Ab-
surditäten.

Betrachten wir zunächst das psychologische Element – das
Bewußtsein der angedrohten Übelszufügung –, das Austin
selbst nur zögernd in seine Analyse einbezieht. Wenn man
sagt, ein Dieb unterliege der rechtlichen Verpflichtung, die
Brieftasche, auf die er es abgesehen hat, *nicht* zu stehlen, dann
ist das keine psychologische Aussage. Auch wenn das angedrohte Übel in seiner Motivation keine Rolle spielt, so
bleibt seine *Verpflichtung* davon unberührt. Wenn er jedoch aus Angst von seinem Diebstahl Abstand nimmt, so
könnte man in einem gewissen, wenn auch ungewöhnlichen
Sinne sagen, daß er *genötigt* war, die Brieftasche nicht zu
nehmen.

Zum zweiten ist die Behauptung, daß jemand in einer
bestimmten Situation eine bestimmte Verpflichtung hat, ganz
unabhängig davon, wie hoch die *Wahrscheinlichkeit* einer
Übelszufügung eingeschätzt werden muß – obwohl diese
Wahrscheinlichkeit sehr wichtig sein kann, wenn man beurteilen möchte, ob jemand genötigt war, das zu tun, was er in
einer bestimmten Situation getan hat. Es ist nicht widersprüchlich und nicht einmal ungewöhnlich, wenn man sagt:
»Es ist deine Pflicht, dich zum Militärdienst zu melden; aber
da du in Monte Carlo lebst und wir mit Monte Carlo keinen

Auslieferungsvertrag haben, hast du nicht das geringste zu befürchten«.

Und drittens erscheint es als einigermaßen komisch, wenn Austin zunächst die Bedeutung der Übelsandrohung herausstreicht und sie dann auf die »geringste Wahrscheinlichkeit einer noch so geringfügigen Übelszufügung« reduziert. Dies macht seine Analyse selbst als Analyse des Nötigungsbegriffs unbrauchbar. Denn nur dort, wo unsere Wahlmöglichkeit durch die Aussicht eines wesentlichen Nachteils eingeschränkt wird, sprechen wir von einer Nötigung.

Der grundsätzlichste Einwand gegenüber der Austinschen Analyse rechtlicher Verpflichtung besteht jedoch darin, daß die unpassenden Begriffe des *Bewußtseins* und der *Wahrscheinlichkeit* der Übelszufügung deshalb irreführend sind, weil sie ein zentrales Element jeder Rechtsordnung verschleiern: die Existenz von Normen im oben beschriebenen Sinne. Wenn man mit Austins Redeweise von einer wahrscheinlichen Übelszufügung sehr nachsichtig verfahren will, mag man in ihr den in eine unangemessene »Voraussage-Terminologie« gefaßten Ausdruck der beiden folgenden Tatsachen sehen:

1. Wenn eine Rechtsordnung, die Pflichten erzeugt, existieren soll, dann muß sie auf einer komplexen sozialen Praxis der oben beschriebenen Form basieren.

2. Die Rechtsordnung muß Normen enthalten, die für den Fall des Ungehorsams die Verhängung von Sanktionen vorsehen, obwohl nicht *sämtliche* Normen mit Sanktionen verknüpft sein müssen. Ohne die Konzeption eines auf einer komplexen sozialen Praxis beruhenden Normensystems läßt sich der Unterschied zwischen einer Nötigung und einer Verpflichtung zum Handeln nicht verstehen.

Aus diesen Gründen kann die wichtige begriffliche Beziehung zwischen Zwang und Rechtspflicht in der begrenzten Terminologie Austins nicht klar formuliert werden. Weder der Gewohnheits- noch der Befehlsbegriff (mit seinem Rekurs auf die angedrohte Übelszufügung) reichen hierzu

aus. Der Zwang, um den es hier geht, kann in der Tat – wie im
Fall einer innerstaatlichen Rechtsordnung – die Form einer
Übelszufügung annehmen. Aber dort, wo dies der Fall ist,
muß die Übelszufügung selbst wiederum von den Normen
des Systems vorgesehen sein. Wie offenkundig auch die faktische Macht eines Gesetzgebers, einem bestimmten Verhalten
mit Sanktionen entgegenzutreten, sein mag: Seine Androhung und sogar seine Anwendung von Gewalt zur Erzwingung von Gehorsam würde keine Pflichten begründen, wenn
die Sanktionen nicht durch die entsprechenden rechtlichen
Normierungen vorgesehen würden. Allenfalls wären die
Menschen *genötigt*, den Androhungen des Gesetzgebers zu
folgen. Daher ist das wesentliche Element rechtlicher
Zwangsgewalt nicht die Tatsache (die Wahrscheinlichkeit
oder das Bewußtsein), daß dem Ungehorsam ein Übel folgt,
sondern die Existenz eines Systems von Normen, das
bestimmten Personen die Autorität verleiht, gewisse Verhaltensweisen zu verbieten und Übertretungen der Verbote mit
den dem System eigenen Mitteln des Zwanges, der Repression oder der Strafe zu begegnen.

Dieser letzte Gedanke muß in gewisser Weise eingeschränkt,
wenn auch nicht preisgegeben werden. In jeder innerstaatlichen Rechtsordnung gibt es Normen, für deren Bruch keine
Sanktionen vorgesehen sind. Obschon es möglicherweise
ohne logischen Zirkel oder infiniten Regreß eine selbstbezüg-
liche Norm geben könnte, wonach alle Beamten für alle
Normverletzungen – einschließlich der Verletzung dieser
Norm selbst – Sanktionen verhängen müßten, wird doch
gewöhnlich von den staatlichen Beamten die Befolgung
gewisser Rechtsnormen auch ohne die Androhung einer
Sanktion erwartet. So verhält es sich zum Beispiel mit der in
der Verfassung der USA verankerten Pflicht des amerikanischen Präsidenten, über die ordnungsgemäße Ausführung
der Gesetze zu wachen. Dennoch zögern wir auch in diesen
Fällen nicht, von einer Amtspflicht oder rechtlichen Verpflichtung zu sprechen. Sie zeigen, daß selbst innerhalb einer

Rechtsordnung die komplexen Merkmale, die den Standardfall der Verpflichtung kennzeichnen, auseinanderfallen können. Diese Tatsache kommt in der juristischen Terminologie,
etwa der des römischen Rechts zum Ausdruck, wo von
»unvollkommenen Pflichten« die Rede ist. Und sie nährt den
Zweifel daran, ob Völkerrecht »echtes« Recht ist oder besser
als ein Zweig der Moral betrachtet werden sollte. [. . .]

Es gibt eine Reihe unterschiedlicher Techniken sozialer Kontrolle. Für das Strafrecht ist es charakteristisch, daß durch die
Normierung von Straftatbeständen bestimmte Verhaltensweisen verboten werden. Diese Normen bezwecken eine
Verhaltenssteuerung entweder aller Individuen oder einzelner sozialer Gruppen in einer Gesellschaft. Man erwartet von
diesen, daß sie die Strafbestimmungen ohne Hilfe oder Ein-
mischung staatlicher Stellen verstehen, auf sich anwenden
und auch befolgen. Erst wenn das Recht diese Funktion nicht
erfüllt, wenn also ein Rechtsbruch vorliegt, ist es Aufgabe der
Staatsorgane, diesen Rechtsbruch festzustellen und die angedrohte Sanktion zu verhängen. Das Spezifische dieser Technik sozialer Kontrolle im Vergleich zu einem persönlichen
Befehl, wie ihn zum Beispiel ein Verkehrspolizist einem
Autofahrer erteilt, besteht darin, daß es den Mitgliedern der
Gesellschaft überlassen bleibt, die Strafbestimmungen selbst
zu erkennen und sich entsprechend zu verhalten. In diesem
Sinne wenden sie die Normen des Strafrechts auf sich selbst
an. Daran ändert auch die Tatsache nichts, daß mit der Sank-
tionsdrohung der Norm ein zusätzliches Motiv zum Rechtsgehorsam gegeben ist. Man würde die typische Funktions-
weise solcher Normen einfach verkennen, wenn man sein
Augenmerk nur oder hauptsächlich auf die Bestimmungen
richtet, die von den Gerichten fordern, im Falle eines Rechts-
verstoßes Sanktionen zu verhängen. Denn diese Bestimmungen greifen nur ein, wenn die Rechtsordnung ihren primären
Zweck verfehlt. Sie mögen unentbehrlich sein, erfüllen aber
trotzdem nur eine Hilfsfunktion.

Den Gedanken, daß Funktion und Bedeutung der materiellen Strafrechtsbestimmungen darin besteht, nicht nur den staatlichen Beamten in ihrer Straftätigkeit, sondern auch den gewöhnlichen Bürgern in ihrem Privatleben als Anleitung zu dienen, kann man nicht aufgeben, ohne grundlegende Unterscheidungen über Bord zu werfen und den spezifischen Charakter des Rechts als eines Mittels sozialer Kontrolle zu verfälschen. Eine Strafe für ein Vergehen, zum Beispiel eine Geldstrafe, ist nicht dasselbe wie eine Steuer, obwohl in beiden Fällen die Behörden angewiesen sind, Geld einzuziehen. Die beiden Fälle unterscheiden sich dadurch, daß nur der erste, nicht aber der zweite eine Pflichtverletzung voraussetzt, das heißt den Verstoß gegen eine Norm, die der Steuerung menschlichen Verhaltens dient.

Allerdings kann sich diese im allgemeinen klare Unterscheidung in Grenzfällen verwischen. So kann unter Umständen der Zweck von Steuergesetzen anstatt in der Erzielung von Einkünften darin bestehen, bestimmte Tätigkeiten zu unterbinden – und zwar im Unterschied zu einer »Kriminalisierung« von Handlungen *ohne* den ausdrücklichen Hinweis, daß die besteuerten Tätigkeiten zu unterlassen sind. Andererseits können Geldstrafen für bestimmte kriminelle Delikte im Zuge einer Geldentwertung so geringfügig werden, daß sie leichten Herzens bezahlt werden. Möglicherweise werden sie dann als »bloße Steuern« empfunden; und »Übertretungen« sind dann deshalb die häufige Folge, weil unter diesen Umständen das Gefühl dafür verloren geht, daß die Vorschrift, in gleicher Weise wie der überwiegende Teil des Strafrechts, als Verhaltensregel ernst genommen werden will.

Zugunsten der hier abgelehnten Theorie wird gelegentlich geltend gemacht, daß durch eine Umdeutung der Rechtsnormen in Anweisungen, Sanktionen zu verhängen, mehr Klarheit geschaffen werde. Denn diese Umdeutung enthalte alles, was der potentielle Rechtsbrecher über das Recht wissen wolle. Das mag richtig sein, ist aber eine unzureichende Verteidigung der Theorie. Warum sollten sich die Rechtsnormen nicht auch oder sogar in erster Linie an den Zweifelnden oder Unwissenden richten, der das Recht von sich aus befolgen möchte, sofern ihm nur gesagt wird, was es anordnet; oder an denjenigen, der seine privaten Angelegenheiten ordnen möchte, aber nicht weiß wie? Um ein zutreffendes Bild von der Wirkungsweise des Rechts zu gewinnen, ist es selbstverständlich wichtig, zu begreifen, wie die Gerichte verfahren, wenn es darum geht, die angedrohten Sanktionen zu verhängen. Aber das sollte uns nicht zu dem Glauben verleiten, daß wir uns auf das Verständnis dessen, was vor Gericht geschieht, beschränken können. Die wesentlichen Funktionen des Rechts als eines Mittels sozialer Kontrolle werden nicht in Zivil- oder Strafprozessen sichtbar. Gerichtsverfahren sind wichtige, aber nur hilfsweise Vorkehrungen, falls das System versagt. Die Hauptfunktionen des Rechts ergeben sich vielmehr aus dem vielfältigen Gebrauch, den man von Rechtsnormen macht, um das soziale Leben auch ohne Gerichte zu kontrollieren, zu lenken und zu planen.

Die extreme Variante der hier erörterten Theorie begeht tatsächlich eine Vertauschung der Haupt- und Nebenfunktionen des Rechts, die der folgenden Uminterpretation von Spielregeln vergleichbar ist. Nehmen wir an, ein Theoretiker, der sich mit den Regeln des Fußballspiels befaßt, würde behaupten, in diesen Regeln einen gemeinsamen Kern gefunden zu haben, der durch ihre sprachliche Fassung sowie durch die landläufige Meinung, daß einige von ihnen sich primär an die Spieler, andere primär an die Schiedsrichter und wieder andere an beide Personengruppen wenden, verdeckt werde. Statt dessen vertritt er die Meinung, alle Regeln seien *in Wirklichkeit* Anweisungen an die Schiedsrichter, unter bestimmten Voraussetzungen in einer bestimmten Weise zu reagieren. Die Regel, daß ein Tor erzielt worden ist, wenn der Ball die Torlinie in vollem Umfang überschritten hat, oder die Regeln, die das Foulspiel verbieten, seien in Wahrheit komplexe Anweisungen an die Schiedsrichter, ein Tor zu pfeifen beziehungsweise einen Freistoß zu verhängen. Das Gegen-

argument gegen eine solche Umdeutung liegt nahe: Die den
Regeln dadurch aufgezwungene Gemeinsamkeit verschleiert
die Art und Weise, in der die Regeln wirken und in der die
Spieler sich in ihrem Verhalten nach ihnen richten. Die Funktion von Spielregeln in einer zwar konkurrenzbestimmten,
aber dennoch auf Kooperation angewiesenen sozialen Institution wird so nur verdunkelt.
Die weniger extreme Variante der Theorie würde zwar das
Strafrecht und andere Rechtsgebiete, in denen es um die Auferlegung von Pflichten geht, unberührt lassen, da die betreffenden Normen ohne weiteres der einfachen Modellvorstel-
lung des Zwangsbefehls entsprechen. Aber diese Variante
würde alle die Vorschriften, die rechtliche Befugnisse verleihen und die Art ihrer Ausübung regeln, auf dieses eine
Modell des Zwangsbefehls reduzieren. Sie setzt sich damit in
gleicher Weise der Kritik aus wie die extreme Variante der
Theorie. Wenn wir das gesamte Recht nur vom Standpunkt
der Personen aus betrachten, denen Pflichten auferlegt werden, und wenn wir alle anderen Aspekte des Rechts nur als
mehr oder weniger komplizierte Bedingungen für die Auferlegung von Pflichten ansehen, dann vernachlässigen wir
Gesichtspunkte, die für die Gesellschaft mindestens ebenso
wertvoll und für das Recht ebenso charakteristisch sind wie
das Moment der Pflicht. Normen, welche die Veränderung
des privaten Rechtsstatus ermöglichen, können nur vom
Standpunkt der Personen aus verstanden werden, die selbst
die ihnen eingeräumten rechtlichen Befugnisse ausüben. Sie
erweisen sich dann als ein gegenüber kontrollierendem
Zwang zusätzliches Rechtselement des sozialen Lebens. Das
ist so, weil der Besitz dieser rechtlichen Befugnisse den Bürger, der sonst nichts weiter als ein Träger von Pflichten wäre,
zu einem eigenen Gesetzgeber werden läßt. Die betreffenden
Normen versetzen ihn in die Lage, rechtsgestaltend tätig zu
werden. Das geschieht im Rahmen von Verträgen, Ermächti-
gungen, Testamenten und anderen Rechtsinstituten, aus
denen subjektive Rechte und Pflichten hervorgehen. Warum

sollten Normen, die in dieser charakteristischen Weise benutzt werden und so bedeutende und spezifische Vorteile mit sich bringen, nicht von solchen Normen unterschieden werden, die Pflichten auferlegen (mögen auch manche Pflichten nur dadurch entstehen, daß die genannten Befugnisse ausgeübt werden)? Im sozialen Leben denkt und spricht man über Normen, die Befugnisse verleihen, anders als über Normen, die Pflichten auferlegen. Man macht einen unterschiedlichen Gebrauch von beiden und schätzt sie aus unterschiedlichen Gründen. Könnte es für ihren unterschiedlichen Charakter noch einen anderen Nachweis geben?

Ähnlich verschleiernd wirkt es sich aus, wenn man im *staatlichen* Bereich die Funktion von Normen, die gesetzgeberische oder richterliche Befugnisse verleihen und regeln, auf die Festlegung von Bedingungen, unter denen Pflichten entstehen, reduzieren will. Wer solche Befugnisse ausübt, um Gesetze oder Verfügungen zu erlassen, benutzt diese Normen im Rahmen einer zielgerichteten Handlungsweise, die sich von der Erfüllung einer Pflicht oder der Unterwerfung unter einen Zwang grundlegend unterscheidet. Wenn man solche Normen als bloße Aspekte oder Fragmente jener Normen ansieht, die Pflichten statuieren, erschwert man sich nur – mehr noch als im Bereich des Privatrechts – die Erkenntnis der typischen Merkmale einer Rechtsordnung und der Tätigkeiten, die in ihrem Rahmen möglich sind. Denn die Einführung von Normen, die einem Gesetzgeber die Kompetenz verleihen, Pflichten aufzuerlegen oder zu ändern, sowie von Normen, die Richter ermächtigen, einen Pflichtverstoß festzustellen, war für die Gesellschaft ein ebenso wichtiger Fortschritt wie die Erfindung des Rades. Dieser Fortschritt bedeutete den Übergang von einer vorrechtlichen zu einer rechtlich organisierten Form der Gesellschaft. [. . .]

Die herrschende Sozialmoral beeinflußt in vielfältiger Weise das Recht eines jeden modernen Staates. Übergreifende moralische Ideale spielen ebenfalls eine wichtige Rolle. Diese

Einflüsse gehen entweder zu einem bestimmten Zeitpunkt im Wege der Gesetzgebung offen in das Recht ein, oder sie setzen sich allmählich und stillschweigend mittels der Rechtsprechung durch. In einigen Rechtsordnungen wie etwa der amerikanischen nehmen die obersten Kriterien der Rechtsgeltung explizit auf Gerechtigkeitsprinzipien oder moralische Wertvorstellungen Bezug. In anderen Rechtsordnungen, wie zum Beispiel in England, gibt es keine derartigen formellen Beschränkungen der Gesetzgebungskompetenz. Das schließt nicht aus, daß auch hier die Legislative gewissenhaft bemüht ist, den Forderungen der Gerechtigkeit und der Moral zu genügen. Es gibt eine Vielzahl weiterer Möglichkeiten, wie das Recht zum Ausdruck bestimmter Moralvorstellungen werden kann. Diese Möglichkeiten wurden bislang noch nicht hinreichend untersucht. So sind manche Bestimmungen rechtlich leer, indem sie ausdrücklich eine Konkretisierung durch inhaltliche Moralprinzipien vorsehen. Die Vertragsfreiheit kann etwa durch Bezugnahme auf die »guten Sitten« oder »Treu und Glauben« eingeschränkt werden; oder man kann den Umfang straf- und zivilrechtlicher Verantwortlichkeit den herrschenden moralischen Ansichten anpassen. Kein Positivist wird diese Tatsachen bestreiten. Und ebensowenig wird er leugnen, daß die Stabilität von Rechtsordnungen teilweise auf derartigen Übereinstimmungen mit der herrschenden Moral beruht. Wenn dies mit der These einer notwendigen Verbindung von Recht und Moral gemeint sein soll, so ist nichts dagegen einzuwenden.

Gesetze müssen ausgelegt werden, damit man sie auf konkrete Fälle anwenden kann. Wenn die Mythen, die die wahre Natur der Rechtsanwendung verschleiern, erst einmal durch eine realistische Analyse zerstört worden sind, ist es offenkundig, daß die Unbestimmtheit der Rechtsbegriffe einen breiten Raum für kreative Tätigkeit läßt. Mancher würde hier sogar von »gesetzgeberischer« Tätigkeit sprechen. Richter stehen bei der Auslegung gesetzlicher Bestimmungen und bei der Interpretation von Präzedenzfällen nicht vor der Alternative zwischen blinder, willkürlicher Dezision einerseits und mechanischer Deduktion aus starren Regeln andererseits. Häufig werden sie sich von der Annahme leiten lassen, daß die von ihnen auszulegenden Normen einen vernünftigen Zweck verfolgen, das heißt, daß sie nicht auf die Herbeiführung von Unrecht oder auf die Verletzung etablierter Moralprinzipien abzielen.

Juristische Entscheidungen verlangen oft – insbesondere bei Grundfragen des Verfassungsrechts – eine Wahl zwischen konkurrierenden moralischen Wertvorstellungen und nicht die bloße Anwendung nur *eines* dominierenden Moralprinzips. Es wäre töricht anzunehmen, daß die Moral überall dort eine klare Antwort bereithält, wo die Bedeutung des Rechts umstritten ist. Auch hier vermag der Richter eine Entscheidung zu treffen, die weder mechanisch deduzierbar noch willkürlich ist. Gerade in diesem Bereich können typische richterliche Tugenden zur Entfaltung kommen. Sie sind so sehr auf richterliches Entscheiden ausgerichtet, daß manche es für problematisch halten, in diesem Zusammenhang von »gesetzgeberischer« Tätigkeit zu sprechen. Diese Tugenden sind: Unparteilichkeit und Neutralität bei der Prüfung der Entscheidungsalternativen; Berücksichtigung der Interessen aller Betroffenen; das Bemühen, ein annehmbares allgemeines Prinzip als vernünftige Entscheidungsgrundlage zu entwickeln. Da stets verschiedene Prinzipien in Frage kommen, kann zweifelsohne nicht *bewiesen* werden, daß eine bestimmte Entscheidung die einzig richtige ist. Aber diese Entscheidung kann dadurch annehmbar gemacht werden, daß man sie als das begründete Ergebnis einer auf Information und Unparteilichkeit beruhenden Wahl ausweist. In alledem begegnet uns jenes Moment des Abwägens und Ausgleichens, das charakteristisch ist für das Bemühen, konkurrierenden Interessen gerecht zu werden.

Kaum jemand streitet die Bedeutung dieser Faktoren ab, die man angesichts ihrer Funktion, Entscheidungen annehmbar zu machen, ruhig als »moralisch« bezeichnen kann. Sie kom-

men häufig in irgendeiner Form in den informellen und
wechselnden Auslegungsregeln zum Ausdruck, die in den
meisten Rechtsordnungen eine Rolle spielen. Sieht man jedoch bereits darin den Beweis für eine *notwendige* Verbindung zwischen Recht und Moral, so sollte man sich daran
erinnern, daß diese Regeln der Rechtsfindung in der Praxis
fast so oft gebrochen wie befolgt worden sind. Denn seit
den Tagen Austins kam die Mahnung, daß sich die richterliche Entscheidungsfindung von ihnen leiten lassen *solle*,
überwiegend von Kritikern, die dieser vorwarfen, de facto
oft blind für soziale Werte, mechanisch oder unzureichend
begründet zu sein.

Manchmal besagt die Behauptung, wonach es eine notwendige Verbindung zwischen Recht und Moral gibt, nichts weiter, als daß eine *gute* Rechtsordnung in gewissen Belangen
den Forderungen von Gerechtigkeit und Moral genügen
muß. Manche mögen diese Behauptung als trivial ansehen,
aber sie ist keine Tautologie. In der kritischen Beurteilung des
Rechts kann es durchaus Meinungsverschiedenheiten darüber geben, welches die einschlägigen moralischen Maßstäbe
sind, und in welchen Punkten das Recht ihnen genügen muß.
Meint man die herrschende Moral der Gruppe, für die das
Rechtssystem gilt – und zwar auch dann, wenn diese Moral
auf Aberglauben beruht oder wenn sie Sklaven oder unterdrückten Klassen Schutz und Sicherheit vorenthält? Oder
meint man aufgeklärte Verhaltensnormen, das heißt Verhaltensnormen, die auf rationalen Tatsachenannahmen beruhen
und allen menschlichen Wesen ein gleiches Recht auf Berücksichtigung und Achtung zuerkennen?

Zweifellos wird die Forderung, daß eine Rechtsordnung allen
Menschen in ihrem Geltungsbereich ein Minimum an Schutz
und Freiheit gewähren muß, heutzutage allgemein geteilt und
als kritischer Maßstab für die Beurteilung von Rechtsordnungen anerkannt. Selbst wo man in der Praxis diesem Ideal nicht
entspricht, legt man gewöhnlich doch ein Lippenbekenntnis
zu ihm ab. Vielleicht läßt sich sogar mit philosophischen Mit-

teln zeigen, daß ein Moralsystem, das nicht von einem Recht aller Menschen auf Gleichbehandlung ausgeht, innerlich widersprüchlich ist oder doch auf dogmatischen oder irrationalen Annahmen beruht. So gesehen wäre die aufgeklärte Moral, die dieses Recht achtet, nicht bloß eine unter vielen möglichen Moralen, sondern die wahre Moral. Diese Thesen können hier nicht im einzelnen untersucht werden. Aber selbst wenn man ihnen zustimmt, würde das nichts daran ändern und sollte uns nicht darüber hinwegtäuschen, daß so manche staatliche Rechtsordnung (mit der für sie charakteristischen Struktur von primären und sekundären Normen) trotz einer Mißachtung dieser Prinzipien der Gerechtigkeit lange Bestand gehabt hat. Ob irgend etwas damit gewonnen wird, ungerechten Gesetzen den Rechtscharakter abzusprechen, werden wir noch erörtern.

In einem gewissen Sinne kann man die Unterscheidung zwischen einer guten Rechtsordnung, die in bestimmter Hinsicht Moral und Gerechtigkeit entspricht, und einer Rechtsordnung, die dieses nicht tut, für irreführend halten. Denn ein Minimum an Gerechtigkeit wird notwendigerweise immer dann verwirklicht, wenn menschliches Verhalten durch allgemeine Normen kontrolliert wird, die öffentlich verkündet und von den Gerichten angewendet werden. Die Idee der Gerechtigkeit in ihrer einfachsten Form (Gerechtigkeit bei der Rechtsanwendung) verlangt lediglich, den Gedanken ernst zu nehmen, daß es ein und dieselben allgemeinen Regeln sind, die unbeeinflußt von Vorurteilen, Interessen und Launen auf eine Vielzahl verschiedener Personen angewendet werden sollen. Es ist diese Unparteilichkeit, welche die Verfahrensbestimmungen, die englischen und amerikanischen Juristen als Prinzipien der »natürlichen Gerechtigkeit« vertraut sind, sicherstellen sollen. Die bloße Vorstellung, eine allgemeine Rechtsnorm anzuwenden, enthält also zumindest den Keim der Gerechtigkeit. Dem widerspricht nicht, daß man auch solche Normen in gerechter Weise anwenden kann, die äußerst verwerflich sind.

Man kann diese Minimalform der Gerechtigkeit durchaus als »natürliche Gerechtigkeit« bezeichnen. Weitere ihrer Aspekte ergeben sich aus einer Untersuchung der gemeinsamen Merkmale solcher Methoden sozialer Kontrolle (sei es der Normen eines Spiels oder der Normen des Rechts), die ihre Kontrollfunktion in erster Linie dadurch erfüllen, daß sie sich mit allgemeinen Verhaltensanforderungen an bestimmte Personengruppen wenden, von denen dann erwartet wird, daß sie die Normen ohne weitere Anleitung verstehen und befolgen. Wenn diese Art der sozialen Kontrolle wirksam sein soll, müssen die Normen bestimmten Bedingungen genügen: Sie müssen verständlich und für die Mehrheit befolgbar sein; außerdem dürfen sie im allgemeinen nicht rückwirkend gelten, obwohl hier Ausnahmen möglich sind. Das bedeutet, daß diejenigen, die schließlich für einen Normverstoß bestraft werden, im großen und ganzen die Fähigkeit und die Chance gehabt haben müssen, den Normen zu gehorchen. Es ist klar, daß diese allgemeinen Merkmale einer durch Normen ausgeübten Kontrolle eng mit jenen Erfordernissen der Gerechtigkeit verwandt sind, die von Juristen als Prinzipien der Legalität betrachtet werden. In der Tat hat ein Kritiker des Rechtspositivismus behauptet, daß diese Merkmale auf eine notwendige Verbindung von Recht und Moral hinauslaufen, und hier von einer »inneren Moralität des Rechts« gesprochen. Wenn *das* mit der These von der notwendigen Verbindung zwischen Recht und Moral gemeint sein soll, können wir auch insoweit dieser These zustimmen. Leider ist diese »innere Moralität des Rechts« mit einem hohen Maß an Ungerechtigkeit vereinbar.

Wie unvorsichtig die positivistischen Rechtstheoretiker ihren allgemeinen Standpunkt auch immer formuliert haben mögen, nur wenige von ihnen hätten die bisher erörterten Formen einer Verbindung von Recht und Moral bestritten. Was bezweckte der Rechtspositivismus aber dann mit seinen Slogans: »Die Existenz des Rechts ist eine Sache, sein Wert oder Unwert eine andere« (Austin); »Das Recht eines Staates ist kein Ideal, sondern etwas, das tatsächlich existiert ... Es ist nicht das, was sein sollte, sondern das, was ist« (Gray); »Rechtsnormen können jeden beliebigen Inhalt haben« (Kelsen)?

Das wichtigste Anliegen dieser Denker war eine durchsichtigere und ehrlichere Formulierung der theoretischen und moralischen Probleme, die sich aus der Existenz solcher Gesetze ergeben, die vom moralischen Standpunkt aus verwerflich, jedoch formal ordnungsgemäß erlassen, klar in ihrer Bedeutung und im Einklang mit sämtlichen Gültigkeitskriterien der betreffenden Rechtsordnung sind. Die Rechtspositivisten waren der Ansicht, daß sowohl der Rechtstheoretiker als auch jener unglückliche Beamte oder Bürger, der diese Gesetze anzuwenden oder zu befolgen hat, nur verwirrt würde, wenn man ihn aufforderte, diesen Gesetzen das Prädikat »Recht« oder »gültig« zu verweigern. Sie meinten, daß es einfachere und ehrlichere Mittel gäbe, um sich mit diesen Problemen auseinanderzusetzen – Mittel, die alle intellektuellen und moralischen Gesichtspunkte von Relevanz weit besser zur Geltung bringen. So sollten wir sagen: »Dies ist zwar Recht; aber es ist zu verwerflich, um angewendet oder befolgt zu werden«.

Der entgegengesetzte Standpunkt erscheint dann als attraktiv, wenn nach einer Revolution oder einer größeren politischen Umwälzung die Gerichte zu jenen moralischen Vergehen Stellung nehmen müssen, die von Bürgern oder Beamten unter dem früheren Regime in gesetzlicher Form begangen worden sind. Die Bestrafung solcher Vergehen mag als sozial erwünscht empfunden werden; und doch kann es sich als schwierig, als seinerseits moralisch verwerflich oder einfach als unmöglich erweisen, durch offen rückwirkende Gesetzgebung ein Verhalten zu kriminalisieren, das nach den Gesetzen des früheren Regimes erlaubt oder gar geboten war. Unter diesen Umständen scheint es sich anzubieten, die im Begriff »Recht« (vergleiche auch »ius«, »diritto« und »droit«) latent enthaltenen moralischen und naturrechtlichen Implikationen zu nutzen. So könnte man behaupten, daß Gesetze, die Ungerechtigkeiten anordnen oder gestatten, nicht als gültig anerkannt werden oder keinen Rechtscharakter haben sollen, selbst wenn die betreffende Rechtsordnung ihrer Legislative in dieser Richtung keine Kompetenzbeschränkung auferlegt. In dieser Weise wurden in Deutschland nach dem letzten Krieg Naturrechtsargumente wiederbelebt, und zwar als Reaktion auf die akuten Probleme, die eine Hinterlassenschaft der verbrecherischen Naziherrschaft und ihres Untergangs bildeten. Sollten beispielsweise Denunzianten, die aus eigensüchtigen Motiven andere wegen eines Verstoßes gegen ungeheuerliche Nazigesetze ins Gefängnis gebracht hatten, bestraft werden? Konnten die Gerichte im Nachkriegsdeutschland sie deshalb verurteilen, weil die Vorschriften, deren Übertretung sie angezeigt hatten, naturrechtswidrig und daher nichtig waren, so daß die Inhaftierung der Opfer wegen eines Verstoßes gegen diese Vorschriften in Wahrheit rechtswidrig und die Beihilfe dazu selbst eine Straftat war?

So einfach auch die Streitfrage zwischen denjenigen, die moralisch verwerflichen Gesetzen den Rechtscharakter absprechen, und denjenigen, die das nicht tun, aussieht, so sehr scheinen sich doch die Disputanten über den allgemeinen Charakter des Problems häufig im unklaren zu sein. Es trifft zwar zu, daß es sich hier um alternative Formulierungen einer moralischen Entscheidung handelt – der Entscheidung, verwerfliche Gesetze nicht anzuwenden, sie nicht zu befolgen sowie anderen nicht zu gestatten, sich unter Berufung auf sie zu verteidigen. Und doch ist das Problem nicht eigentlich sprachlicher Natur. Keine der beiden Seiten in diesem Streit wäre zufrieden, wenn man ihr sagen würde: »Ja, Sie haben recht, auf englisch (oder auf deutsch) bringt man eine derartige Entscheidung genauso zum Ausdruck, wie Sie es getan haben«. Der Positivist könnte zwar unter Bezugnahme auf den Sprachgebrauch zeigen, daß die Behauptung, eine Rechtsnorm sei zu verwerflich, um Gehorsam zu verdienen, nicht widersprüchlich ist, und daß aus der Aussage, eine

Norm sei moralisch verwerflich, nicht folgt, daß sie keine gültige Rechtsnorm ist. Doch würden die Gegner des Positivismus das Problem damit kaum als erledigt betrachten.

Es ist klar, daß wir diese Fragen nicht angemessen behandeln können, wenn wir darin nur eine Angelegenheit des korrekten Sprachgebrauchs sehen. Denn in Wirklichkeit geht es um die Bewertung der *Vor*- und *Nachteile* eines weiteren und eines engeren Begriffs zur Erfassung von Normen, die zu einem bestimmten, im großen und ganzen wirksamen sozialen Normensystem gehören. Um uns aus gutem Grund für eine der beiden Konzeptionen entscheiden zu können, müssen wir herausfinden, welche sich für unsere theoretischen Untersuchungen und unsere moralischen Überlegungen als fruchtbarer oder klärender erweist.

Der weitere dieser beiden konkurrierenden Rechtsbegriffe umfaßt den engeren. Machen wir uns den weiteren Begriff zu eigen, so führt uns das im theoretischen Bereich dazu, alle jene Normen als Recht zu qualifizieren, die nach den *formalen* Kriterien eines Systems von primären und sekundären Normen als gültig anzusehen sind. Das gilt selbst für solche Normen, die gegen die faktisch herrschende Moral der betreffenden Gesellschaft oder gegen die von uns als aufgeklärt oder wahr betrachteten moralischen Grundsätze verstoßen. Wenn wir dagegen von dem engeren Rechtsbegriff ausgehen, schließen wir solche moralisch anfechtbaren Normen aus dem Bereich des Rechts aus.

Es dürfte klar sein, daß mit dem engeren Begriff für die theoretische oder wissenschaftliche Analyse des sozialen Phänomens »Recht« nichts gewonnen wird: Er führt zum Ausschluß von Normen, die sämtliche anderen komplexen Merkmale des Rechts aufweisen. Die Untersuchung dieser Normen durch eine andere Disziplin als die Rechtswissenschaft könnte nur Verwirrung stiften, und weder in rechtsgeschichtlichen noch in anderen juristischen Studien hält man ein solches Vorgehen für zweckmäßig. Der weitere Rechtsbegriff erlaubt uns dagegen, in seinem Rahmen auch moralisch verwerfliche Gesetze im einzelnen zu analysieren und die Reaktion der Gesellschaft auf sie zu untersuchen. Unsere Bemühungen um das Verständnis von Entwicklung und Möglichkeiten sozialer Kontrolle durch ein System primärer und sekundärer Normen würden also durch den Gebrauch des engeren Rechtsbegriffs in verwirrender Weise aufgespalten. Eine vollständige Analyse dieser Technik sozialer Kontrolle umfaßt auch die Analyse ihres Mißbrauchs.

Wie steht es nun mit dem *praktischen* Nutzen des engeren Rechtsbegriffs im Kontext moralischer Überlegungen? Inwiefern ist es angesichts moralisch verwerflicher Vorschriften besser, sie überhaupt nicht als Recht anzusehen, als der Meinung zu sein, daß sie zwar zum positiven Recht gehören, aber zu verwerflich sind, um angewendet oder befolgt zu werden? Würde das die Menschen klarsichtiger machen oder ihre Bereitschaft fördern, das Gesetz zu mißachten, falls die Moral es fordert? Würden jene Probleme, wie sie das Naziregime hinterlassen hat, leichter lösbar werden?

Ohne Zweifel haben Ideen ihren Einfluß. Aber dadurch, daß man die Bürger zum Gebrauch eines engeren Begriffs rechtlicher Gültigkeit erzieht, in dem kein Platz für gültiges, aber moralisch verwerfliches Recht ist, wird man den Widerstand gegen das Böse angesichts der Drohungen organisierter Macht wohl kaum stärken können. Und man wird auch nicht zu einer klareren Erkenntnis dessen beitragen, was moralisch auf dem Spiele steht, wenn Rechtsgehorsam gefordert wird. Solange sich Menschen zur Beherrschung ihrer Mitmenschen auf die Loyalität einer ausreichenden Minderheit stützen können, werden sie sich zur Erreichung ihrer Ziele unter anderem auch der verschiedenen Formen des Rechts bedienen. Schlechte Menschen werden schlechte Gesetze erlassen und mit Hilfe anderer Menschen durchsetzen. Der Bürger kann nur dann gegenüber staatlichem Machtmißbrauch feinfühlig werden, wenn man ihm den Sinn dafür bewahrt, daß die Feststellung, etwas sei gültiges Recht, nicht ohne weiteres eine Gehorsamspflicht zur Folge hat und daß die Ansprüche einer staatlichen Ordnung, mag sie auch von einer noch so starken Aura von Majestät oder Autorität umgeben sein, letztlich doch einer moralischen Prüfung unterliegen müssen. Diese Einsicht, daß es jenseits der staatlichen Ordnung etwas gibt, auf das das Individuum zurückgreifen muß, um das Problem des Rechtsgehorsams für sich zu lösen, kann man sicherlich eher in denen wach halten, die an den Gedanken gewöhnt sind, daß Rechtsnormen ungerecht sein können, als in denen, die glauben, daß Unrecht niemals den Status von Recht erlangen kann.

Ein vielleicht noch stärkeres Argument für die Bevorzugung des weiteren Rechtsbegriffs, der es uns erlaubt, auch verwerfliche Normen als Rechtsnormen zu bezeichnen, liegt darin, daß man die vielfältigen moralischen Probleme, die im Zusammenhang mit verwerflichen Rechtsnormen auftreten können, in unzulässiger Weise vereinfacht, wenn man diesen Normen die rechtliche Anerkennung vorenthält. Ältere Autoren wie Bentham und Austin legten auf die Unterscheidung zwischen dem Recht, wie es ist, und dem Recht, wie es sein sollte, unter anderem deshalb so großen Wert, weil sie glaubten, ohne diese Unterscheidung würden die Menschen dazu neigen, voreilig und ohne Rücksicht auf mögliche Schäden für die Gesellschaft bestimmte Gesetze für ungültig und nicht befolgbar zu erklären. Doch abgesehen von dieser Gefahr der Anarchie, die Bentham und Austin möglicherweise überschätzt haben, handelt es sich hier auch noch in anderer Hinsicht um eine unzulässige Vereinfachung. Wenn wir unser Augenmerk nur auf das *Gehorsams*problem richten, welches für den einzelnen gegenüber den Anforderungen verwerflicher Vorschriften entsteht, dann könnte es als gleichgültig erscheinen, ob der Betreffende glaubt, es mit einer gültigen »Rechts«norm zu tun zu haben oder nicht, sofern er nur ihre moralische Verwerflichkeit erkannt hat und sich entsprechend verhält. Aber außer dem Problem des Gehorsams (Soll ich diese schlechte Handlung ausführen?) besteht noch Sokrates' Problem der Unterwerfung: Soll ich die Strafe für meinen Ungehorsam auf mich nehmen oder soll ich fliehen? Und es gibt auch noch das Problem, mit dem die deutschen Nachkriegsgerichte konfrontiert waren: Sollen wir jene bestrafen, deren Übeltaten zur Zeit der Begehung durch verwerfliche Gesetze gestattet waren? – Aus diesen Fragen ergeben sich ganz unterschiedliche Probleme der Moral und der Gerechtigkeit, die es unabhängig voneinander zu untersuchen gilt. Diese Probleme werden nicht dadurch gelöst, daß man sich ein für allemal weigert, schlechte Gesetze unter welchem Gesichtspunkt auch immer als gültig anzuerkennen. Auf so grobe Weise lassen sich heikle und vielschichtige moralische Probleme nicht bewältigen.

Ein Rechtsbegriff, der es erlaubt, die Ungültigkeit des Rechts von seiner Unsittlichkeit zu unterscheiden, versetzt uns in die Lage, die Komplexität und Vielfalt dieser unterschiedlichen Fragen zu erkennen, wohingegen ein enger Rechtsbegriff, der verwerflichen Normen die rechtliche Gültigkeit versagt, uns diesen Problemen gegenüber leicht blind macht. Es ist zwar richtig, daß die deutschen Denunzianten, die aus eigennützigen Motiven andere einer Bestrafung aufgrund verabscheuungswürdiger Gesetze auslieferten, gegen die Moral verstießen. Aber die Moral verlangt möglicherweise auch, daß der Staat nur jene Übeltaten bestraft, die bereits zur Tatzeit mit Strafe bedroht waren. Diese Forderung ist enthalten in dem Grundsatz »nulla poena sine lege«.

Wenn man von diesem Grundsatz Ausnahmen machen muß, um ein noch größeres Übel als die Preisgabe des Grundsatzes selbst zu vermeiden, so ist es unbedingt notwendig, die anstehenden Probleme deutlich herauszuarbeiten. Man sollte einen Fall rückwirkender Bestrafung nicht so hinstellen, daß der Anschein entsteht, es handele sich um einen Normalfall der Bestrafung einer zur Tatzeit rechtswidrigen Handlung. Für die einfache positivistische Lehre, daß moralisch verwerfliche Normen trotz ihrer Verwerflichkeit gültiges Recht sein können, spricht zumindest folgendes: Wenn unter extremen Umständen eine Wahl zwischen verschiedenen Übeln getroffen werden muß, so läßt sich dies mit den Mitteln der positivistischen Lehre jedenfalls nicht verschleiern.

2. Kapitel

Funktion und moralische Verbindlichkeit des Rechts

Einleitung

Wer sich über Wesen und Wirkungsweise einer Rechtsordnung und ihrer Elemente eine Meinung gebildet hat, sieht sich mit der weiteren Frage nach Funktion und moralischer Verbindlichkeit des Rechts konfrontiert: Gibt es bestimmte Ziele, denen eine Rechtsordnung dienen sollte? Trifft den einzelnen Bürger eine moralische Pflicht, den Geboten des Rechts zu folgen? Diese Fragen verlangen schon deshalb eine Antwort, weil eine Rechtsordnung – das würde keiner der fünf Autoren des ersten Kapitels bestreiten – jedenfalls *auch* durch eine zumindest punktuelle Anwendung von Zwang charakterisiert ist und weil jede Form von Zwangsanwendung gegenüber dem Individuum als rechtfertigungsbedürftig erscheint.

Ob sich Fragen normativer Begründung oder Rechtfertigung überhaupt von einem rationalen Standpunkt aus behandeln lassen, ist eine umstrittene Grundlagenfrage der praktischen Philosophie, der sich in den letzten Jahrzehnten vor allem die moderne Metaethik angenommen hat. Von den in diesem Band vertretenen Denkern hat sie allein Kelsen eindeutig verneint. Wir können sie hier nicht weiter erörtern. Aus den Texten dieses Kapitels geht mehr oder weniger deutlich hervor, welche Position zu dieser prinzipiellen Frage der jeweilige Autor einnimmt.

Die verbreitetste Version einer Auffassung, die jede Form von Rechtsordnung als moralisch illegitim und daher abschaffungsbedürftig ansieht, findet sich im Marxismus. Vladimir I. Lenin (1870–1924) gibt ihr in seinem hier abgedruckten Text – unter häufiger Berufung auf die Väter des Marxismus – klassischen Ausdruck. Obgleich Lenin an seiner moralischen Verurteilung von Staat und Rechtsordnung keinen Zweifel läßt, wird von ihm nicht offen anhand ethischer Prinzipien für diese Verurteilung argumentiert. Lenin versucht vielmehr, Staat und Rechtsordnung dadurch zu diskreditieren, daß er sie in einen umfassenden geschichtsphilosophischen Rahmen stellt, in dem sie als Ausdruck einer bloß vorübergehenden sozialen Interessenkonstellation erscheinen.

Nach Lenin wird menschliches Zusammenleben keineswegs von jeher durch so etwas wie eine Rechtsordnung geregelt. Vielmehr gewinnt diese erst auf jener Stufe der ökonomischen Entwicklung, die zu einer Spaltung der Gesellschaft in Klassen führt, eine Funktion. Denn die herrschende Klasse benötigt sie zum Zwecke der Unterdrückung. Dementsprechend wird die Rechtsordnung wieder von der historischen Bildfläche verschwinden, sobald die zwangsläufig bevorstehende Wiederaufhebung der Klassenspaltung verwirklicht ist. Das wird geschehen durch die marxistische Revolution, die zur klassenlosen Gesellschaft des Kommunismus führt.

Ein spezifisches Merkmal der marxistischen Staats- beziehungsweise Rechtskritik, durch das sie sich insbesondere von anarchistischen Theorien unterscheidet, liegt darin, daß das staatliche Ordnungsgefüge nicht schon durch die Revolution als solche mit einem Schlag überflüssig wird. In einer ersten Phase der kommunistischen Gesellschaft ist der Zwangsapparat des Staates nicht nur zur endgültigen Unterdrückung der enteigneten Kapitalisten, sondern auch zur gerechten sozialen Verteilung von Arbeit und Arbeitsprodukt noch erforderlich. Erst nachdem die Klassengegensätze in der Gesellschaft endgültig beseitigt sind und die Prinzipien einer neuen Art der Verteilungsgerechtigkeit sich im Denken der Menschen durchgesetzt haben, können Produktion und Konsum in vollkommener Freiheit vonstatten gehen: Der Staat hat seine Funktion verloren.

In gewisser Hinsicht steht die Konzeption von unwandelbaren, aus der Natur des Menschen ableitbaren Sittengesetzen, wie sie JOHANNES MESSNER (1891–1984) vertritt, in diametralem Gegensatz zur marxistischen Auffassung. Denn für diese sind ja Moral und Recht keineswegs unwandelbar, sondern Ausdruck der in steter Veränderung begriffenen ökonomischen Grundlagen der Klassengesellschaft. Allerdings ist bei dieser Gegenüberstellung zu bedenken, daß nach Erreichung eines bestimmten gesellschaftlichen Zustandes (des Zustandes der klassenlosen Gesellschaft) auch für Marx und Engels das sittliche Ideal keinem weiteren Wandel mehr unterliegt, da es in der Gesellschaft bereits verwirklicht ist. Insofern besteht zwischen beiden Konzeptionen eine gewisse Parallele, mögen auch die Konturen der idealen kommunistischen Zukunftsmoral, die von der marxistischen Lehre projiziert wird, außerordentlich vage bleiben.

Solche Sittengesetze, wie sie Messner aus der Natur des Menschen glaubt ableiten zu können, werden häufig (so auch von Messner selbst) als »Naturgesetze« oder als »Naturrecht« bezeichnet. Dabei ist folgendes zu beachten. Wenn man etwa eine begriffliche Verknüpfung zwischen Recht und Moral ablehnt (vgl. hierzu das erste Kapitel), so ist damit nur ein Teil des Naturrechtsproblems erledigt. Denn wenn sich aus der Natur des Menschen gewisse Normen als verbindlich ableiten lassen, dann können diese Normen in jedem Fall als rechtsethische Forderungen an das geltende Recht herangetragen werden. Und genau darum geht es ja im vorliegenden Kapitel, ob sich irgendwelche Ziele, denen eine Rechtsordnung dienen sollte, intersubjektiv begründen lassen.

Es gibt unterschiedliche Versionen von der Lehre eines naturrechtlich verbindlichen Sittengesetzes. Die Version Messners, die auf einer teleologischen (zielorientierten) Sichtweise der menschlichen Natur beruht, wurde von führenden Philosophen der Antike und des Mittelalters begründet und hat sich in der abendländischen Philosophie bis heute als besonders einflußreich erwiesen. Zu welch weittragenden Konsequenzen sie in der Rechtspolitik beziehungsweise in der Rechtsanwendung führen kann, zeigen eindrucksvoll die aus Urteilsbegründungen stammenden Ausführungen des BUNDESGERICHTSHOFS. Daß dasselbe Gericht sich zu Fragen der Ehe- und Sexualmoral auch heute – gut drei Jahrzehnte nach Erlaß der betreffenden Urteile – noch in ähnlichem Sinne äußern würde, erscheint unwahrscheinlich. Dieser Umstand mag gegenüber der angeblichen naturrechtlichen Unwandelbarkeit der betreffenden Verhaltensnormen *einen* Grund zur Skepsis bilden.

Unter grundsätzlichem Aspekt wird das teleologische Naturverständnis im Text H. L. A. HARTS einer scharfsinnigen Analyse unterzogen und mit einer empiristischen Sichtweise der Natur, wie sie führende neuzeitliche Philosophen entwickelt haben, konfrontiert. Anschließend an seine Analyse versucht Hart, auf der Basis der empiristischen Konzeption eine eigene Theorie der Rechtsbegründung zu entwerfen. Sein Resultat ist in mancher Hinsicht bescheidener als das der teleologischen Konzeption, doch auch schwerer anzugreifen. Es beruht zum einen auf dem Wert menschlichen Überlebens und zum anderen auf Prämissen, die zwar empirischen Charakters, aber doch so fundamental sind, daß sie der menschlichen Natur zu praktisch allen Zeiten und unter beliebigen sozialen Bedingungen Ausdruck geben. Der Leser frage sich in diesem Zusammenhang, ob etwa Lenin von seinem Standpunkt aus diese Theorie wirksam widerlegen könnte.

Selbst wenn man zeigen kann, daß sich die Existenz einer Rechtsordnung mit bestimmten allgemeinen Strukturen von einem intersubjektiven Standpunkt aus rechtfertigen läßt, so ist damit die Frage, ob auch der einzelne Bürger zum Gehorsam gegenüber der Rechtsordnung verpflichtet ist, noch keineswegs entschieden. NORBERT HOERSTER (geb. 1937) kommt in seiner Untersuchung dieser Frage zu dem Ergebnis, daß sich eine solche Verpflichtung insofern generell bejahen läßt, als sie aus dem fundamentalen Moralprinzip einer gerechten Güter- und Lastenverteilung im Rahmen sozialer Institutionen ableitbar ist. Die Problematik des Gerechtigkeitsprinzips als solches wird im Mittelpunkt des nächsten Kapitels stehen.

Vladimir I. Lenin: Das Recht als Instrument der Klassenherrschaft

Engels faßt seine Auffassungen in folgenden Worten zusammen: »Der Staat ist also nicht von Ewigkeit her. Es hat Gesellschaften gegeben, die ohne ihn fertig wurden, die von Staat und Staatsgewalt keine Ahnung hatten. Auf einer bestimmten Stufe der ökonomischen Entwicklung, die mit Spaltung der Gesellschaft in Klassen notwendig verbunden war, wurde durch diese Spaltung der Staat eine Notwendigkeit. Wir nähern uns jetzt mit raschen Schritten einer Entwicklungsstufe der Produktion, auf der das Dasein dieser Klassen nicht nur aufgehört hat, eine Notwendigkeit zu sein, sondern ein positives Hindernis der Produktion wird. Sie werden fallen, ebenso unvermeidlich, wie sie früher entstanden sind. Mit ihnen fällt unvermeidlich der Staat. Die Gesellschaft, die die Produktion auf Grundlage freier und gleicher Assoziation der Produzenten neu organisiert, versetzt die ganze Staatsmaschine dahin, wohin sie dann gehören wird: ins Museum der Altertümer, neben das Spinnrad und die bronzene Axt.« [. . .]

»Der Staat«, sagt Engels bei der Zusammenfassung seiner geschichtlichen Analyse, »ist also keineswegs eine der Gesellschaft von außen aufgezwungene Macht; ebensowenig ist er ›die Wirklichkeit der sittlichen Idee‹, ›das Bild und die Wirklichkeit der Vernunft‹, wie Hegel behauptet. Er ist vielmehr ein Produkt der Gesellschaft auf bestimmter Entwicklungsstufe; er ist das Eingeständnis, daß diese Gesellschaft sich in einen unlösbaren Widerspruch mit sich selbst verwickelt, sich in unversöhnliche Gegensätze gespalten hat, die zu bannen sie ohnmächtig ist. Damit aber diese Gegensätze, Klassen mit widerstreitenden ökonomischen Interessen, nicht sich und die Gesellschaft in fruchtlosem Kampf verzehren, ist eine scheinbar über der Gesellschaft stehende Macht nötig geworden, die den Konflikt dämpfen, innerhalb der Schranken der ›Ordnung‹ halten soll; und diese, aus der Gesellschaft hervorgegangene, aber sich über sie stellende, sich ihr mehr und mehr entfremdende Macht ist der Staat.«

Hier ist mit voller Klarheit der Grundgedanke des Marxismus über die historische Rolle und die Bedeutung des Staates zum Ausdruck gebracht. Der Staat ist das Produkt und die Äußerung der Unversöhnlichkeit der Klassengegensätze. Der Staat entsteht dort, dann und insofern, wo, wann und inwiefern die Klassengegensätze objektiv nicht versöhnt werden können. Und umgekehrt: Das Bestehen des Staates beweist, daß die Klassengegensätze unversöhnlich sind.

Gerade in diesem wichtigsten und grundlegenden Punkt beginnt die Entstellung des Marxismus, die in zwei Hauptlinien verläuft.

Auf der einen Seite pflegen bürgerliche und besonders kleinbürgerliche Ideologen – die sich unter dem Druck unbestreitbarer geschichtlicher Tatsachen gezwungen sehen, anzuerkennen, daß der Staat nur dort vorhanden ist, wo es Klassengegensätze und Klassenkampf gibt – Marx in der Weise »zu verbessern«, daß der Staat sich als Organ der Klassenversöhnung erweist. Nach Marx hätte der Staat weder entstehen noch bestehen können, wenn eine Versöhnung der Klassen möglich wäre. Bei den kleinbürgerlichen und philisterhaften Professoren und Publizisten kommt es – oft unter wohlwollenden Hinweisen auf Marx! – so heraus, daß der Staat gerade die Klassen versöhne. Nach Marx ist der Staat ein Organ der Klassenherrschaft, ein Organ zur Unterdrückung der einen

Klasse durch die andere, ist die Errichtung derjenigen »Ordnung«, die diese Unterdrückung sanktioniert und festigt, indem sie den Konflikt der Klassen dämpft. Nach Ansicht der kleinbürgerlichen Politiker ist die Ordnung gerade die Versöhnung der Klassen und nicht die Unterdrückung der einen Klasse durch die andere; den Konflikt dämpfen bedeute versöhnen und nicht, es den unterdrückten Klassen unmöglich machen, bestimmte Mittel und Methoden des Kampfes zum Sturz der Unterdrücker zu gebrauchen. [. . .]

Wenn der Staat das Produkt der Unversöhnlichkeit der Klassengegensätze ist, wenn er eine über der Gesellschaft stehende und »sich ihr mehr und mehr entfremdende« Macht ist, so ist es klar, daß die Befreiung der unterdrückten Klasse unmöglich ist nicht nur ohne gewaltsame Revolution, sondern auch ohne Vernichtung des von der herrschenden Klasse geschaffenen Apparats der Staatsgewalt, in dem sich diese »Entfremdung« verkörpert. Diese theoretisch von selbst einleuchtende Schlußfolgerung hat Marx, auf Grund einer konkreten historischen Analyse der Aufgaben der Revolution mit größter Bestimmtheit gezogen. [. . .]

Der wissenschaftliche Unterschied zwischen Sozialismus und Kommunismus ist klar. Was gewöhnlich als Sozialismus bezeichnet wird, nannte Marx die »erste« oder niedere Phase der kommunistischen Gesellschaft. Insofern die Produktionsmittel Gemeineigentum werden, ist das Wort »Kommunismus« auch hier anwendbar, wenn man nicht vergißt, daß es kein vollkommener Kommunismus ist. Die große Bedeutung der Erörterungen von Marx besteht darin, daß er auch hier konsequent die materialistische Dialektik, die Entwicklungslehre, anwendet, indem er den Kommunismus als etwas betrachtet, das sich aus dem Kapitalismus entwickelt. An Stelle scholastisch ausgeklügelter, »erdachter« Definitionen und fruchtloser Wortklaubereien (was Sozialismus, was

Kommunismus sei) gibt Marx eine Analyse dessen, was man als Stufen der ökonomischen Reife des Kommunismus bezeichnen könnte.

In seiner ersten Phase, auf seiner ersten Stufe kann der Kommunismus ökonomisch noch nicht völlig reif, völlig frei von den Traditionen, von den Spuren des Kapitalismus sein. Daraus erklärt sich eine so interessante Erscheinung wie das Fortbestehen des »engen bürgerlichen Rechtshorizonts« während der ersten Phase des Kommunismus. Das bürgerliche Recht setzt natürlich in bezug auf die Verteilung der Konsumtionsmittel unvermeidlich auch den bürgerlichen Staat voraus, denn Recht ist nichts ohne einen Apparat, der imstande wäre, die Einhaltung der Rechtsnormen zu erzwingen.

So ergibt sich, daß im Kommunismus nicht nur das bürgerliche Recht eine gewisse Zeit fortbesteht, sondern sogar auch der bürgerliche Staat – ohne Bourgeoisie!

Das mag paradox oder einfach als dialektisches Gedankenspiel erscheinen, wie das vielfach dem Marxismus von Leuten zum Vorwurf gemacht wird, die sich nicht im geringsten die Mühe genommen haben, seinen überaus tiefen Gehalt zu ergründen. [. . .]

Eben diese kommunistische Gesellschaft, die gerade aus dem Schoße des Kapitalismus ans Tageslicht tritt, die in jeder Beziehung mit den Muttermalen der alten Gesellschaft behaftet ist, bezeichnet Marx als die »erste« oder niedere Phase der kommunistischen Gesellschaft.

Die Produktionsmittel sind schon nicht mehr Privateigentum einzelner Personen. Die Produktionsmittel gehören der ganzen Gesellschaft. Jedes Mitglied der Gesellschaft leistet einen gewissen Teil gesellschaftlich notwendiger Arbeit und erhält von der Gesellschaft einen Schein darüber, daß es ein gewisses Quantum Arbeit geliefert hat. Auf diesen Schein erhält es ein entsprechendes Quantum Produkte aus den gesellschaftlichen Vorräten an Konsumtionsmitteln. Nach Abzug des Arbeitsquantums, das für die gemeinschaftlichen Fonds bestimmt ist, erhält jeder Arbeiter also von der Gesellschaft so viel zurück, wie er ihr gegeben hat.

Es herrscht gewissermaßen »Gleichheit«.

Wenn aber Lassalle von dieser Gesellschaftsordnung (die gewöhnlich als Sozialismus bezeichnet wird, während Marx sie als erste Phase des Kommunismus bezeichnet) meint, das wäre eine »gerechte Verteilung«, das wäre »gleiches Recht eines jeden auf den gleichen Arbeitsertrag«, so irrt er, und Marx deckt seinen Irrtum auf.

»Gleiches Recht«, sagt Marx, haben wir hier allerdings, es ist aber noch das »bürgerliche Recht«, das, wie alles Recht, Ungleichheit voraussetzt. Jedes Recht besteht in Anwendung von gleichem Maßstab auf ungleiche Individuen, die in Wirklichkeit verschieden, untereinander ungleich sind; das »gleiche Recht« ist daher eine Verletzung der Gleichheit und eine Ungerechtigkeit. In der Tat erhält jeder, der den gleichen Teil gesellschaftlicher Arbeit geleistet hat wie die anderen, den gleichen Anteil am gesellschaftlichen Produkt (nach den erwähnten Abzügen).

Indes sind die einzelnen Menschen nicht gleich: Der eine ist stärker, der andere schwächer; der eine ist verheiratet, der andere nicht; der eine hat mehr Kinder als der andere usw.

»Bei gleicher Arbeitsleistung«, folgert Marx, »und daher gleichem Anteil an dem gesellschaftlichen Konsumtionsfonds erhält also der eine faktisch mehr als der andre, ist der eine reicher als der andre etc. Um alle diese Mißstände zu vermeiden, müßte das Recht, statt gleich, ungleich sein.«

Gerechtigkeit und Gleichheit kann also die erste Phase des Kommunismus noch nicht bringen: Unterschiede im Reichtum, und zwar ungerechte Unterschiede bleiben bestehen, unmöglich aber wird die Ausbeutung des Menschen durch den Menschen sein, denn es wird nicht mehr möglich sein, die Produktionsmittel, die Fabriken, Maschinen, den Grund und Boden usw., als Privateigentum an sich zu reißen. Marx zerschlägt die kleinbürgerliche, unklare Phrase Lassalles von »Gleichheit« und »Gerechtigkeit« schlechthin und zeigt dabei den Entwicklungsgang der kommunistischen Gesellschaft, die gezwungen ist, zunächst nur die »Ungerechtigkeit« zu beseitigen, daß die Produktionsmittel von einzelnen Personen angeeignet sind, und vorerst nicht imstande ist, mit einem Schlag auch die weitere Ungerechtigkeit zu beseitigen, die in der Verteilung der Konsumtionsmittel »nach der Arbeitsleistung« (und nicht nach den Bedürfnissen) besteht. [. . .]

Marx zieht nicht nur auf das genaueste die unvermeidliche Ungleichheit der Menschen in Betracht, er berücksichtigt auch, daß der bloße Übergang der Produktionsmittel in das Gemeineigentum der gesamten Gesellschaft (»Sozialismus« im landläufigen Gebrauch des Wortes) die Mängel der Verteilung und die Ungleichheit des »bürgerlichen Rechts« nicht beseitigt, das weiter herrscht, solange die Produkte »nach der Arbeitsleistung« verteilt werden.
»Aber diese Mißstände«, fährt Marx fort, »sind unvermeidbar in der ersten Phase der kommunistischen Gesellschaft, wie sie eben aus der kapitalistischen Gesellschaft nach langen Geburtswehen hervorgegangen ist. Das Recht kann nie höher sein als die ökonomische Gestaltung und dadurch bedingte Kulturentwicklung der Gesellschaft.«
Somit wird in der ersten Phase der kommunistischen Gesellschaft (die gewöhnlich Sozialismus genannt wird) das »bürgerliche Recht« nicht vollständig abgeschafft, sondern nur zum Teil, nur entsprechend der bereits erreichten ökonomischen Umwälzung, das heißt lediglich in bezug auf die Produktionsmittel. Das »bürgerliche Recht« sieht in ihnen das Privateigentum einzelner Individuen. Der Sozialismus macht sie zum Gemeineigentum. Insofern – und nur insofern – fällt das »bürgerliche Recht« fort.
Es bleibt jedoch in seinem anderen Teil bestehen, es bleibt als Regulator (Ordner) bei der Verteilung der Produkte und der Arbeit unter die Mitglieder der Gesellschaft. »Wer nicht arbeitet, soll auch nicht essen«, dieses sozialistische Prinzip

ist schon verwirklicht; »für das gleiche Quantum Arbeit das gleiche Quantum Produkte« – auch dieses sozialistische Prinzip ist schon verwirklicht. Das ist jedoch noch nicht Kommunismus, und das beseitigt noch nicht das »bürgerliche Recht«, das ungleichen Individuen für ungleiche (faktisch ungleiche) Arbeitsmengen die gleiche Menge Produkte zuweist.

Das ist ein »Mißstand«, sagt Marx, aber er ist in der ersten Phase des Kommunismus unvermeidbar, denn will man nicht in Utopien verfallen, so darf man nicht annehmen, daß die Menschen sofort nach dem Sturz des Kapitalismus lernen werden, ohne alle Rechtsnormen für die Allgemeinheit zu arbeiten, sind doch die ökonomischen Voraussetzungen für eine solche Änderung durch die Abschaffung des Kapitalismus nicht sofort gegeben.

Andere Normen aber als die des »bürgerlichen Rechts« sind nicht vorhanden. Insofern bleibt noch die Notwendigkeit des Staates bestehen, der unter Wahrung des gesellschaftlichen Eigentums an den Produktionsmitteln die Gleichheit der Arbeitsleistung und die Gleichheit bei der Verteilung der Produkte zu schützen hat.

Der Staat stirbt ab, insofern es keine Kapitalisten, keine Klassen mehr gibt und man daher auch keine Klasse mehr unterdrücken kann.

Der Staat ist aber noch nicht ganz abgestorben, denn noch bleibt die Wahrung des »bürgerlichen Rechts«, das die faktische Ungleichheit sanktioniert. Zum vollständigen Absterben des Staates bedarf es des vollständigen Kommunismus.

Marx fährt fort: »In einer höheren Phase der kommunistischen Gesellschaft, nachdem die knechtende Unterordnung der Individuen unter die Teilung der Arbeit, damit auch der Gegensatz geistiger und körperlicher Arbeit verschwunden ist; nachdem die Arbeit nicht nur Mittel zum Leben, sondern selbst das erste Lebensbedürfnis geworden; nachdem mit der allseitigen Entwicklung der Individuen auch die Produktionskräfte gewachsen und alle Springquellen des genossenschaftlichen Reichtums voller fließen – erst dann kann der enge bürgerliche Rechtshorizont ganz überschritten werden und die Gesellschaft auf ihre Fahne schreiben: Jeder nach seinen Fähigkeiten, jedem nach seinen Bedürfnissen!«

Erst jetzt können wir die ganze Richtigkeit der Bemerkungen von Engels einschätzen, in denen er unerbittlich die Verbindung der Wörter »Freiheit« und »Staat« als unsinnig verspottete. Solange es einen Staat gibt, gibt es keine Freiheit. Wenn es Freiheit geben wird, wird es keinen Staat geben.

Die ökonomische Grundlage für das vollständige Absterben des Staates ist eine so hohe Entwicklung des Kommunismus, daß der Gegensatz von geistiger und körperlicher Arbeit verschwindet, folglich eine der wichtigsten Quellen der heutigen gesellschaftlichen Ungleichheit beseitigt wird, und zwar eine Quelle, die durch den bloßen Übergang der Produktionsmittel in Gemeineigentum, durch die bloße Expropriation der Kapitalisten keinesfalls mit einem Schlag aus der Welt geschafft werden kann.

Diese Expropriation wird eine enorme Entwicklung der Produktivkräfte ermöglichen. Und wenn wir sehen, wie schon jetzt der Kapitalismus in unglaublicher Weise diese Entwicklung aufhält, wie vieles auf Grund der heutigen, bereits erreichten Technik vorwärtsgebracht werden könnte, so sind wir berechtigt, mit voller Überzeugung zu sagen, daß die Expropriation der Kapitalisten unausbleiblich eine gewaltige Entwicklung der Produktivkräfte der menschlichen Gesellschaft zur Folge haben wird. Wie rasch aber diese Entwicklung weitergehen wird, wie schnell sie zur Aufhebung der Arbeitsteilung, zur Beseitigung des Gegensatzes von geistiger und körperlicher Arbeit, zur Verwandlung der Arbeit in »das erste Lebensbedürfnis« führen wird, das wissen wir nicht und können wir nicht wissen.

Wir sind daher auch nur berechtigt, von dem unvermeidlichen Absterben des Staates zu sprechen. Dabei betonen wir, daß dieser Prozeß von langer Dauer ist und vom Entwicklungstempo der höheren Phase des Kommunismus abhängt, wobei wir die Frage der Fristen oder der konkreten Formen des Absterbens vollkommen offenlassen, denn Unterlagen zur Entscheidung dieser Fragen gibt es nicht.

Der Staat wird dann völlig absterben können, wenn die Gesellschaft den Grundsatz »Jeder nach seinen Fähigkeiten, jedem nach seinen Bedürfnissen« verwirklicht haben wird, das heißt wenn die Menschen sich so an das Befolgen der Grundregeln des gesellschaftlichen Zusammenlebens gewöhnt haben werden und ihre Arbeit so produktiv sein wird, daß sie freiwillig nach ihren Fähigkeiten arbeiten werden. Der »enge bürgerliche Rechtshorizont«, der dazu zwingt, mit der Hartherzigkeit eines Shylock bedacht zu sein, nur ja nicht eine halbe Stunde länger zu arbeiten als der andere und keine geringere Bezahlung zu erhalten als der andere – dieser enge Horizont wird dann überschritten sein. Die Verteilung der Produkte wird dann von der Gesellschaft keine Normierung der jedem einzelnen zukommenden Menge erfordern: jeder wird frei »nach seinen Bedürfnissen« nehmen. [. . .]

Die Diktatur des Proletariats aber, das heißt die Organisierung der Avantgarde der Unterdrückten zur herrschenden Klasse, um die Unterdrücker niederzuhalten, kann nicht einfach nur eine Erweiterung der Demokratie ergeben. Zugleich mit der gewaltigen Erweiterung des Demokratismus, der zum erstenmal ein Demokratismus für die Armen, für das Volk wird und nicht ein Demokratismus für die Reichen, bringt die Diktatur des Proletariats eine Reihe von Freiheitsbeschränkungen für die Unterdrücker, die Ausbeuter, die Kapitalisten. Diese müssen wir niederhalten, um die Menschheit von der Lohnsklaverei zu befreien, ihr Widerstand muß mit Gewalt gebrochen werden, und es ist klar, daß es dort, wo es Unterdrückung, wo es Gewalt gibt, keine Freiheit, keine Demokratie gibt.

Engels hat das ausgezeichnet in seinem Brief an Bebel zum Ausdruck gebracht, wenn er, wie der Leser sich entsinnen wird, sagt: »Solange das Proletariat den Staat noch gebraucht,

gebraucht es ihn nicht im Interesse der Freiheit, sondern der Niederhaltung seiner Gegner, und sobald von Freiheit die Rede sein kann, hört der Staat als solcher auf zu bestehen.«
Demokratie für die riesige Mehrheit des Volkes und gewaltsame Niederhaltung der Ausbeuter, der Unterdrücker des Volkes, das heißt ihr Ausschluß von der Demokratie – diese Modifizierung erfährt die Demokratie beim Übergang vom Kapitalismus zum Kommunismus.
Erst in der kommunistischen Gesellschaft, wenn der Widerstand der Kapitalisten schon endgültig gebrochen ist, wenn die Kapitalisten verschwunden sind, wenn es keine Klassen (das heißt keinen Unterschied zwischen den Mitgliedern der Gesellschaft in ihrem Verhältnis zu den gesellschaftlichen Produktionsmitteln) mehr gibt – erst dann »hört der Staat auf zu bestehen, und es kann von Freiheit die Rede sein«. Erst dann ist eine tatsächlich vollkommene Demokratie, tatsächlich ohne jede Ausnahme, möglich und wird verwirklicht werden. Und erst dann beginnt die Demokratie abzusterben, infolge des einfachen Umstands, daß die von der kapitalistischen Sklaverei, von den ungezählten Greueln, Brutalitäten, Widersinnigkeiten und Gemeinheiten der kapitalistischen Ausbeutung befreiten Menschen sich nach und nach gewöhnen werden, die elementaren, von alters her bekannten und seit Jahrtausenden in allen Vorschriften gepredigten Regeln des gesellschaftlichen Zusammenlebens einzuhalten, sie ohne Gewalt, ohne Zwang, ohne Unterordnung, ohne den besonderen Zwangsapparat, der sich Staat nennt, einzuhalten.
Der Ausdruck »der Staat stirbt ab« ist sehr treffend gewählt, denn er deutet sowohl auf das Allmähliche als auch auf das Elementare des Prozesses hin. Nur die Gewöhnung kann und wird zweifellos eine solche Wirkung ausüben, denn wir beobachten rings um uns millionenfach, wie leicht sich Menschen an die Einhaltung der für sie notwendigen Regeln des gesellschaftlichen Zusammenlebens gewöhnen, wenn die Ausbeutung fehlt, wenn nichts vorhanden ist, was sie em-

pört, sie zu Protest und Auflehnung herausfordert, was die Notwendigkeit der Niederhaltung schafft.

Also: In der kapitalistischen Gesellschaft haben wir eine gestutzte, dürftige, falsche Demokratie, eine Demokratie nur für die Reichen, für eine Minderheit. Die Diktatur des Proletariats, die Periode des Übergangs zum Kommunismus, wird zum erstenmal Demokratie für das Volk, für die Mehrheit bringen, aber zugleich wird sie notwendigerweise eine Minderheit, die Ausbeuter, niederhalten. Einzig und allein der Kommunismus ist imstande, eine wahrhaft vollständige Demokratie zu bieten, und je vollständiger diese sein wird, um so schneller wird sie entbehrlich werden, wird sie von selbst absterben. [. . .]

Von dem Zeitpunkt an, da alle Mitglieder der Gesellschaft oder wenigstens ihre übergroße Mehrheit selbst gelernt haben, den Staat zu regieren, selbst die Staatsregierung in ihre Hände genommen haben, die Kontrolle »in Gang gebracht« haben über die verschwindend kleine Minderheit der Kapitalisten, über die Herrchen, die die kapitalistischen Allüren gern bewahren möchten, über die Arbeiter, die durch den Kapitalismus tief demoralisiert worden sind – von diesem Zeitpunkt an beginnt die Notwendigkeit jeglichen Regierens überhaupt zu schwinden. Je vollständiger die Demokratie, um so näher der Zeitpunkt, zu dem sie überflüssig wird. Je demokratischer der »Staat«, der aus bewaffneten Arbeitern besteht und »schon kein Staat im eigentlichen Sinne mehr« ist, um so rascher beginnt jeder Staat abzusterben.

Denn wenn alle gelernt haben werden, selbständig die gesellschaftliche Produktion zu leiten, und sie in der Tat leiten werden, wenn sie selbständig die Rechnungsführung und die Kontrolle über Müßiggänger, Herrensöhnchen, Gauner und ähnliche »Hüter der Traditionen des Kapitalismus« verwirklichen, dann wird das Umgehen dieser vom ganzen Volk durchgeführten Rechnungsführung und Kontrolle unvermeidlich so ungeheuer schwierig werden, eine so höchst sel-

tene Ausnahme bilden und wahrscheinlich eine so rasche und
ernsthafte Bestrafung nach sich ziehen (denn die bewaffneten
Arbeiter sind Menschen des praktischen Lebens, keine senti-
mentalen Intelligenzler und werden kaum mit sich spaßen
lassen), daß die Notwendigkeit zur Einhaltung der unkom-
plizierten Grundregeln für jedes Zusammenleben von Menschen sehr bald zur Gewohnheit werden wird.
Dann wird das Tor zum Übergang von der ersten Phase der
kommunistischen Gesellschaft zu ihrer höheren Phase und
damit auch zum völligen Absterben des Staates weit geöffnet
sein. [. . .]

Schließlich macht allein der Kommunismus den Staat völlig
überflüssig, denn es ist niemand niederzuhalten, »niemand«
im Sinne einer Klasse, im Sinne des systematischen Kampfes
gegen einen bestimmten Teil der Bevölkerung. Wir sind keine
Utopisten und leugnen durchaus nicht die Möglichkeit und
Unvermeidlichkeit von Ausschreitungen einzelner Personen
und ebensowenig die Notwendigkeit, solche Ausschreitungen zu unterdrücken. Aber erstens bedarf es dazu keiner
besonderen Maschine, keines besonderen Unterdrückungs-
apparates; das wird das bewaffnete Volk selbst mit der gleichen Selbstverständlichkeit und Leichtigkeit bewerkstelli-
gen, mit der eine beliebige Gruppe zivilisierter Menschen
sogar in der heutigen Gesellschaft Raufende auseinander
bringt oder eine Frau vor Gewalt schützt. Zweitens wissen
wir, daß die soziale Grundursache der Ausschreitungen, die
eine Verletzung der Regeln des gesellschaftlichen Zusammenlebens bedeuten, in der Ausbeutung der Massen, ihrer Not
und ihrem Elend zu suchen ist. Mit der Beseitigung dieser
Hauptursache werden die Ausschreitungen unvermeidlich
»abzusterben« beginnen. Wir wissen nicht, wie rasch und in
welcher Folge das geschehen wird, aber wir wissen, daß sie
absterben werden. Mit dem Absterben der Ausschreitungen
wird auch der Staat absterben. [. . .]

Die Worte Engels' über das »Absterben« des Staates sind weit und breit so bekannt, sie werden so oft zitiert, zeigen so plastisch, worin die Quintessenz der landläufigen Verfälschung des Marxismus zum Opportunismus besteht, daß es geboten erscheint, eingehend bei ihnen zu verweilen. Wir zitieren die ganze Betrachtung, der sie entnommen sind:

»Das Proletariat ergreift die Staatsgewalt und verwandelt die Produktionsmittel zunächst in Staatseigentum. Aber damit hebt es sich selbst als Proletariat, damit hebt es alle Klassenunterschiede und Klassengegensätze auf, und damit auch den Staat als Staat. Die bisherige, sich in Klassengegensätzen bewegende Gesellschaft hatte den Staat nötig, das heißt eine Organisation der jedesmaligen ausbeutenden Klasse zur Aufrechterhaltung ihrer äußeren Produktionsbedingungen, also namentlich zur gewaltsamen Niederhaltung der ausgebeuteten Klasse in den durch die bestehende Produktionsweise gegebenen Bedingungen der Unterdrückung (Sklaverei, Leibeigenschaft oder Hörigkeit, Lohnarbeit). Der Staat war der offizielle Repräsentant der ganzen Gesellschaft, ihre Zusammenfassung in einer sichtbaren Körperschaft, aber er war dies nur, insofern er der Staat derjenigen Klasse war, welche selbst für ihre Zeit die ganze Gesellschaft vertrat: im Altertum Staat der sklavenhaltenden Staatsbürger, im Mittelalter des Feudaladels, in unsrer Zeit der Bourgeoisie. Indem er endlich tatsächlich Repräsentant der ganzen Gesellschaft wird, macht er sich selbst überflüssig. Sobald es keine Gesellschaftsklasse mehr in der Unterdrückung zu halten gibt, sobald mit der Klassenherrschaft und dem in der bisherigen Anarchie der Produktion begründeten Kampf ums Einzeldasein auch die daraus entspringenden Kollisionen und Exzesse beseitigt sind, gibt es nichts mehr zu reprimieren, das eine besondre Repressionsgewalt, einen Staat, nötig machte. Der erste Akt, worin der Staat wirklich als Repräsentant der ganzen Gesellschaft auftritt – die Besitzergreifung der Produktionsmittel im Namen der Gesellschaft –, ist zugleich sein letzter selbständiger Akt als Staat. Das Eingreifen einer

Staatsgewalt in gesellschaftliche Verhältnisse wird auf einem Gebiete nach dem andern überflüssig und schläft dann von selbst ein. An die Stelle der Regierung über Personen tritt die Verwaltung von Sachen und die Leitung von Produktionsprozessen. Der Staat wird nicht ›abgeschafft‹, er stirbt ab. Hieran ist die Phrase vom ›freien Volksstaat‹ zu messen, also sowohl nach ihrer zeitweiligen agitatorischen Berechtigung wie nach ihrer endgültigen wissenschaftlichen Unzulänglichkeit; hieran ebenfalls die Forderung der sogenannten Anarchisten, der Staat solle von heute auf morgen abgeschafft werden.«

Ohne zu fürchten fehlzugehen, darf man sagen, daß von dieser wunderbar gedankenreichen Engelsschen Betrachtung nur so viel wirkliches Gemeingut des sozialistischen Denkens in den heutigen sozialistischen Parteien geworden ist, daß der Staat nach Marx »abstirbt«, im Unterschied zur anarchistischen Lehre von der »Abschaffung« des Staates. Den Marxismus so zurechtstutzen heißt ihn zu Opportunismus herabmindern, denn bei einer solchen »Auslegung« bleibt nur die vage Vorstellung von einer langsamen, gleichmäßigen, allmählichen Veränderung übrig, als gebe es keine Sprünge und Stürme, als gebe es keine Revolution. Das »Absterben« des Staates im landläufigen, allgemein verbreiteten Sinne, im Massensinne, wenn man so sagen darf, bedeutet zweifellos eine Vertuschung, wenn nicht gar eine Verneinung der Revolution.

Indessen bedeutet eine solche »Auslegung« die gröbste, nur für die Bourgeoisie vorteilhafte Entstellung des Marxismus, die theoretisch auf dem Außerachtlassen der wichtigsten Umstände und Erwägungen beruht, wie sie allein schon in der gleichen, von uns vollständig zitierten »zusammenfassenden« Betrachtung von Engels dargelegt sind.

1. Ganz zu Anfang dieser Betrachtung sagt Engels, daß das Proletariat, indem es die Staatsgewalt ergreift, »den Staat als Staat aufhebt«. Darüber nachzudenken, was das zu bedeuten hat, ist »nicht üblich«. Gewöhnlich wird dies entweder ganz

ignoriert oder für eine Art »hegelianische Schwäche« von
Engels gehalten. In Wirklichkeit drücken diese Worte kurz
die Erfahrungen einer der größten proletarischen Revolutio-
nen, die Erfahrungen der Pariser Kommune von 1871 aus,
worüber an entsprechender Stelle ausführlicher gesprochen
werden soll. In Wirklichkeit spricht Engels hier von der
»Aufhebung« des Staates der Bourgeoisie durch die proletarische Revolution, während sich die Worte vom Absterben auf
die Überreste des proletarischen Staatswesens nach der sozialistischen Revolution beziehen. Der bürgerliche Staat »stirbt«
nach Engels nicht »ab«, sondern er wird in der Revolution
vom Proletariat »aufgehoben«. Nach dieser Revolution stirbt
der proletarische Staat oder Halbstaat ab.

2. Der Staat ist »eine besondre Repressionsgewalt«. Diese
großartige und überaus tiefe Definition legt Engels hier ganz
klar und eindeutig dar. Aus ihr folgt aber, daß die »besondre
Repressionsgewalt« der Bourgeoisie gegen das Proletariat,
einer Handvoll reicher Leute gegen die Millionen der Werk-
tätigen, abgelöst werden muß durch eine »besondre Repressionsgewalt« des Proletariats gegen die Bourgeoisie (die Diktatur des Proletariats). Darin eben besteht die »Aufhebung
des Staates als Staat«. Darin eben besteht der »Akt« der Besitzergreifung der Produktionsmittel im Namen der Gesellschaft. Und es ist ohne weiteres klar, daß eine solche Ablö-
sung der einen (bürgerlichen) »besondren Gewalt« durch eine
andere (proletarische) »besondre Gewalt« unter keinen Umständen in Form des »Absterbens« erfolgen kann.

3. Vom »Absterben« und noch plastischer und bildhafter
vom »Einschlafen« spricht Engels ganz klar und eindeutig in
bezug auf die Epoche nach der »Besitzergreifung der Produktionsmittel durch den Staat im Namen der ganzen Gesellschaft«, das heißt nach der sozialistischen Revolution. Wir
wissen alle, daß die politische Form des »Staates« in dieser
Zeit die vollkommenste Demokratie ist. Doch keinem der
Opportunisten, die den Marxismus schamlos verzerren,
kommt es in den Sinn, daß hier bei Engels somit vom »Ein-

schlafen« und »Absterben« der Demokratie die Rede ist. Auf den ersten Blick mag das sehr sonderbar erscheinen. Doch »unverständlich« bleibt das nur dem, der nicht bedacht hat, daß die Demokratie auch ein Staat ist und daß folglich auch die Demokratie verschwinden wird, sobald der Staat verschwindet. Den bürgerlichen Staat kann nur die Revolution »aufheben«. Der Staat überhaupt, das heißt die vollkommenste Demokratie, kann nur »absterben«.

4. Nachdem Engels seinen berühmten Satz »Der Staat stirbt ab« aufgestellt hat, erläutert er sofort konkret, daß dieser Satz sich sowohl gegen die Opportunisten als auch gegen die Anarchisten richtet. Dabei steht bei Engels an erster Stelle diejenige Folgerung aus dem Satz vom »Absterben des Staates«, die gegen die Opportunisten gerichtet ist.

Johannes Messner: Die Natur des Menschen als Grundlage des Sittengesetzes

Die Natur der Dinge erkennen wir aus ihren Wirkweisen. Die einzelnen Wissenschaften gehen bei der Erforschung der leblosen Natur und der Naturgesetze von der Beobachtung der Kräfte aus, die in ihnen wirksam sind, so von den Verhaltensweisen der Lebewesen, namentlich denen gegenüber ihrer Umwelt. Bei der Erhebung der Natur des Menschen und der ihr wesenseigenen Gesetze des Verhaltens kann der Weg kein anderer sein. Wir müssen daher die Kräfte, Triebe und Antriebe untersuchen, die wir im Menschen am Werke finden. Auf den ersten Blick werden sich der Beobachtung darbieten: der Trieb zur Selbsterhaltung, der Nahrungstrieb, der Trieb nach Unterhaltssicherung, der Vorsorge für die Zukunft, der Geschlechtstrieb, die Liebe der Eltern zu ihren Kindern, der Trieb zum Familienleben, der Trieb zur Gesellung, der Trieb nach Erweiterung von Erfahrung und Wissen, der Trieb nach dem Schönen, das Verlangen nach Achtung von seiten anderer, der Trieb nach einem geordneten Verhältnis zum höchsten Wesen, alle anderen Triebzwecke einbeziehend der Glückstrieb.

Einige dieser Triebe sind dem Menschen mit dem Tier gemeinsam. Trotzdem springt ein Unterschied sofort ins Auge: Der Mensch vermag sich seiner Triebe bewußt zu werden und den Zusammenhang zwischen seinen Trieben und den ihnen innewohnenden Zwecken zu erfassen. Zum Unterschied vom Tier ist sich der Mensch bewußt, daß der Nahrungstrieb der Erhaltung des Lebens und der Gesundheit des Individuums dient. Er ist sich weiters bewußt, daß es, wenigstens teilweise, von ihm, seiner Selbstbestimmung, abhängt, ob und wie weit er in seiner Triebbefriedigung jenen Zwecken entspricht, zum Beispiel, ob er bei der Befriedigung seines Nahrungstriebes jenes rechte Maß einhält, daß er dessen Zweck nicht durch zuwenig oder zuviel vereitelt. Er weiß aber außerdem mit gleicher Sicherheit, daß es nicht ganz seiner Willkür überlassen ist, wie er sich in dieser Hinsicht verhält, sondern daß es seiner Vernunftnatur gemäß nur geschieht bei Einhaltung des rechten Maßes, während er durch ein Übermaß an Essen und Trinken, das ihn in der Erfüllung seiner Aufgaben oder im Gebrauch seiner Vernunft behindert, im Widerspruch zu der ihm mit der Vernunftnatur auferlegten Verantwortung menschenunwürdig, »untermenschlich« handelt. Er ist sich weiters eines inneren Antriebes, der Nötigung durch die Pflicht, zum Verhalten im Einklang mit dieser Verantwortung bewußt. Und schließlich erkennt der Mensch sofort den anderen Menschen als solchen mit der gleichen Vernunftnatur und erkennt damit bestimmte von ihm selbst geforderte Verhaltensweisen gegen den andern wie auch des andern gegen ihn selbst.

Wir beobachten somit im Bereich der Natur des Menschen geistige und körperliche Triebanlagen und haben keinen Grund, die Wirksamkeit derselben nicht als die Wirksamkeit des Naturgesetzes im Menschen zu betrachten, solange wir die gleichen Prinzipien gelten lassen, nach denen wir die

Naturgesetze der äußeren Welt erfassen. Gewiß, die Art und Weise der Wirksamkeit des Naturgesetzes im Menschen ist nicht die gleiche wie die in der unvernünftigen Natur. Die Natur hat ihre je eigene Wirkweise in den leblosen, den pflanzlichen und den tierischen Wesen. Das gleiche muß vom Menschen gelten, auch in ihm besitzt die Natur ihre eigene Wirkweise. In der Tat besteht seit den Anfängen des uns bekannten Denkens des Menschen über sich selbst (zum Beispiel in den eine weit in die Vorzeit zurückreichende Tradition übernehmenden Homerischen Dichtungen) allgemeine Übereinstimmung darüber, daß der Ansatzpunkt zum Verstehen der Natur des Menschen seine *Vernunft* ist: daß nämlich seine Natur als solche durch jene Verhaltensweisen charakterisiert ist, die von seiner Vernunft abhängig sind. Das so durch die Vernunftnatur bedingte *spezifisch menschliche Verhalten* wird deshalb den Gegenstand der Erforschung des Menschen bilden müssen: das arteigene Verhalten des Menschen, bedingt durch seine Selbstbestimmung und seine Verantwortung als Vernunftwesen. [...]

Unsere Analyse der menschlichen Natur führte uns zum Ergebnis, daß ihr vollwirkliches Sein nicht beruht auf einer Triebautomatik wie im tierischen Organismus, sondern auf der Wirksamkeit der Vernunft, die in Tätigkeit treten muß, soweit spezifisch menschliches Verhalten und das spezifisch menschliche Gute in Frage stehen. Das Wirksamwerden der Drüsen des menschlichen Körpers hängt nicht von der unmittelbaren Tätigkeit der Vernunft ab, wohl aber die Art des Wirksamwerdens der Triebe und Antriebe zur Selbsterhaltung, zum Essen, zur Paarung, zum Erkennen in allen Wirklichkeitsbereichen, besonders auch zum Erkennen des Lebenssinnes und Daseinsgrundes, des Triebes zum Schönen als Mittel der Lebenserfüllung, wie überhaupt zur Lebensausweitung durch schöpferische Kulturentfaltung, wirtschaftlich und geistig.
Offenbar stellt sich die Frage: Ist die Vernunft des Menschen

auch befähigt, die rechte Art des Wirksamwerdens der seiner Selbstbestimmung unterstehenden Triebe zu erfassen und damit auch seine Natur selbst recht zu verstehen? Diese Fähigkeit besitzt die Vernunft, weil sie auch die *den Trieben* der menschlichen Natur *innewohnenden Zwecke* zu erkennen vermag. Dabei ist von entscheidender Bedeutung, daß dem Menschen für die dazu notwendige Einsicht nicht nur die äußere, sondern auch die innere Erfahrung zur Verfügung steht, außerdem daß er die äußere und besonders die innere Erfahrung der Überlegung und der Beurteilung durch den Verstand (reflexiv) zu unterziehen sich genötigt sieht. Daher kommt es zu einem »Verstehen« der eigenen Natur in einer nur dem geistbegabten Wesen möglichen Art. Diese Einsicht in die eigene Triebnatur betrifft die geistige wie die leibliche Triebveranlagung, sie betrifft die den leiblichen wie den geistigen Trieben innewohnenden Zwecke. Im Bereich der leiblichen Triebe weiß der Mensch sofort auch um die bei den höheren Lebewesen sich findende Parallelität der Triebveranlagung und der Triebzwecke mit denen seiner eigenen Natur. Nur einfachste Erfahrung und Überlegung ist zum Verständnis der in dieser Triebveranlagung gelegenen Zwecke erforderlich. Zum Verständnis des Organismus des Pferdes und seiner spezifischen Triebanlagen ist keine detaillierte Kenntnis der chemisch-biologischen Prozesse in seinem Gehirn, seinem Herzen, seiner Verdauung, seinem Sehen oder Hören erforderlich, sondern die Kenntnis, daß zum Beispiel dem Trieb zur Nahrungsaufnahme eine für seinen Organismus wesenhafte Funktion innewohnt, wesenhaft, weil ihr Zweck die Erhaltung des Lebens ist. Ähnlich vermag der Mensch seine geistige Triebveranlagung zu verstehen, zum Beispiel seinen Erkenntnistrieb mit dem allgemeinen Zweck der Wahrheits-, das heißt Wirklichkeitserkenntnis, so im Bereich der äußeren Welt, um diese sich dienstbar zu machen, ebenso aber in jenem der letzten Wirklichkeit, des Lebenssinnes im ganzen, dies namentlich in Verbindung mit seinem Wissen um das Gewissensgesetz.

Wenn wir von »Trieben« sprechen, ist nach dem Gesagten klar, daß wir an die geistigen ebenso wie an die körperlichen Triebe denken. Der Ausdruck »Trieb« ist nicht zuletzt in Anlehnung an seinen Gebrauch in der modernen Psychologie und Soziologie gewählt, die damit physische und psychische Triebanlagen bezeichnet. Es scheint notwendig, ausdrücklich zu betonen, daß diese Verwendung des Ausdrucks »Trieb« ganz und gar nichts zu tun hat mit dem Ausdruck »das Triebhafte«, ja geradezu von vornherein die Verengung des Begriffes »Trieb« auf den der Vernunft entzogenen oder widerstrebenden Bereich der menschlichen Natur ausschließt. Von den Triebanlagen sind gleichfalls zu unterscheiden »Triebregungen« und »Triebneigungen«, die im Einklang zu den den Trieben innewohnenden Zwecken oder im Widerspruch dazu stehen können.

Wir fassen zusammen: Das arteigene oder spezifisch menschliche Verhalten ist das des Vernunftwesens; das vom Menschen durch die Vollwirklichkeit dieser seiner Natur geforderte Verhalten bestimmt sich nach den in den geistigen und körperlichen Trieben seiner Natur vorgezeichneten Zwecken, kurz, nach der *Zweckrichtigkeit*; weil durch seine Vernunfterkenntnis und seinen Vernunftwillen (Selbstbestimmung) bedingt, erhält für den Menschen das von der Vollwirklichkeit seiner Natur geforderte Verhalten das Wesen des Sittlichen. Demnach können wir definieren: Die *Sittlichkeit* besteht in der Übereinstimmung des Verhaltens des Menschen mit den in seiner Natur, ihren körperlichen und geistigen Trieben vorgezeichneten Zwecken, oder kurz, in der *Triebrichtigkeit*. Wir können daher auch, einen bekannten Ausdruck von Aristoteles gebrauchend, sagen, daß das Gute im »rechten Triebe« bestehe oder, wie die traditionelle Naturrechtsethik sich auch ausdrückte, in der »rechten Vernunft« (»Vernunftrichtigkeit«), da es die Vernunft ist, die die spezifisch menschlichen Triebe auf die in ihnen vorgezeichneten Zwecke und damit das menschliche Verhalten auf die Übereinstimmung mit der wahren Wirklichkeit der Menschennatur hinordnet. Da die Gesamtnatur des Menschen nach ihrer körperlichen und geistigen Seite in Frage steht, besteht demnach die Sittlichkeit in der Naturrichtigkeit (daher im gesellschaftlichen Bereich in der »Sachrichtigkeit«, in dem von der »Natur der Sache« Geforderten). Und da die in der Natur des Menschen mit ihren körperlichen und geistigen Trieben vorgezeichneten Zwecke, als von ihm in Selbstbestimmung (Freiheit) in den jeweils gegebenen Umständen zu verwirklichend, die Eigenart der menschlichen Existenz bedingen, können wir sie die *»existentiellen Zwecke«* des Menschen nennen. Die »existentiellen Zwecke« werden den Grundbegriff unserer Ethik bilden. Der Stellung des Zweckes in der traditionellen Naturrechtsethik zufolge eignet dieser ein *teleologischer* Wesenszug.

Ein Überblick über die existentiellen Zwecke des Menschen scheint es klarzumachen, daß unsere Begriffsbestimmung der Sittlichkeit im Einklang steht mit der *allgemeinsten und sichersten menschlichen Erfahrung*. Wir können diese Zwecke so umschreiben: die Selbsterhaltung einschließlich der körperlichen Unversehrtheit und der gesellschaftlichen Achtung (persönliche Ehre); die Selbstvervollkommnung des Menschen in physischer und geistiger Hinsicht (Persönlichkeitsentfaltung) einschließlich der Ausbildung seiner Fähigkeiten zur Verbesserung seiner Lebensbedingungen sowie der Vorsorge für seine wirtschaftliche Wohlfahrt durch Sicherung des notwendigen Eigentums oder Einkommens; die Ausweitung der Erfahrung, des Wissens und der Aufnahmefähigkeit für die Werte des Schönen; die Fortpflanzung durch Paarung und die Erziehung der daraus entspringenden Kinder; die wohlwollende Anteilnahme an der geistigen und materiellen Wohlfahrt der Mitmenschen als gleichwertiger menschlicher Wesen; gesellschaftliche Verbindung zur Förderung des allgemeinen Nutzens, der in der Sicherung von Frieden und Ordnung sowie in der Ermöglichung des vollmenschlichen Seins für alle Glieder der Gesellschaft in verhältnismäßiger Anteilnahme an der ihr verfügbaren Güterfülle besteht; die Kenntnis und Verehrung Gottes und die endgültige Erfüllung der Bestimmung des Menschen durch die Vereinigung mit ihm. [. . .]

Unser Grundgedanke ist, daß die Natur des Menschen mit den ihr arteigenen Triebanlagen ihn zum Leben nach der Naturrechtsordnung und damit zur Einsicht in die dieser eigenen Rechtsprinzipien drängt. Die Einzelschritte unseres Verfahrens sind die folgenden: Der Mensch ist seiner Natur nach *Familienwesen*, seine Natur und ihr *Naturgesetz* wirken sich in der *Familiengemeinschaft* mit der Liebe und Achtung ihrer Glieder füreinander und der die vollmenschliche Existenz aller gewährleistenden Existenzordnung aus. Damit geht in *Wechselwirkung von Erkenntnisanlage und Triebanlage* die Entfaltung der seiner Vernunftnatur eigenen Fähigkeit zum *Erfassen der einfachen Rechtsprinzipien* einher: Diese werden zuerst gelebt, sind daher von Anfang an *inhaltsbestimmt*, werden dann eingesehen in ihrem *allgemeinen* Wahrheitsgehalt und *unbedingten* Geltungsanspruch, dabei in ihrer *Rechtsansprüche* und *Rechtspflichten* betreffenden Wesensart. Dies schließt das Erleben und Erfassen der für das zwischenmenschliche Verhalten geltenden Prinzipien, wie auch der für das Wohl der Gemeinschaft als solcher geltenden ein. [. . .]

In der Ehe stehen somit existentielle Zwecke des Menschen in Frage, die in seinen stärksten Trieben vorgezeichnet sind und das Innerste seiner Person berühren. Und es ist offenkundig, daß die Ehe als Lebensgemeinschaft von Mann und Frau ihre Einheit und Unauflöslichkeit bedingt, das heißt die dauernde Verbindung eines Mannes mit nur einer Frau. Jede andere Form der Geschlechtsverbindung steht im Widerspruch zum Wesen wahrer Liebe zwischen Personen, deren existentielle Zwecke im Sexualbereich nur Teil der Gesamtheit der existentiellen Zwecke sein können. Sonst muß der Sexualtrieb wegen seiner Gewalt sich in Egoismus verkehren, während er

Kraft der Liebe zu werden bestimmt ist. Selbstverständlich darf die Liebe zwischen Personen nicht mit ihrer bloßen Gefühlsseite verwechselt werden. Das Gefühl geht vorüber, Liebe will ihrem Wesen nach dauern. Polygamie in ihren alten und neuen Formen und die Auflöslichkeit der Ehe sind unvereinbar mit der Liebe, die die ganze Existenz der Liebenden umfaßt und durchdringt. Sie verhindern die Existenzerfüllung in der ehelichen Liebe. Sie stehen dem individuellen Zweck entgegen, den die Liebenden mit der Ehe im Sinne haben. Diese Liebe verlangt die ganze und ausschließliche Person des anderen und die Einigung mit ihm ohne jegliche Begrenzung.

Bundesgerichtshof: Das natürliche Sittengesetz im Umgang der Geschlechter

Der Zweite Strafsenat geht von der zutreffenden Auffassung aus, daß die gesetzlichen Tatbestände der Kuppelei, indem sie den eine Bewertung fordernden Begriff der Unzucht verwenden, auf einen zunächst außerstrafrechtlichen Normenkreis verweisen, der erst durch diese Verweisung rechtliche Bedeutung gewinnt. Die Kuppelei ist an sich Teilnahme an fremder Unzucht, vom Gesetzgeber aber als selbständiger Tatbestand gestaltet worden, weil sie rechtlich nicht von der Strafbarkeit der geförderten Unzucht abhängig ist. Das vom Kuppler geförderte Verhalten Dritter, das gegen ein grundlegendes Gebot geschlechtlicher Zucht verstößt, braucht nur sittlich, nicht etwa strafrechtlich mißbilligt zu sein, um unter Umständen die Strafbarkeit des Vorschubleistens zu begründen. [. . .]

Das Reichsgericht hat es zunächst für selbstverständlich gehalten, daß der geschlechtliche Verkehr zwischen Verlobten Unzucht im Sinne der Kuppeleitatbestände sei. Es hat aber die Frage, welcher Art denn die den Geschlechtsverkehr der Verlobten mißbilligende Norm sei, die Frage nach Geltungsgrund, Inhalt und Tragweite dieser Norm nicht gestellt. Das hat in der Folgezeit zu einer immer stärkeren Relativierung des Unzuchtbegriffes geführt.

Diese relativierende Auffassung wird im allgemeinen dahin umschrieben, daß der Geschlechtsverkehr zwischen Verlobten nicht stets Unzucht im Sinne der Kuppeleitatbestände sei, daß dies vielmehr von den besonderen Umständen des Einzelfalles abhänge. Hierbei ist die Rechtsprechung der Oberlandesgerichte seit 1945 über eine bloß in Beispielen bestehende Kennzeichnung dieser Umstände nicht hinausgelangt. Ohne den Versuch einer Begründung wird davon ausgegangen, daß für die Auslegung der gesetzlichen Begriffe in diesem Bereich allein die Auffassung der Volkskreise bestimmend sei, in denen sich der Vorgang abspiele. Damit wird eine objektive (allgemein) geltende und verpflichtende Wertordnung verneint und alles auf die wechselnden Meinungen oder Verhaltensweisen wechselnder Volksteile abgestellt, die der Richter überdies kaum feststellen kann, und von denen er nicht weiß, ob hinter ihnen wirklich eine sittliche Überzeugung steht oder bloße Gleichgültigkeit oder aber noch das Gefühl für das Ordnungswidrige des Geschehens.

Zunächst wurde allerdings noch behauptet, es könne nicht auf jede irgendwie geartete Anschauung der betreffenden Volkskreise über Zucht und Sitte im geschlechtlichen Umgang ankommen. Maßgebend sei nur die *gesunde* Volksanschauung (so das Oberlandesgericht Tübingen). Damit erfährt die Frage aber keine echte Antwort; die Lösung ist nur eine scheinbare. Da der Richter darüber entscheiden soll, ob eine Anschauung noch gesund ist oder ob sie diese Anerkennung nicht mehr verdient, wird er notwendig wieder auf eine Norm verwiesen, nach der sich die Antwort bestimmt. Ohne diese Ausrichtung wäre die Entscheidung des Richters willkürlich und könnte nur als die Äußerung einer unverbindlichen persönlichen Meinung angesehen werden. Welcher Art aber diese Norm sei, wird wiederum nicht erläutert. Statt dessen wird in der weiteren Entwicklung auf die durch das Merkmal »gesund« gekennzeichnete Einschränkung verzichtet; man läßt die Anschauung der betreffenden Volkskreise schlechthin maßgebend sein. In einer Entscheidung aus dem Jahre 1950 führt das Oberlandesgericht Düsseldorf aus, von weiten Kreisen der Bevölkerung werde zwar jeder außereheliche Geschlechtsverkehr als Verstoß gegen die geschlechtliche Zucht und Sitte empfunden, andererseits stünden dem, soweit es sich um den Geschlechtsverkehr zwischen Verlobten handle, die Anschauungen nicht unerheblicher, weder örtlich noch soziologisch begrenzter Teile der Bevölkerung, denen sittliches Empfinden und sittlicher Ernst nicht abgesprochen werden könnten, entgegen. Das Urteil lehnt es ausdrücklich ab, zu den verschiedenen Auffassungen Stellung zu nehmen, da es nicht zu den Aufgaben des Richters gehöre, über Fragen der Ethik zu entscheiden und jede dieser Anschauungen eine sittliche Berechtigung für sich in Anspruch nehmen könne; infolgedessen müsse für den Bereich des Strafrechts von der für den Angeklagten milderen Auffassung ausgegangen werden. Diese Ansicht kann nicht richtig sein; sie überantwortet die überaus schwerwiegende und folgenreiche Frage, welche sittlichen Normen die Beziehungen der Geschlechter, insbesondere die der Verlobten, beherrschen, einem inhaltlosen Relativismus, der zerstörend wirkt, weil ihm nichts anderes als die soziale Wirklichkeit ohne jede Bewertung zur Richtschnur dient. Sie läuft darauf hinaus, daß sich das Tun des Menschen nicht nach der Norm zu richten habe, sondern das Tun den Inhalt der Norm bestimme. Im Ergebnis bedeutet das die Verneinung der Norm, zum wenigsten die Verneinung ihrer Erheblichkeit für das Recht. Die Behauptung, einer richterlichen Entscheidung dürften »grundsätzlich« keine ethischen Wertungen zugrunde gelegt werden, ist beklagenswert falsch; die innere

Verbindlichkeit des Rechts beruht gerade auf seiner Übereinstimmung mit dem Sittengebot. So ist es auch im vorliegenden Falle gerade die entscheidende Frage, ob nicht der
Gesetzgeber den Richter auf eine Norm verwiesen hat, die
dem Bereich der Ethik angehört.

In der Tat ist es für die Antwort auf die vom Zweiten Strafsenat gestellte Frage von entscheidender Bedeutung, ob die
Norm, auf die die Kuppeleitatbestände verweisen und aus der
entnommen werden soll, ob der geschlechtliche Verkehr zwischen Verlobten stets oder nur unter besonderen erschweren-
den Umständen oder niemals gegen das Gebot geschlechtlicher Zucht verstößt, ein Gebot der bloßen Sitte, der bloßen
Konvention oder eine solche der Sittlichkeit, des Sittengesetzes ist. Gebote der bloßen Sitte, der Konvention leiten ihre
(schwache) Verbindlichkeit nur aus der Anerkennung derjenigen her, die sie freiwillig anerkennen und befolgen; sie gelten nicht mehr, wenn sie nicht mehr anerkannt und befolgt
werden; sie ändern ihren Inhalt, wenn sich die Vorstellung
über das, was die Sitte verlangt, ändert. Normen des Sittengesetzes dagegen gelten aus sich selbst heraus; ihre (starke) Verbindlichkeit beruht auf der vorgegebenen und hinzunehmen-
den Ordnung der Werte und der das menschliche Zusammenleben regierenden Sollenssätze; sie gelten unabhängig davon,
ob diejenigen, an die sie sich mit dem Anspruch auf Befolgung wenden, sie wirklich befolgen und anerkennen oder
nicht; ihr Inhalt kann sich nicht deswegen ändern, weil die
Anschauungen über das, was gilt, wechseln. [...]

Nun kann es aber nicht zweifelhaft sein, daß die Gebote, die
das Zusammenleben der Geschlechter und ihre geschlechtlichen Beziehungen grundlegend ordnen, und die dadurch
zugleich die gesollte Ordnung der Ehe und der Familie (in
einem entfernteren Sinne auch die des Volkes) festlegen und
verbürgen, Normen des Sittengesetzes sind und nicht bloße
dem wechselnden Belieben wechselnder gesellschaftlicher
Gruppen ausgelieferte Konventionalregeln.

Die sittliche Ordnung will, daß sich der Verkehr der Geschlechter grundsätzlich in der Einehe vollziehe, weil der Sinn und die Folge des Verkehrs das Kind ist. Um seinetwillen und um der personhaften Würde und der Verantwortung der Geschlechtspartner willen ist dem Menschen die Einehe als Lebensform gesetzt. Nur in der Ordnung der Ehe und in der Gemeinschaft der Familie kann das Kind gedeihen und sich seiner menschlichen Bestimmung gemäß entfalten. Nur in dieser Ordnung und in dieser Gemeinschaft nehmen sich die Geschlechtspartner so ernst, wie sie es sich schulden. Gerade weil die naturhaft nächste Beziehung der Geschlechter so folgenreich und zugleich so verantwortungsbeladen ist, kann sie sich nur in der ehelichen Gemeinschaft zweier einander achtender und einander zur lebenslangen Treue verpflichteter Partner sinnvoll erfüllen. Indem das Sittengesetz dem Menschen die Einehe und die Familie als verbindliche Lebensform gesetzt und indem es diese Ordnung auch zur Grundlage des Lebens der Völker und Staaten gemacht hat, spricht es zugleich aus, daß sich der Verkehr der Geschlechter grundsätzlich nur in der Ehe vollziehen soll, und daß der Verstoß dagegen ein elementares Gebot geschlechtlicher Zucht verletzt.

Dieses Gebot gilt auch, und zwar in besonderem Maße, für die Verlobten, die ja nicht eine flüchtige erotische Beziehung, sondern eine lebenslange verantwortliche Bindung anstreben, und die sich deswegen besonders gegenseitige Achtung, aber auch Achtung vor dem Gesetz der Ehe schulden. Denn das Verlöbnis bindet noch nicht endgültig; es kann einseitig aufgelöst werden und braucht nicht zur Ehe zu führen. Gerade die Achtung voreinander, insbesondere aber die Achtung vor der Frau, die hier mehr einsetzt und mehr zu verlieren hat als der Mann, und die Achtung vor dem Kind und seinem künftigen Schicksal fordern auch von den Verlobten die grundsätzliche Einhaltung des Gebots. [. . .]

Was die Menschen- und Personenwürde angeht, so sind Mann und Frau völlig gleich; und das muß streng in allem Recht zum Ausdruck kommen. Streng verschieden sind sie aber nicht nur im eigentlich Biologisch-Geschlechtlichen, sondern auch in ihrer seinsmäßigen, schöpfungsmäßigen Zueinanderordnung zu sich und dem Kind in der Ordnung der Familie, die von Gott gestiftet und daher für den menschlichen Gesetzgeber undurchbrechbar ist. Die Familie ist nach der Schöpfungsordnung eine streng ihrer eigenen Ordnung folgende Einheit; Mann und Frau sind »ein Fleisch«. An diesen Urtatbestand (außerhalb des ehewirtschaftlichen Bereichs) Rechtsformen gesellschaftlicher Art herantragen zu wollen, ist widersinnig. Innerhalb der strengen Einheit der Familie sind Stellung und Aufgabe von Mann und Frau durchaus verschieden. Der Mann zeugt Kinder, die Frau empfängt, gebiert und nährt sie und zieht die Unmündigen auf. Der Mann sichert, vorwiegend nach außen gewandt, Bestand, Entwicklung und Zukunft der Familie; er vertritt sie nach außen; in diesem Sinne ist er ihr »Haupt«. Die Frau widmet sich, vorwiegend nach innen gewandt, der inneren Ordnung und dem inneren Aufbau der Familie. An dieser fundamentalen Verschiedenheit kann das Recht nicht doktrinär vorübergehen, wenn es nach der Gleichberechtigung der Geschlechter in der Ordnung der Familie fragt.

Demgemäß bezeugen die christlichen Kirchen, unter sich völlig übereinstimmend und in völliger Übereinstimmung mit der klaren Aussage der Heiligen Schrift Alten und Neuen Testamentes (1. Mose 3,16; Ephes. 5,22–33; Col. 8,18; 1. Petr. 3,1) und mit der uralten Ehe- und Familienordnung der Völker, nach der von Gott gestifteten Ordnung der Familie sei der Mann ihr »Haupt«. Das hat nicht nur sittliche, sondern durchaus auch rechtliche Bedeutung, und keine menschliche Familienordnung ist von diesem übergreifenden Gebot entbunden; in diesem Bereich gibt es keine autonome »bürgerliche« Ehe. [. . .] Wendet man sich von der gewissermaßen zeitlosen Ordnung der Familie den besonderen Verhältnissen der Gegenwart zu, so gilt folgendes: Zwar ist die urtümliche Ordnung der Familie heute mannigfach zivilisatorisch verzerrt. Aber nicht nach diesen Verzerrungen, sondern nach der gewöhnlichen, typischen Gestalt der Ehe hat sich ihre rechtliche Ordnung zu richten.

H. L. A. Hart: Eine empirische Theorie der Rechtsbegründung

In dem philosophischen Streit, der seit Platon immer wieder um die naturrechtliche These, der Mensch könne die Prinzipien richtigen Verhaltens durch den Gebrauch seiner Vernunft erkennen, geführt wird, scheinen die einen zu behaupten, nur Blinde könnten die Wahrheit dieser These verkennen, während die anderen darauf mit dem Vorwurf der Träumerei antworten. Das liegt daran, daß die Behauptung, es gebe gültige, rational erkennbare Maßstäbe richtigen Verhaltens, gewöhnlich nicht isoliert aufgestellt wurde. Sie war ursprünglich vielmehr Bestandteil einer einheitlichen Sichtweise der belebten und unbelebten Natur und wurde lange Zeit in diesem Sinne verteidigt. Diese Sichtweise widerspricht in vielem dem allgemeinen Naturverständnis, welches das Fundament des modernen säkularisierten Denkens bildet. So kommt es, daß die Naturrechtstheorie ihren Kritikern als Ergebnis uralter Irrtümer erscheint, die das moderne Denken siegreich überwunden hat, während die Anhänger des Naturrechts glauben, daß die Naturrechtskritiker bloß auf oberflächlichen Selbstverständlichkeiten herumreiten und sich tieferen Einsichten verschließen.
Dieser Sachlage entsprechend haben viele moderne Naturrechtskritiker geglaubt, die Behauptung, Gesetze richtigen menschlichen Verhaltens könnten durch die Vernunft erkannt werden, beruhe auf einer leicht durchschaubaren Doppeldeutigkeit des Wortes »Gesetz«, und die Aufdeckung die-

ser Doppeldeutigkeit werde der Naturrechtslehre den Todes-
stoß versetzen. In dieser Weise hat etwa John Stuart Mill
gegenüber Montesquieu argumentiert. Montesquieu geht im
ersten Kapitel seines Buches ›Vom Geist der Gesetze‹ naiv der
Frage nach, warum unbeseelte Gegenstände wie Sterne oder
Tiere »dem Gesetz ihrer Natur« gehorchen, während Menschen das nicht tun und Verfehlungen begehen. Darin zeigte
sich für Mill die immer wieder auftretende Verwechslung
von Gesetzen, die den Gang oder die Regelmäßigkeiten der Natur
beschreiben, mit Gesetzen, die von den Menschen ein
bestimmtes Verhalten fordern. Gesetze der ersten Art können durch Beobachtung und Vernunft entdeckt werden. Man
kann sie als »deskriptiv« bezeichnen, und ihre Entdeckung ist
Aufgabe der Wissenschaft. Gesetze der zweiten Art kann
man nicht auf diese Weise erkennen; denn sie sind keine
Beschreibungen oder Feststellungen von Tatsachen, sondern
»Vorschriften« oder Forderungen, daß sich die Menschen in
bestimmter Weise verhalten sollen. Die Antwort auf Montes-
quieus Frage lautet daher einfach: Präskriptive oder vor-
schreibende Gesetze können gebrochen werden und bleiben
dennoch Gesetze, da ein Verstoß gegen sie lediglich bedeutet,
daß Menschen bestimmte Anweisungen nicht befolgen. Im
Gegensatz dazu ist es sinnlos, von den wissenschaftlich
erkannten Naturgesetzen zu sagen, sie würden befolgt oder
nicht befolgt. Wenn die Bewegungen der Sterne nicht den
naturwissenschaftlichen Gesetzen entsprechen, die die Regelmäßigkeiten der Sternbewegungen beschreiben wollen,
dann werden diese Gesetze nicht »gebrochen«, sondern sie
verlieren das Recht, als »Gesetze« bezeichnet zu werden, und
müssen modifiziert werden. Diesen zwei verschiedenen
Bedeutungen des Begriffes »Gesetz« entsprechen systematische Bedeutungsunterschiede im Bereich solcher damit
zusammenhängender Ausdrücke wie »müssen«, »sollen«
oder »gezwungen sein«. Aus dieser Sicht läßt sich also der
Glaube an das Naturrecht auf einen sehr einfachen Fehler
zurückführen, der darauf beruht, daß die ganz unterschied-

lichen Bedeutungen von Ausdrücken aus dem Umfeld des Begriffes »Gesetz« nicht auseinandergehalten werden. Es ist, als ob der Naturrechtsgläubige die völlig verschiedenen Bedeutungen des Wortes »müssen« etwa in den folgenden Sätzen nicht verstehen würde: »Du mußt dich zum Wehrdienst melden« und »Wenn der Wind auf Nord dreht, muß es bald kalt werden«.

Bentham und Mill – beide erbitterte Gegner der Naturrechtslehre – meinten, der Glaube, die beobachteten Regelmäßigkeiten der Natur seien von einem göttlichen Herrscher des Universums vorgeschrieben oder erlassen worden, lebe noch fort und sei dafür verantwortlich, daß die Naturrechtler die verschiedenen Bedeutungen des Begriffs »Gesetz« verwechselten. Von einem solchen theokratischen Standpunkt aus bestand der einzige und – wie etwa Blackstone versicherte – relativ unbedeutende Unterschied zwischen dem Gravitationsgesetz und den zehn Geboten (Gottes Gesetzen für den Menschen) darin, daß in Gottes Schöpfung nur der Mensch mit Verstand und freiem Willen ausgestattet sei und deshalb nur er die göttlichen Vorschriften erkennen und mißachten könne. Das Naturrecht wurde jedoch nicht immer mit dem Glauben an einen göttlichen Herrscher oder Gesetzgeber des Universums in Verbindung gebracht, und selbst dort, wo dies der Fall war, hingen die für die Naturrechtslehre typischen Überzeugungen nicht logisch von diesem Glauben ab. Sowohl die in die Naturrechtslehre eingehende spezifische Bedeutung des Wortes »natürlich« als auch der Faktor, daß das naturrechtliche Weltbild den für das moderne Denken so offensichtlichen und wichtigen Unterschied zwischen vorschreibenden und beschreibenden Gesetzen einebnet, haben ihre Wurzeln im griechischen Denken, dem die Vorstellung von einem göttlichen Herrscher in diesem Zusammenhang durchaus fremd war. Daß die Naturrechtslehre in der einen oder anderen Form immer wieder auflebt, läßt sich zum Teil gewiß darauf zurückführen, daß diese Lehre auch unabhängig von Begriffen göttlicher oder menschlicher Autorität

Anziehungskraft ausübt sowie, ungeachtet ihrer heute kaum
mehr akzeptablen Terminologie und Metaphysik, gewisse
grundlegende Einsichten enthält, die zum Verständnis von
Recht und Moral wesentlich beitragen. Wir werden versuchen, diese Einsichten von ihrem metaphysischen Hintergrund abzulösen und in einer einfacheren Sprache neu zu
formulieren.

Das moderne säkulare Denken sieht die unbelebte Welt, aber
auch die belebte Welt der Tiere und Menschen als eine
Abfolge wiederkehrender Ereignisse und Veränderungen an,
die bestimmte Regelmäßigkeiten aufweist. Zumindest einige
dieser Regelmäßigkeiten haben die Menschen erkannt und als
Naturgesetze formuliert. Die Natur zu verstehen, bedeutet
nach dieser modernen Auffassung, aus der Kenntnis dieser
Regelmäßigkeiten weiterführende Schlüsse zu ziehen. Selbstverständlich spiegelt die Struktur umfassender wissenschaftlicher Theorien nicht in einer einfachen Weise die beobachtbare Welt der Ereignisse oder Veränderungen wider. Häufig
bestehen solche Theorien zu einem Großteil aus abstrakten
mathematischen Formulierungen, die keine direkte Entsprechung in beobachtbaren Tatsachen haben. Ihre Verbindung
zu beobachtbaren Ereignissen und Veränderungen besteht
darin, daß sich aus den abstrakten Formulierungen allgemeine Hypothesen ableiten lassen, die sich auf beobachtbare
Ereignisse beziehen und durch diese bestätigt oder widerlegt
werden können. Der Anspruch wissenschaftlicher Theorien,
unser Verständnis der Natur zu fördern, hängt daher letztlich
von ihrer Voraussagekraft ab, die ihrerseits auf der Verallgemeinerung regelmäßig ablaufender Geschehnisse beruht. Das
Gravitationsgesetz etwa und der zweite Hauptsatz der Ther-
modynamik sind für das moderne Denken nicht bloß mathe-
matische Konstruktionen, sondern Naturgesetze; denn sie
ergeben Informationen über Regelmäßigkeiten im Bereich
beobachtbarer Ereignisse.

Die Naturrechtsdoktrin ist Teil eines älteren Naturverständ-
nisses, demzufolge die beobachtbare Welt nicht nur ein

Schauplatz von Regelmäßigkeiten und die Erkenntnis der Natur nicht auf die Erkenntnis solcher Regelmäßigkeiten beschränkt ist. Für diese ältere Auffassung strebt jedes existierende Ding – sei es ein Mensch oder irgendein Teil der belebten oder der unbelebten Natur – nicht nur nach Selbsterhaltung; es entwickelt sich auf einen artspezifischen Zustand der Vollkommenheit hin, der sein höchstes Gut oder Ziel (telos, finis) ist.

Dies ist die teleologische Konzeption der Natur, die davon ausgeht, daß es für alle Dinge in der Natur selbst Verwirklichungsgrade der Vollkommenheit gibt. Die Entwicklungsstadien, die jedes Ding einer bestimmten Art durchlaufen muß, um zu seinem spezifischen oder arteigenen Ziel zu gelangen, folgen einander in einer bestimmten Ordnung, über die sich allgemeine Aussagen machen lassen, welche die jeweils typische Weise von Veränderung, Verhalten oder Entwicklung des Dinges beschreiben. Insoweit bestehen Gemeinsamkeiten zwischen der teleologischen und der modernen Naturauffassung. Sie unterscheiden sich jedoch darin, daß im Rahmen der teleologischen Auffassung das, was mit den Dingen regelmäßig geschieht, nicht *nur* als regelmäßiges Geschehen angesehen wird, und daß die Frage, ob bestimmte Ereignisse *faktisch* regelmäßig eintreten, nicht von der Frage getrennt wird, ob diese Ereignisse eintreten *sollen* oder ob es *gut* ist, daß sie eintreten. Abgesehen von einigen seltenen Extremfällen, für die der »Zufall« verantwortlich gemacht wird, kann für die Anhänger der teleologischen Auffassung das, was regelmäßig geschieht, *dadurch* zugleich erklärt und – als etwas, das gut ist oder geschehen sollte – bewertet werden, daß man es als Schritt des betreffenden Dinges auf dem Weg zu seiner eigentlichen Bestimmung oder Zielsetzung darstellt. Von den Entwicklungsgesetzen eines Dinges wird also erwartet, daß sie zweierlei zeigen: wie sich das Ding regelmäßig verhält und entwickelt und wie es sich verhalten und entwickeln soll.

In der Theorie wirkt diese Art der Naturbetrachtung befremdlich. Dieser Eindruck dürfte jedoch abnehmen, wenn wir uns vergegenwärtigen, wie wir auch heute noch in bestimmten Kontexten zumindest über die belebte Natur sprechen; denn in der Art, wie wir umgangssprachlich die Entwicklung der betreffenden Dinge beschreiben, kommt immer noch eine teleologische Sichtweise zum Vorschein. Das läßt sich etwa am Beispiel einer Eiche zeigen. Wir betrachten nämlich das Heranwachsen einer Eiche im Gegensatz zu ihrem Absterben nicht als einen bloß naturgesetzlichen Prozeß. Wenn eine Eichel zu einer Eiche herangewachsen ist, hat sie für uns ihre höchste Entwicklungsstufe und damit ihr »Ziel« erreicht. Im Hinblick auf diesen Zustand der Vollkommenheit wird die Entwicklung heranwachsender Eichen von uns erklärt und als gut oder schlecht beurteilt. Und von diesem Ziel her bestimmen wir auch, welche »Funktion« den verschiedenen Bestandteilen und Wachstumsphasen der Eiche zukommt. So ist das normale Wachstum der Blätter erforderlich, um die zu einer »vollständigen« oder »rechten« Entwicklung benötigte Feuchtigkeit zu sichern; darin liegt die »Funktion« der Blätter. Wir betrachten daher das Wachstum der Blätter als etwas, das »natürlicherweise geschehen sollte«. Bezüglich des Verhaltens oder der Veränderungen unbelebter Dinge ist diese Art zu sprechen weit weniger einleuchtend – es sei denn, es handelt sich um Gegenstände, die von Menschen zu einem bestimmten Zweck geschaffen wurden. Die Vorstellung, ein zu Boden fallender Stein verhalte sich seiner »Bestimmung« gemäß oder kehre an seinen »eigentlichen Ort« zurück, so wie ein Pferd in seinen Stall zurückgaloppiert, wirkt heute eher erheiternd.

In der Tat wird das Verständnis der teleologischen Naturauffassung auch dadurch erschwert, daß sie außer dem Unterschied zwischen deskriptiven und präskriptiven Aussagen auch den für das moderne Denken so wichtigen Unterschied verwischt zwischen solchen Wesen (Menschen), die selbstgesetzte Zwecke bewußt verfolgen, und anderen belebten oder unbelebten Dingen. Denn in der teleologischen Weltsicht strebt der Mensch, wie alle anderen Dinge auch, einem bestimmten arteigenen Vollendungszustand oder Ziel zu, und die Tatsache, daß er dies im Gegensatz zu anderen Dingen bewußt zu tun vermag, wird nicht als grundsätzlicher Unterschied zwischen ihm und der übrigen Natur aufgefaßt. Dieser spezifisch menschliche Ziel- oder Vollendungszustand aber ist zum einen – wie bei anderen Lebewesen auch – ein Zustand biologischer Reife und vollentwickelter physischer Kräfte; doch er umfaßt auch, als das spezifisch menschliche Element, eine in Denken und Handeln zum Ausdruck kommende Entwicklung und Vollkommenheit von Intellekt und Charakter. Im Gegensatz zu anderen Dingen vermag der Mensch durch Überlegung und Reflexion herauszufinden, was zur Vervollkommnung von Intellekt und Charakter beiträgt, und danach zu streben. Trotzdem ist nach dieser teleologischen Sichtweise der Zustand der Vollkommenheit nicht deshalb als Ziel oder Wert für den Menschen anzusehen, weil er ihn erstrebt; der Mensch erstrebt diesen Zustand vielmehr, weil er ihm bereits als natürliches Ziel vorgegeben ist.

In unserer Vorstellungs- und Redeweise vom Menschen hat sich viel von der teleologischen Naturauffassung erhalten. Wenn wir bestimmte Motive als menschliche *Bedürfnisse* und ihre Befriedigung als *gut* bezeichnen, oder wenn wir etwas, das einem Menschen angetan oder von ihm erlitten wird, als *Schädigung* oder *Verletzung* ansehen, so ist das eine verschlüsselte Form der teleologischen Sichtweise. So halten wir das menschliche Verlangen nach Nahrung und Schlaf trotz der Tatsache, daß einige Menschen Nahrung und Schlaf verweigern, um zu sterben, nicht bloß für einen regelmäßig auftretenden Umstand, der auch anders sein könnte. Es handelt sich bei Nahrung und Schlaf um menschliche Bedürfnisse, selbst wenn einige Menschen diese Bedürfnisse, wenn sie auftreten, nicht befriedigen. Wir beschränken uns also nicht darauf zu sagen, es sei natürlich, zu essen und zu schlafen, sondern wir sagen auch, daß jedermann von Zeit zu Zeit essen

und schlafen *sollte*, oder daß es von Natur aus *gut* sei, dies zu
tun. In solchen Urteilen dient der Ausdruck »von Natur aus«
dazu, eine Abgrenzung von anderen Urteilen über menschliches Verhalten vorzunehmen: zum einen von Urteilen über
reine Konventionen oder von Menschen gesetzte Verhaltens-
vorschriften, deren Inhalt sich nicht durch Reflexion ermit-
teln läßt (etwa »Du solltest deinen Hut abnehmen«); zum
anderen von Urteilen, die lediglich feststellen, was zur Erreichung irgendeines Zieles zu tun ist, das irgend jemand irgendwann zufällig haben mag. Die teleologische Sichtweise zeigt
sich auch in unserer Auffassung von den *Funktionen* körperlicher Organe und darin, daß wir zwischen Funktionen und
bloßen Kausalzusammenhängen unterscheiden. Wir sagen,
es sei die Funktion des Herzens, den Kreislauf in Gang zu
halten, aber wir sagen nicht, es sei die Funktion von Krebs-
wucherungen, den Tod zu verursachen.

Diese einfachen Beispiele wurden ausgewählt, um teleologische Einflüsse, die in unserem alltäglichen Denken über
menschliches Verhalten immer noch vorhanden sind, zu veranschaulichen; sie wurden der biologischen Sphäre entnommen, die Mensch und Tier gemeinsam ist. Man wird mit
Recht sagen, daß diese Art zu denken und zu reden offensichtlich unter einer stillschweigenden Voraussetzung steht:
daß das rechte Ziel menschlicher Aktivität das Überleben ist.
Und dies wiederum läßt sich auf die einfache und kontingente
Tatsache zurückführen, daß die meisten Menschen die meiste
Zeit den Wunsch haben, weiterzuleben. Die Handlungen, die
wir als »von Natur aus gut« bezeichnen, sind die zum Überleben notwendigen. Auch die Vorstellungen von menschlichen
Bedürfnissen, von Schäden und von der Funktion körperlicher Organe oder Veränderungen beruhen auf derselben einfachen Voraussetzung. Wenn man über sie nicht hinausgeht,
gelangt man selbstverständlich nur zu einer sehr bescheidenen Version von Naturrecht. Denn die klassischen Vertreter
der naturrechtlichen Sichtweise begriffen das Überleben (per-
severare in esse suo) im Rahmen ihres weitaus komplexeren

und sehr viel problematischeren Ansatzes nur als unterste Ebene dessen, was der Zweck oder das höchste Gut des Menschen sei. Aristoteles etwa bezog die als Selbstzweck betriebene Ausbildung des menschlichen Geistes mit ein und Thomas von Aquin die Erkenntnis Gottes – beides Werte, deren Berechtigung man in Zweifel ziehen kann und auch tatsächlich in Zweifel gezogen hat. Andere Denker wie Hobbes und Hume waren weniger ambitioniert. Sie sahen in dem bescheidenen Ziel des Überlebens den zentralen und unbestreitbaren Faktor, der die Naturrechtsterminologie empirisch sinnvoll erscheinen läßt. »Es liegt in der Natur des Menschen, daß er nur im Zusammenschluß mit anderen Menschen überleben kann. Und ein solcher Zusammenschluß wäre unmöglich, wenn die Gesetze der Billigkeit und Gerechtigkeit keine Beachtung fänden.« (Hume.)

Dieser einfache Gedanke, der in der Tat mit wesentlichen Merkmalen von Recht *und* Moral eng zusammenhängt, läßt sich von den problematischeren Bestandteilen der allgemeinen teleologischen Sichtweise trennen, die als Zweck oder höchstes Gut für den Menschen eine ganz bestimmte Art der Lebensführung ansieht, über die man in Wirklichkeit jedoch höchst unterschiedlicher Meinung sein kann. Außerdem benötigen wir im Fall des Überlebens nicht die dem modernen Denken zu metaphysisch erscheinende Annahme, daß der Mensch das Überleben notwendig anstrebt, weil es ihm als eigentliches Ziel oder als wahrer Zweck gesetzt sei. Statt dessen können wir den Überlebenswillen des Menschen als bloß kontingente Tatsache ansehen, mit der es sich auch anders verhalten könnte; und mit der Rede vom Überleben als einer menschlichen Ziel- oder Zwecksetzung brauchen wir nur zu meinen, daß die Menschen faktisch überleben wollen.

Doch selbst wenn wir das Überlebensziel in dieser theoretisch unbelasteten Weise verstehen, so spielt es doch immer noch eine besondere Rolle für das menschliche Verhalten und unsere Vorstellungen darüber. Diese Sonderstellung entspricht der großen Bedeutung und der Notwendigkeit, die dem Überlebensziel in den überkommenen Naturrechtsleh-ren zugeschrieben werden. Denn es ist nicht nur so, daß eine überwältigende Mehrheit der Menschen überleben will, selbst um den Preis größten Elends. Diese Tatsache kommt auch in ganzen Bereichen unseres Denkens und Redens über die Welt und uns selbst deutlich zum Ausdruck. Ohne die Voraussetzung eines allgemeinen Willens zum Überleben würden Begriffe wie Gefahr und Sicherheit, Schaden und Nutzen, Bedürfnis und Funktion, Krankheit und Heilung einen Teil ihrer Bedeutung einbüßen. Denn mit diesen Begriffen werden Dinge zugleich beschrieben und – im Hin-blick auf ihren Beitrag zu dem anerkannten Ziel des Über-lebens – bewertet.

Es gibt jedoch einfachere und weniger philosophische Über-legungen, die zeigen, daß das Überleben notwendig als Ziel anerkannt werden muß, und zwar im Sinne einer unmittelba-ren Relevanz für die Diskussion menschlicher Rechts- und Moralordnungen. Das Überlebensziel ergibt sich aus den Voraussetzungen, unter denen wir diskutieren; denn unser Interesse gilt einer sozialen Ordnung unter der Bedingung des Weiterlebens, nicht den Statuten eines Vereins von Selbst-mördern. Wir möchten wissen, ob es unter den Normen die-ser Ordnung solche gibt, die in einem gewissen Sinn als durch die Vernunft erkennbare Naturrechtsnormen charakterisiert werden können, und in welcher Beziehung sie zur menschli-chen Rechts- und Moralordnung stehen. Um diese oder irgendeine andere Frage danach, *wie* Menschen miteinander leben sollen, stellen zu können, müssen wir voraussetzen, *daß* sie – allgemein gesprochen – überhaupt am Leben interes-siert sind. Von diesem Punkt aus sind die weiteren Überle-gungen dann einfach. Die Reflexion über einige offenkundige allgemeine Wahrheiten, ja Selbstverständlichkeiten über Natur und Umwelt des Menschen zeigt, daß jede Form sozia-ler Organisation, um lebensfähig zu sein, bestimmte Verhal-tensnormen vorsehen muß, solange jene Wahrheiten gelten.

Derartige Normen bilden tatsächlich einen gemeinsamen Bestandteil in den Rechts- und Moralvorstellungen aller Gesellschaften, die eine Entwicklungsstufe erreicht haben, auf der Recht und Moral als unterschiedliche Arten sozialer Kontrolle anerkannt sind. Daneben gibt es in Recht und Moral dieser Gesellschaften viele Normen, die für die jeweilige Gesellschaft charakteristisch sind, sowie viele, die als willkürlich oder beliebig erscheinen können. Jene universal anerkannten Verhaltensnormen, die in grundlegenden Wahrheiten über den Menschen, seine natürliche Umwelt und seine Ziele verankert sind, kann man als den *Minimalgehalt* des Naturrechts betrachten, im Unterschied zu den anspruchsvolleren und auch anfechtbareren Systemen, die in der Vergangenheit häufig als Naturrecht auftraten. Im folgenden sollen anhand von fünf selbstverständlichen Wahrheiten jene typischen Eigenschaften der menschlichen Natur untersucht werden, auf denen dieser bescheidene, aber bedeutsame Minimalgehalt beruht.

Für das Verständnis der im folgenden angeführten selbstverständlichen Wahrheiten und ihrer Beziehung zu Recht und Moral ist die Feststellung wichtig, daß die betreffenden Tatsachen, sofern man das Überleben als Ziel unterstellt, jeweils einen *Vernunftgrund* dafür darstellen, daß Recht und Moral bestimmte Verhaltensnormen enthalten müssen. Die Argumentation läuft stets darauf hinaus, daß Recht und Moral ohne solche Verhaltensnormen menschliches Überleben, das den Mindestzweck aller sozialen Zusammenschlüsse bildet, nicht sichern könnten. Wo diese Mindesterfordernisse nicht erfüllt sind, gibt es für den Menschen, so wie er ist, keinen guten Grund, *irgendwelchen* Normen freiwillig zu gehorchen. Ein Mindestmaß an freiwilliger Normbefolgung seitens derjenigen, die erkennen, daß es in ihrem Interesse liegt, die Normenordnung aufrechtzuerhalten und sich ihr zu unterwerfen, ist aber Voraussetzung dafür, daß gegenüber jenen, die die Normen *nicht* freiwillig befolgen, Zwang ausgeübt werden kann. Es muß betont werden, daß es in diesem

Ansatz um eine rein vernunftmäßige Beziehung zwischen natürlichen Tatsachen und gewissen Inhalten von Recht und Moral geht; denn es ist möglich und wichtig, auch Untersuchungen über ganz andere Arten der Beziehung zwischen Recht und Moral einerseits und natürlichen Tatsachen andererseits anzustellen. So mag es sein, daß die noch jungen Wissenschaften der Soziologie und Psychologie die Entdeckung machen werden oder sogar schon gemacht haben, daß nur unter bestimmten natürlichen, psychologischen oder ökonomischen Bedingungen (zum Beispiel nur dann, wenn Kleinkinder in bestimmter Weise in der Familie ernährt und erzogen werden) eine Rechtsordnung oder ein Moralkodex in Geltung gesetzt werden kann, oder daß nur Rechtsnormen eines bestimmten Typs die gewünschte Wirkung haben können. Solche soziologischen oder psychologischen Einflüsse auf Normensysteme beruhen nicht auf Vernunftgründen. Denn sie wirken unabhängig von den bewußten Zielen oder Zwecken jener Menschen, für die sie gelten. Daß Kinder in bestimmter Weise ernährt werden, kann sich durchaus als notwendige Bedingung oder gar als *Ursache*, nicht jedoch als Rechtfertigung oder *Vernunftgrund* dafür erweisen, daß eine Bevölkerung eine Rechts- oder Moralordnung entwickelt oder aufrechterhält. Solche Kausalbeziehungen sind selbstverständlich nicht unvereinbar mit Beziehungen, die auf Zwecken oder bewußten Zielsetzungen beruhen. Man mag jene Beziehungen sogar für wichtiger oder grundlegender halten als diese, da sie möglicherweise die Erklärung bieten, warum die Menschen die bewußten Zielsetzungen oder Zwecke überhaupt haben, welche die Naturrechtsargumentation zum Ausgangspunkt nimmt. Kausalerklärungen jener Art beruhen weder auf selbstverständlichen Wahrheiten noch auf bewußten Zielsetzungen oder Zwecken: Sie müssen in der Soziologie oder Psychologie ähnlich wie sonst in der Wissenschaft mit den Methoden der Verallgemeinerung und Theoriebildung, durch Beobachtung und (soweit möglich) Experiment aufgestellt werden. Kausalbeziehungen sind somit von

anderer Art als Vernunftgründe, die den Inhalt bestimmter
Rechts- und Moralnormen durch die nun folgenden selbstverständlichen Tatsachen zu rechtfertigen suchen.

1. Der Mensch ist verwundbar.

Die Recht und Moral gemeinsamen Verhaltensanforderungen verlangen in der Regel keine Handlungen, sondern
Unterlassungen und werden gewöhnlich in negativer Form,
als Verbote formuliert. Für das soziale Leben sind jene Verbote die wichtigsten, die den Gebrauch von Gewalt zum
Zwecke der Tötung oder Körperverletzung untersagen. Man
kann sich den grundlegenden Charakter solcher Normen
durch eine Frage klarmachen. Angenommen, es gäbe diese
Normen nicht: Welchen Sinn könnte es dann für Wesen unserer Beschaffenheit besitzen, überhaupt irgendwelche Normen zu haben? Die Überzeugungskraft dieser rhetorischen
Frage beruht auf der Tatsache, daß Menschen einerseits gelegentlich zur Gewalttätigkeit neigen und andererseits im Normalfall durch Gewalttätigkeit verwundbar sind. Aber obwohl dies eine Selbstverständlichkeit ist, hat es doch nicht den
Rang einer notwendigen Wahrheit; denn die Verhältnisse
könnten anders sein oder, eines Tages, anders werden. Es gibt
Tierarten, die auf Grund ihres Körperbaus (etwa weil sie
einen Panzer oder Schild haben) gegenüber Angriffen von
ihresgleichen oder anderen Tieren, die nicht über geeignete
Angriffswerkzeuge verfügen, praktisch unverwundbar sind.
Wenn die Menschen nicht durch ihresgleichen verwundbar
wären, entfiele ein offensichtlicher Grund für die wichtigste
aller rechtlichen Normen: Du sollst nicht töten.

2. Die Menschen sind annähernd gleich.

Die Menschen unterscheiden sich voneinander in ihren physischen Kräften, in ihrer körperlichen Gewandtheit und
besonders in ihren geistigen Fähigkeiten. Das ändert jedoch
nichts an einer für das Verständnis ganz verschiedener Formen von Recht und Moral sehr bedeutsamen Tatsache: Kein

Individuum ist soviel stärker als die anderen, daß es diese ohne Unterstützung längere Zeit beherrschen oder unterdrücken könnte. Selbst der Stärkste muß zeitweilig schlafen und verliert dadurch vorübergehend seine Überlegenheit. Diese Tatsache annähernder Gleichheit verdeutlicht mehr als irgendeine andere die Notwendigkeit eines Systems wechselseitiger Selbstbeschränkungen und Kompromisse, das jeder rechtlichen und moralischen Verpflichtung als Grundlage dient. Das Zusammenleben unter Normen, die derartige Selbstbeschränkungen auferlegen, ist zeitweilig unbequem; aber es ist jedenfalls weniger scheußlich, brutal und kurz, als es bei uneingeschränkter gegenseitiger Gewaltanwendung unter so weitgehend gleichstarken Individuen wäre. Natürlich ist damit folgende Erkenntnis – ebenfalls eine selbstverständliche Wahrheit – ohne weiteres vereinbar: In einem System gegenseitiger Selbstbeschränkung wird es immer einige Individuen geben, die das System dadurch auszunutzen versuchen, daß sie gleichzeitig seinen Schutz in Anspruch nehmen und seine Normen brechen. Wie wir noch sehen werden, ist dies eine jener natürlichen Tatsachen, die den Schritt von ausschließlich moralischen zu organisierten, rechtlichen Formen der Verhaltenskontrolle erforderlich machen.

Auch in diesem Punkte könnten die Verhältnisse anders sein. Es könnte einige Menschen geben, die weitaus stärker als die meisten anderen Menschen sind und leichter ohne Ruhezeiten auskommen können, sei es daß sie selbst weit *über* dem gegenwärtigen Durchschnitt oder daß die anderen Menschen weit *unter* diesem lägen. Solche Ausnahmemenschen könnten vermutlich durch Gewalt weit mehr erreichen als durch ein System wechselseitiger Selbstbeschränkung oder durch Kompromisse mit anderen. Doch wir brauchen uns nicht Riesen vorzustellen, die unter Pygmäen lebten, um uns die grundsätzliche Bedeutung der Tatsache annähernder Gleichheit zu veranschaulichen. Diese Bedeutung wird besser illustriert durch die Realitäten des zwischenstaatlichen Zusammenlebens, das durch enorme Unterschiede hinsichtlich Macht und Verwundbarkeit gekennzeichnet ist (oder war). Es sind unter anderem diese Ungleichheiten zwischen den Staaten, die dem Völkerrecht einen vom innerstaatlichen Recht ganz verschiedenen Charakter verliehen und das Maß seiner Wirkungsmöglichkeit als organisiertes Zwangssystem eingeschränkt haben.

3. Der Altruismus des Menschen ist begrenzt.
Menschen sind keine Teufel. Ihr oberstes Ziel ist nicht, einander umzubringen. Und der Nachweis, daß die Grundregeln von Recht und Moral zur Sicherung des Minimalzieles des Überlebens notwendig sind, darf nicht mit der falschen Ansicht gleichgesetzt werden, die Menschen seien vor allem selbstsüchtig und hätten kein uneigennütziges Interesse am Überleben und an der Wohlfahrt ihrer Mitmenschen. Aber so wenig wie die Menschen Teufel sind, so wenig sind sie Engel. Gerade die Tatsache, daß sie sich zwischen diesen beiden Extremen bewegen, läßt ein System wechselseitiger Selbstbeschränkung zugleich notwendig und möglich werden. Für Engel, die niemals versucht sind, andere zu verletzen, wären Normen, die Beschränkung fordern, nicht notwendig. Für Teufel, die ohne Rücksicht auf eigene Verluste nur auf Zerstörung aus sind, wären sie nicht möglich. Wie die Dinge beim Menschen liegen, angesichts eines beschränkten und zeitweise aussetzenden Altruismus, ist die Neigung zu Gewalttätigkeiten verbreitet genug, um ein geordnetes Zusammenleben ohne Kontrolle unmöglich zu machen.

4. Die Menge der Güter ist begrenzt.
Es ist eine bloß kontingente Tatsache, daß die Menschen Nahrung, Kleidung und Unterkunft benötigen, und daß diese Güter nicht in grenzenlosem Überfluß verfügbar, sondern knapp sind und auf natürliche oder künstliche Weise erzeugt werden müssen. Diese Tatsache allein macht eine Minimalform institutionalisierten Eigentums (obgleich nicht

unbedingt des Privateigentums) einschließlich spezifischer Schutznormen notwendig. Als einfachste Form des Eigentums sind solche Normen anzusehen, die grundsätzlich jeden mit Ausnahme eben des »Eigentümers« daran hindern, ein Grundstück zu betreten oder zu nutzen, beziehungsweise bewegliche Dinge an sich zu nehmen oder zu gebrauchen. Wenn die Ernte gedeihen soll, muß das Land vor unbeschränktem Zutritt geschützt sein; und zwischen Reife beziehungsweise Ernte und Verzehr muß die Nahrung vor fremder Wegnahme gesichert sein. Zu allen Zeiten und überall hängt das Überleben davon ab, daß diese Mindestbeschränkungen eingehalten werden. Auch in diesem Punkt könnten die Verhältnisse anders sein. Der menschliche Organismus könnte wie der pflanzliche in der Lage sein, Nahrung aus der Luft zu gewinnen; oder es könnte alles, was er braucht, ohne menschliches Zutun in grenzenlosem Überfluß in der Natur gedeihen.

Die Normen, die wir bislang untersucht haben, sind insofern *statisch*, als die Individuen selbst keinen Einfluß darauf haben, ob aus diesen Normen für sie Pflichten entstehen und welchen Inhalt diese haben. Die Arbeitsteilung jedoch, die jede Gemeinschaft mit Ausnahme kleinster Gruppen zur angemessenen Bedarfsdeckung entwickeln muß, erfordert Normen, die insofern *dynamisch* sind, als sie Individuen in die Lage versetzen, durch eigene Initiative Verpflichtungen entstehen zu lassen und zu verändern. Dazu gehören Normen, die es uns ermöglichen, die Produkte unserer Arbeit zu übertragen, zu tauschen oder zu verkaufen; denn diese Transaktionen setzen voraus, daß der Träger jener ursprünglichen Rechte und Pflichten, die die einfachste Form des Eigentums ausmachen, wechseln kann.

Die Notwendigkeit der Arbeitsteilung und der unaufhörliche Zwang zur Kooperation machen noch andere Arten dynamischer oder verpflichtungserzeugender Normen für das Zusammenleben erforderlich. Durch sie wird erreicht, daß aus einem Versprechen eine Verpflichtung erwächst. Die

Institution des Versprechens ermöglicht es den Individuen, sich schriftlich oder mündlich für *den* Fall einer Sanktion zu unterwerfen, daß sie sich nicht in der vereinbarten Weise verhalten. Angesichts des beschränkten Altruismus muß es ein feststehendes Verfahren für solche Selbstverpflichtungen geben, da nur so ein Mindestmaß an Vertrauen in das zukünftige Verhalten anderer Menschen geschaffen und das für eine Kooperation notwendige Maß an Voraussehbarkeit fremden Verhaltens gesichert werden kann. Die Notwendigkeit solcher Verfahren tritt immer dort besonders deutlich hervor, wo es um den Austausch oder die gemeinsame Absprache von Dienstleistungen geht, oder wo die Güter beim Tausch oder Kauf nicht gleichzeitig oder nicht sofort verfügbar sind.

5. Einsichtsfähigkeit und Willensstärke des Menschen sind begrenzt.
Die Tatsachen, die im menschlichen Zusammenleben Regelungen über Personenschutz, Eigentum und Versprechen erforderlich machen, sind einfach; und der von ihnen ausgehende allseitige Nutzen liegt auf der Hand. Die meisten Menschen sind klug genug, dies einzusehen und ihre unmittelbaren, kurzfristigen Interessen zu opfern, wenn die Befolgung jener Normen es verlangt. Es gibt für die Normbefolgung des Individuums ganz verschiedene Motive: Bei einigen ist es die rationale Erwägung, daß sich die Opfer um der Vorteile willen lohnen; bei anderen ist es ein selbstloses Interesse an der Wohlfahrt der Mitmenschen; und wiederum andere halten die Normen als solche für respektheischend und sehen ihr Ideal darin, ihnen zu dienen.
Allerdings entwickeln nicht alle Menschen den gleichen Grad an Einsicht in ihre langfristigen Interessen, und Willensstärke und Gutwilligkeit, von denen die Wirksamkeit der genannten Motive ebenfalls abhängt, sind nicht bei allen Menschen in gleicher Weise ausgebildet. Jedermann ist zeitweilig versucht, seinen eigenen unmittelbaren Interessen den Vorzug zu geben, und viele würden dieser Versuchung erliegen, wenn es

keine spezielle Organisation zur Entdeckung und Bestrafung von Normverstößen gäbe. Zweifellos sind die Vorteile gegenseitiger Selbstbeschränkung so greifbar, daß diejenigen, die freiwillig im Rahmen einer Zwangsordnung zusammenarbeiten, jedem möglichen Bündnis von Übeltätern im Normalfall an Zahl und Stärke überlegen sein werden. Doch außer in sehr kleinen, in sich geschlossenen Gesellschaften wäre es töricht, sich einem System von Beschränkungen zu unterwerfen, wenn es keine Organisation mit Zwangsbefugnissen gegenüber denjenigen gäbe, die versuchen werden, die Vorteile des Systems zu genießen, ohne seine Pflichten auf sich zu nehmen. Sanktionen sind daher nicht deshalb erforderlich, weil es ohne sie im allgemeinen kein Motiv zur Normbefolgung gäbe, sondern als *Garantie* dafür, daß die Interessen derjenigen, die auch freiwillig gehorchen würden, nicht den Interessen derer geopfert werden, die nur unter Zwang zum Gehorsam bereit sind. Ohne ein Sanktionssystem wäre Normbefolgung mit dem Risiko verbunden, übervorteilt zu werden. Angesichts dieser Gefahr verlangt die Vernunft die *freiwillige* Zusammenarbeit im Rahmen einer *Zwangs*ordnung. –
Es verdient Beachtung, daß die natürliche Tatsache annähernder Gleichheit der Menschen auch entscheidende Bedeutung für die Wirksamkeit eines Sanktionssystems besitzt. Wären einige Menschen weitaus stärker als andere und daher nicht darauf angewiesen, daß diese sich Beschränkungen auferlegen, so könnten die Rechtsbrecher unter Umständen den Verteidigern von Recht und Ordnung an Macht überlegen sein. Wenn solche Ungleichheiten bestünden, würde die Vollstreckung von Sanktionen kaum Erfolg haben sowie Gefahren mit sich bringen, die zumindest ebenso groß wären wie jene, denen die Sanktionen eigentlich begegnen sollen. Unter solchen Umständen würde das soziale Leben nicht auf einem System wechselseitiger Selbstbeschränkung ruhen, in dem Gewalt nur ab und zu gegenüber einer Minderheit von Rechtsbrechern angewendet wird. Einzig gangbar wäre hier eine Lösung, bei der die Schwachen sich zu möglichst günsti-

gen Bedingungen den Starken unterwerfen und unter ihrem
»Schutz« leben. Dabei würde die Tatsache der Güterknapp-
heit zu verschiedenen miteinander konkurrierenden Macht-
zentren führen, die sich jeweils um ihren »starken Mann«
gruppieren. Vielleicht würden diese Machtzentren sich von
Zeit zu Zeit bekämpfen; vielleicht würden sie aber auch – aus
Furcht vor der natürlichen und nicht zu unterschätzenden
Sanktion einer möglichen Niederlage – einen unsicheren Frie-
den halten. Möglicherweise würden sie gewisse Absprachen
zur Regelung jener Fragen treffen, die ihnen eine bewaffnete
Auseinandersetzung nicht wert sind.
Um die einfache Logik annähernder Gleichheit und ihre
Bedeutung für das Recht zu erfassen, brauchen wir uns auch
hier nicht der Phantasievorstellung einer Welt von Pygmäen
und Riesen zu bedienen. Das internationale Zusammenleben,
in dem es seit jeher große Machtunterschiede zwischen den
Staaten gibt, bietet genügend Anschauungsmaterial. Über
Jahrhunderte hinweg hat das Ungleichgewicht zwischen
ihnen einen Zustand aufrechterhalten, in dem ein rechtlich
organisiertes Sanktionssystem unmöglich und das Recht auf
die Regelung solcher Fragen beschränkt war, die keine
»lebenswichtigen« Interessen berühren. Inwieweit Nuklear-
waffen, sollten sie einmal allen zugänglich sein, das Übergewicht einzelner Mächte aufheben können und neue Formen
der Kontrolle, die stärker dem innerstaatlichen Strafrecht
ähneln, mit sich bringen werden, bleibt abzuwarten.
Die einfachen, selbstverständlichen Wahrheiten, die wir er-
örtert haben, enthalten nicht nur den sinnvollen Kern der
Naturrechtsdoktrin; sie sind auch von entscheidender Bedeutung für das Verständnis von Recht und Moral und erklären,
warum sich eine rein formale Definition dieser Institutionen,
die weder bestimmte Inhalte noch soziale Bedürfnisse berücksichtigt, als so unbefriedigend erweist. Für die Rechtsphilosophie besteht der Hauptnutzen dieser Sichtweise vielleicht darin, daß sie gewissen irreführenden Dichotomien
entgehen kann, welche die Diskussion um die Wesensmerk-

male des Rechts häufig verdunkeln. So läßt sich zum Beispiel die traditionelle Frage, ob jede Rechtsordnung Sanktionen vorsehen *muß*, in einem neuen und klareren Licht darstellen, wenn man sie aus der Perspektive dieser vereinfachten Naturrechtstheorie sieht. Wir brauchen dann nicht mehr zwischen den beiden folgenden unangemessenen Alternativen zu wählen, die häufig für erschöpfend gehalten werden: einerseits der Behauptung, die Begriffe »Recht« oder »Rechtsordnung« enthielten den Begriff der »Sanktion« als Bedeutungskomponente, und andererseits der These, es sei ein »bloßes Faktum«, daß die meisten Rechtsordnungen Sanktionen vorsehen. Beide Alternativen sind unbefriedigend. Es gibt keine anerkannten Kriterien, die es verbieten, das Wort »Recht« auf eine Normenordnung anzuwenden, die kein zentral organisiertes Sanktionssystem kennt; ja es gibt gute, wenngleich keine zwingenden Gründe, den Ausdruck »Völkerrecht« in der Tat auf eine solche Ordnung anzuwenden. Andererseits muß man unbedingt sehen, welchen Stellenwert Sanktionen im *inner*staatlichen Recht haben *müssen*, wenn dieses den Mindestzielen von Wesen unserer Beschaffenheit dienen soll.

Man darf durchaus behaupten, daß im Rahmen der (oben aufgeführten) natürlichen Tatsachen und Ziele, aufgrund derer Sanktionen im innerstaatlichen Recht möglich und auch erforderlich sind, eine *natürliche Notwendigkeit* für ein Sanktionssystem besteht. Und man wird eine ähnliche Formulierung gebrauchen müssen, wenn man den Stellenwert anderer ebenso unverzichtbarer Elemente des staatlichen Rechts, nämlich bestimmter Grundformen des Schutzes von Personen, Eigentum und Versprechen, angemessen zum Ausdruck bringen will. Dies ist die Form, in der man auf die positivistische Behauptung, eine Rechtsordnung könne jeden beliebigen Inhalt haben, antworten sollte. Denn es ist eine ziemlich wichtige Erkenntnis, daß zur angemessenen Beschreibung nicht nur des Rechts, sondern auch vieler anderer sozialer Institutionen neben Definitionen und gewöhn-

lichen Tatsachenbehauptungen noch eine dritte Kategorie
von Aussagen herangezogen werden muß: Aussagen, deren
Wahrheit davon abhängt, daß Natur und Umwelt des Menschen ihre charakteristischen Eigenschaften behalten.

Norbert Hoerster: Die moralische Pflicht zum Rechtsgehorsam

Gibt es für den einzelnen Bürger eine moralische Pflicht zum
Rechtsgehorsam? Hat er unter Umständen ein Recht zum
politischen Ungehorsam oder Widerstand? Es handelt sich
hier um eine Frage, die zwar eine Einstellung gegenüber dem
Recht zum Gegenstand hat, die sich aber selbst von einem
außerrechtlichen, nämlich moralischen Standpunkt aus stellt.
Aus zwei Gründen besteht Gefahr, diesen Umstand aus den
Augen zu verlieren und in eine Konfusion rechtlicher und
außerrechtlich-moralischer Gesichtspunkte zu verfallen.
Zum einen legt die Formulierung der Frage als eine Frage
nach dem *Recht* zum Widerstand die Annahme nahe, es
müsse sich hier um eine »Rechts«frage handeln. Man muß
jedoch unterscheiden zwischen dem »Recht« im Sinne der
Summe aller positivrechtlichen Normen eines Staatswesens
und dem »Recht« im Sinne eines Anspruchs, eines »Rechts
auf« – wobei man im Rahmen eines solchen »Rechts auf«
wiederum unterscheiden muß zwischen einem rechtlichen
»Recht auf« und einem moralischen »Recht auf«. Während
das rechtliche »Recht auf« Ausfluß des positiven Rechts einer
Gesellschaft ist, trifft das auf das moralische »Recht auf« keineswegs zu. Dieses hat allenfalls Einfluß darauf, wie das
rechtliche »Recht auf« vom moralischen Standpunkt aus
beschaffen sein *sollte*. Im Sinne meiner Fragestellung ist mit
»Recht zum Widerstand« stets ein außerrechtliches, moralisches Recht gemeint – in genau demselben Sinne, in dem man
etwa fragen kann, ob Eltern ein Recht auf die Liebe und

Dankbarkeit ihrer Kinder haben oder ob A ein Recht darauf hat, daß B ihn in seinem Auto mitnimmt, sofern B ihm dies versprochen hat.

Der zweite Grund für eine naheliegende Konfusion zwischen der rechtlichen und der moralischen Fragestellung sowie Problematik eines Widerstandsrechts liegt darin, daß es so etwas wie ein positivrechtliches Recht zum Widerstand in einigen Rechtsordnungen tatsächlich gibt. So gewährt seit 1968 das Grundgesetz für die Bundesrepublik Deutschland in Art. 20 Abs. 4 dem Bürger, wenn andere Abhilfe nicht möglich ist, ein Recht zum Widerstand gegen jeden, der es unternimmt, die verfassungsmäßige Ordnung der Bundesrepublik zu beseitigen. Welche Funktion ein derartiges positivrechtliches Widerstandsrecht im einzelnen hat, kann uns hier nicht weiter beschäftigen. Im Rahmen meiner Fragestellung kommt es allein auf folgendes an: Rechtliches und moralisches Widerstandsrecht gehören verschiedenen Kategorien an und sind nach unterschiedlichen Gesichtspunkten zu beurteilen; im einen Fall handelt es sich um eine Frage der Ermittlung und Auslegung des jeweils geltenden positiven Rechts, im anderen Fall um ein Problem der Ermittlung der richtigen moralischen Einstellung. Und weiter: Selbst dort, wo es ein rechtliches Widerstandsrecht gibt, bleibt die Frage nach dem moralischen Widerstandsrecht für die Praxis relevant. Denn ein rechtliches Widerstandsrecht, soll es nicht zur Aufhebung der Rechtsordnung überhaupt führen, kann nicht so umfassend sein, daß es *jedem* Bedenken gegen geltendes Recht oder seine Anwendung Raum gibt. Es wird vielmehr in seinen Voraussetzungen so eng umgrenzt sein (wie etwa die oben zitierte Bestimmung des Grundgesetzes), daß es für die weitaus meisten aktuellen Probleme des Rechtsgehorsams von vornherein ohne Bedeutung ist. Die Frage nach einem *moralisch* verstandenen Widerstandsrecht behält also in jedem Fall praktische Relevanz.

Ein moralisches Widerstandsrecht ist im Normalfall dann sicher nicht gegeben, wenn man von einer generellen morali-

schen *Verpflichtung zum Rechtsgehorsam* auszugehen hat.
Im folgenden werde ich zwei Argumente erörtern, die sich
für eine solche Verpflichtung vorbringen lassen. Das erste
dieser beiden Argumente weist auf die *Folgen* hin, die ein
Rechtsungehorsam oder Rechtsbruch mit sich bringt. Jede
Moraltheorie, die nur halbwegs akzeptabel sein will, muß als
zumindest eines ihrer Prinzipien den Satz anerkennen, daß es
falsch ist, eine Handlung auszuführen, die insofern von
schlechten Folgen begleitet ist, als sie fundamentale menschliche Interessen verletzt.

Nun sind viele Handlungen, die einen Rechtsbruch darstellen, ohne Frage in diesem Sinne von schlechten Folgen begleitet. Denken wir an die Normalfälle von Körperverletzung,
Sachbeschädigung, Vertragsbruch. Derartige Folgen, die in
einer unmittelbaren Interessenverletzung liegen, dürfen wir
jedoch in unsere Betrachtung nicht aufnehmen. Denn es geht
ja um die Frage, ob es für die moralische Beurteilung einer
Handlung einen *Unterschied* macht, ob sie vom geltenden
Recht verboten wird oder nicht. Das bedeutet, wir dürfen bei
dieser Frage der moralischen Beurteilung des Rechtsbruchs
als *Rechtsbruch* nicht berücksichtigen, ob die betreffende
Handlung (Körperverletzung, Sachbeschädigung o. ä.) als
solche schon moralisch unerlaubt ist. Wir müssen vielmehr
auf solche Aspekte und Folgen eines Rechtsbruchs abstellen,
die sich allein aus der Tatsache seiner Rechtswidrigkeit ergeben.

Das Argument, ein Rechtsbruch sei als Rechtsbruch wegen
seiner schlechten Folgen moralisch zu verurteilen, findet sich
schon in dem Platonischen Dialog ›Kriton‹. Diesem geht folgende Handlung als Hintergrund voraus: Sokrates ist in
einem zwar legalen Verfahren, aber aus unzureichenden
Gründen von seinen Athener Mitbürgern zum Tode verurteilt worden. Im Gefängnis, wo er auf seine Hinrichtung wartet, besucht ihn sein Freund Kriton und will ihn zur Flucht
überreden. Sokrates erklärt sich nur unter der Voraussetzung
zur Flucht bereit, daß Kriton ihn zunächst davon überzeugen

kann, daß eine Flucht in seinem Falle moralisch vertretbar
wäre. Und das hängt – da Sokrates, wie gesagt, in einem
rechtmäßigen Verfahren verurteilt worden ist – von der
grundlegenden Frage ab, ob man moralisch legitimiert sein
kann, sich der geltenden Rechtsordnung seines Staates zu
widersetzen. Es gelingt Kriton nicht, Sokrates davon zu
überzeugen, daß eine solche moralische Legitimation besteht. Sokrates kommt vielmehr im Verlauf des Dialogs zu
dem Ergebnis – einem Ergebnis, für das er in den Tod geht –,
daß es für jemanden, der das in seinem Staate geltende Recht
oder dessen Auswirkungen mißbilligt, nur drei vertretbare
Verhaltensweisen gibt: Entweder es gelingt ihm, die staatlichen Machthaber zu überreden, das Recht zu ändern; oder er
übersiedelt, solange es noch früh genug ist, in einen anderen
Staat; oder er gehorcht dem Recht, obschon er es mißbilligt.

Das wichtigste Argument nun, mit dem Sokrates diese seine
Auffassung von der moralischen Pflicht zum Rechtsgehorsam begründet, ist das folgende: »Setze den Fall, Kriton, wir
wären im Begriff von hier davonzulaufen oder wie man die
Sache sonst benennen soll, und die Gesetze und das Gemeinwesen stellten sich uns in den Weg und fragten: Sage mir,
Sokrates, was willst du dir einfallen zu tun? Gehst du nicht
geradezu darauf aus, durch dieses dein Beginnen uns, die
Gesetze, sowie das ganze Gemeinwesen zugrunde zu richten,
soweit es auf dich ankommt? Oder glaubst du an die Möglichkeit, daß ein Staat noch Bestand habe und vor dem Untergang
bewahrt sei, in welchem die einmal gefällten gerichtlichen
Urteile keine Kraft haben, sondern von Unberufenen wirkungslos gemacht und vernichtet werden?« – Ungehorsam
gegenüber den Gesetzen, so lautet also Sokrates' Argument,
führe zur Zerstörung von Staat und Rechtsordnung, mit
anderen Worten: zu Chaos und Anarchie – zu einer Lage, für
deren Unerfreulichkeit noch weiter zu argumentieren Sokrates im vorliegenden Kontext des Normalfalles mit Recht für
überflüssig hält.

Dieses Argument spielt bis zum heutigen Tage in den gängigen Stellungnahmen zu unserem Problem die Hauptrolle. Trotzdem ist es – jedenfalls so, wie es dasteht – nicht schlüssig. Denn der einzelne Rechtsbruch – und um seine moralische Rechtfertigung geht es – ist in aller Regel völlig ungeeignet, zu einem Zusammenbruch der Rechtsordnung zu führen. Ob ich gelegentlich schwarzfahre, widerrechtlich ein Haus besetze und selbst ob ich einen mißliebigen Millionär bestehle oder gar umbringe, das ist für die künftige Entwicklung des Staatswesens – Fortbestand der staatlichen Ordnung oder Anarchie? – weder als notwendige noch als hinreichende Kausalbedingung von irgendwelcher Bedeutung. Wenn jemand von der charismatischen Statur eines Sokrates in einem Stadtstaat wie dem antiken Athen das Recht bricht, so mag der Fall anders liegen: Sokrates' Beispiel mag Anstoß zu einer Lawine von Rechtsübertretungen sein, die bei der Kleinheit der Verhältnisse tatsächlich dazu führt, die staatliche Autorität zu zerstören. Platon läßt jedoch im ›Kriton‹ diese Wendung, die das Folgenargument im Fall des Sokrates mit einiger Plausibilität nehmen könnte, außer acht. Und er tut dieses zumindest insofern mit Recht, als das Argument in dieser Form keinerlei *allgemeine* Bedeutung für die Problematik des Rechtsgehorsams beanspruchen kann. Es ist allenfalls auf sehr seltene Ausnahmefälle anwendbar. Für den Regelfall des Rechtsbruchs bleibt es dabei, daß ein Hinweis auf seine Folgen für die Rechtsordnung in keiner Weise geeignet ist, ihn als moralisch verwerflich zu erweisen.

Dieser Beurteilung würden Sokrates sowie die übrigen Vertreter des Argumentes bei näherer Betrachtung vermutlich nicht widersprechen. Die weitere Diskussion mit ihnen würde vielmehr ergeben, daß es nicht eigentlich das Folgenargument ist, das ihrer moralischen Verurteilung von Rechtsbrüchen zugrunde liegt, sondern ein nur scheinbar sehr ähnliches, in seinen ethischen Prämissen aber ganz anderes Argument, das sie mit dem Folgenargument durcheinanderbringen. Es ist das Argument, daß die schlechten Folgen des politischen Chaos eintreten *würden*, wenn *jeder* (oder doch sehr viele) Bürger regelmäßig das Recht brechen *würde*. Dieses Argument stellt gar nicht, wie das Folgenargument, auf die *tatsächlichen* Folgen der einzelnen zu beurteilenden Handlung (also auf die Folgen des einzelnen Rechtsbruchs) ab. Es stellt vielmehr darauf ab, ob eine *bloß gedachte* allgemeine (oder doch sehr verbreitete) Verwirklichung der betreffenden Handlung, wenn sie Wirklichkeit *wäre*, die betreffenden schlechten Folgen *hätte*. Diesem, dem zweiten Argument für eine moralische Pflicht zum Rechtsgehorsam wollen wir uns nun zuwenden. Wie wir sehen werden, beruht dieses Argument letztlich auf dem moralischen Prinzip einer gerechten Verteilung.

Für das erste, das Folgenargument gegen den Rechtsbruch, galt, wie wir sahen, folgendes: Seine normative Prämisse (»Eine Handlung, die schlechte – in diesem Fall chaotische – Folgen hat, ist insoweit sittlich falsch«) ist überzeugend; seine deskriptive Prämisse (»Ein Rechtsbruch ist eine Handlung, die chaotische Folgen hat«) dagegen ist für den Regelfall falsch. Bei dem nun zu diskutierenden Argument der bloß hypothetischen Folgen verhält es sich gerade umgekehrt: Seine deskriptive Prämisse (»Die allgemeine Praxis von Rechtsbrüchen würde chaotische Folgen haben«) ist offenbar richtig; seine normative Prämisse (»Eine Handlung, deren allgemeine Ausführung chaotische Folgen haben würde, ist insoweit sittlich falsch«) dagegen erscheint zweifelhaft. Diese normative Prämisse werde ich nun näher diskutieren: Spricht es gegen die sittliche Zulässigkeit eines Rechtsbruchs des einzelnen Bürgers, daß die vorgestellte *allgemeine* Praxis, das Recht zu brechen, schlechte (nämlich chaotische) Folgen hätte und damit unerwünscht wäre? Allgemeiner: Kann eine Handlung auch sittlich falsch sein, wenn sie als solche, das heißt für sich betrachtet, von keinerlei schlechten Folgen begleitet ist?

Veranschaulichen wir uns die Tragweite dieser Fragestellung durch einige Beispiele: Wenn der Bürger A an der nächsten politischen Wahl aus Bequemlichkeit nicht teilnimmt, so hat das keine für das politische Leben irgendwie ins Gewicht fallenden – also auch keine negativen – Konsequenzen. Auf eine einzige Stimme kommt es erfahrungsgemäß bei der Bestimmung der Abgeordneten nicht an. Wenn aber alle Bürger wie A aus Bequemlichkeit der Wahl fernblieben, so würde die Demokratie schweren Schaden nehmen, also eine negative Folge eintreten. Hat A unter diesen Umständen nicht die *moralische Pflicht* (rechtlich gesehen, besteht bekanntlich in den meisten Ländern keine Wahlpflicht), an der Wahl teilzunehmen?

Zweites Beispiel: B gehört einer Jugendvereinigung an, die sich eine Berghütte gebaut hat und unterhält. B benutzt die Hütte zwar wie die anderen, läßt diese allein aber alle Arbeit tun. Da die Vereinigung über einhundert Mitglieder hat, fällt B's Faulheit praktisch nicht ins Gewicht. Handelt er nicht trotzdem moralisch falsch? – Mir scheint, wir können nicht umhin, beide Fragen mit ja zu beantworten. Das heißt, wir würden den A für moralisch verpflichtet halten, zur Wahl zu gehen, und den B, an der Hütte mitzuarbeiten. Und zwar könnte der Begründungsgedanke, der sich hinter einer solchen Auffassung verbirgt, etwa so aussehen:

Es gibt Unternehmen und Einrichtungen, an denen mehrere Individuen derart teilhaben, daß diese Einrichtungen für jedes der Individuen von Vorteil sind. Daher ist jeder der Beteiligten an ihrer Existenz interessiert und erwartet, daß das Nötige zu ihrer Aufrechterhaltung geschieht. Diese Aufrechterhaltung aber ist davon abhängig, daß die von der Einrichtung gemeinsam Begünstigten auch gemeinsam die (für jeden von ihnen geringer als die Vorteile wiegenden) Nachteile oder Kosten der Einrichtung tragen. Zwar ist nicht unbedingt eine Kooperation *aller* Begünstigten bei der Tragung der Lasten *erforderlich* – wie unsere beiden Beispiele zeigen –, aber doch eine Kooperation der meisten. Das bedeutet: Jeder muß, um die Fortdauer der Einrichtung garantiert zu sehen, wollen und erwarten, daß zumindest die meisten Individuen der Gruppe sich nicht nur an den Vorteilen, sondern auch an den Lasten des gemeinsamen Unternehmens beteiligen. So muß in unseren Beispielen der Bürger, dem eine funktionsfähige Demokratie wünschenswert erscheint, wollen, daß die meisten Mitbürger zur Wahl gehen; und der Jugendliche, der den Freizeitwert der gemeinsamen Berghütte schätzt, muß wollen, daß seine Kameraden für den Unterhalt der Hütte sorgen.

Nun ist aber nicht einzusehen, mit welcher Begründung der betreffende Bürger oder Jugendliche seinen Wunsch und seine Erwartung, daß die anderen zum gemeinsamen Nutzen ein Opfer bringen, auf diese anderen beschränken könnte. *Alle* sind ja in der gleichen Lage, von der Einrichtung zu profitieren. Also verlangt das Prinzip der gerechten Gleichbehandlung, daß auch *alle* sich an den unumgänglichen Lasten beteiligen. Andernfalls würden diejenigen, die sich nicht beteiligen, besser dastehen als die anderen; sie würden auf deren Kosten profitieren. Keiner hat einen Grund – wenn nicht besondere Umstände in seiner Person vorliegen (z. B. Krankheit) –, aus dem gerade *er* von den gemeinsamen Pflichten dispensiert sein sollte. Wenn X sich für dispensiert hält, so kann das mit derselben Begründung (»*meine* Kooperation ist nicht erforderlich«) jeder andere auch tun. Daß das geschieht, will X nicht. Dann aber verlangt die Gerechtigkeit, daß X eben den Beitrag, den er von den anderen erwartet, auch selber leistet.

Übertragen wir diesen allgemeinen Gedanken nun auf den Fall des Rechtsgehorsams. Der Staat ist, wie u. a. H. L. A. Hart gezeigt hat, eine Einrichtung, die normalerweise im Interesse *jedes* Bürgers liegt – jedenfalls solange der Staat seine fundamentalen Güter und Interessen (wie Leben, körperliche Integrität, Bewegungs- und Handlungsfreiheit) schützt.

Das Mittel, durch das der Staat dem einzelnen in dieser Weise dient, ist die Rechtsordnung, das heißt ein System von Regeln, das in seiner *un*mittelbaren Wirkung dem Individuum Beschränkungen auferlegt und Opfer abverlangt. Das Individuum, und zwar jedes Individuum, muß sich jedoch bei nüchterner Kalkulation sagen, daß diese Nachteile einer Rechtsordnung durch die soeben genannten Vorteile überwogen werden. Das gilt jedenfalls alles in allem: für die Rechtsordnung als ganze und auf lange Sicht.

Natürlich können diese Einschätzungen der positiven und negativen Seiten einer Rechtsordnung sowie die daraus resultierende Gesamteinstellung zu ihr nicht unberührt davon bleiben, wie diese Rechtsordnung, zumindest in groben Zügen, beschaffen ist: welche Staatsform ihr zugrunde liegt; inwieweit sie die Freiheit des Individuums achtet; inwieweit sie der Wohlfahrt der Bürger und der sozialen Gerechtigkeit dient; ob der Staat ihre Zwangsmittel zur Führung von Angriffskriegen mißbraucht; und ähnliches. Doch nur im ganz seltenen Extremfall einer Rechtsordnung wird man sagen können, daß dem einzelnen Bürger zur Sicherung seiner Existenz und seiner fundamentalen Interessen besser gedient wäre ohne *jede* Rechtsordnung. Ein Staat, welcher der großen Mehrheit seiner Bürger mehr Nach- als Vorteile bringt, hat gewöhnlich nicht lange Bestand. Am ehesten wird es noch auf den Angehörigen einer unterdrückten, rechtlosen *Minderheit* zutreffen, daß für ihn selbst die Anarchie das kleinere Übel ist.

Im Regelfall kann jedenfalls der Normalbürger – bei aller vielleicht berechtigten Kritik an selbst schwerwiegenden Mängeln seines Staates und bei allen dementsprechenden Änderungswünschen – an einem Zusammenbruch staatlicher Ordnung nicht interessiert sein. Das heißt aber, daß er Verhaltensweisen ablehnen muß, die zu einem solchen Zusammenbruch führen. Er muß es also auch ablehnen, wenn seine Mitbürger den Respekt vor dem geltenden Recht verlören. Denn, wie schon betont, eine staatliche Ordnung, in der alle (insbesondere auch die staatlichen Beamten) bei jeder Gelegenheit das Recht mißachten, müßte zusammenbrechen. Die Gelegenheit, daß ein Bürger Inhalt oder Ausfluß einer

Rechtsnorm mißbilligt, ist ja nicht gerade selten. Selbst in einer Demokratie ist es gewöhnlich eine beträchtliche Minderheit, die mit den meisten der erlassenen Gesetze nicht einverstanden ist. Die Illoyalität allein der mit der jeweiligen parlamentarischen Opposition sympathisierenden *Beamten* in Exekutive und Judikative würde vermutlich völlig ausreichen, ein politisches Chaos herbeizuführen. Es unterliegt keinem Zweifel: Eine Rechtsordnung ist für ihren Fortbestand auf die Kooperation eines Großteils ihrer Bürger angewiesen.

Hieraus nun ergibt sich zwingend die oben exemplifizierte Anwendbarkeit des Gleichheitsgebotes: Wer erwartet, daß *seine Mitbürger* dem geltenden Recht Gehorsam leisten – auch dann, wenn sie dieses Recht für falsch halten und deshalb die vom Recht gebotenen Handlungen *als solche* nicht ausführen würden –, der ist moralisch verpflichtet, selbst ein Gleiches zu tun. Es führt zu einer ungerechten Verteilung der mit der Existenz einer Rechtsordnung notwendig verbundenen Vorteile (Rechtsbegünstigungen) und Nachteile (Rechtspflichten), wenn die große Mehrheit der Bürger an beidem Anteil nimmt, das Individuum X jedoch seinen Beitrag zu den Nachteilen verweigert und damit eine Haltung einnimmt, die es den anderen nicht zugesteht (und, aus eigenem Interesse, auch nicht zugestehen kann).

Wer – aufgrund der hier vertretenen oder einer ähnlichen Argumentation – zumindest für den Regelfall einer Rechtsordnung eine moralische Pflicht des Bürgers zum Rechtsgehorsam anerkennt, ist damit nicht etwa schon am Ende der Problematik angelangt. Wesentliche, ja die für die Praxis entscheidenden Fragen stehen noch aus. Sie seien im folgenden noch kurz angedeutet.

Es wäre ein grobes Mißverständnis, meine Position dahingehend zu verstehen, der einzelne sei unter allen denkbaren Umständen, gleichgültig welche moralischen Aspekte der betreffende Fall sonst noch aufweist, definitiv zum Rechtsgehorsam verpflichtet. Ich möchte das Prinzip »Rechtsbrüche sind moralisch falsch« vielmehr folgendermaßen verstanden wissen: *Insofern* eine Handlung einen Rechtsbruch darstellt, ist sie falsch. Anders gesagt: »Rechtsbrüche sind falsch« ist *eines* der gültigen moralischen Prinzipien. Das bedeutet: Eine konkrete Handlung, die ein Rechtsbruch ist, ist damit tatsächlich, definitiv falsch, sofern sie nicht außerdem unter ein *entgegenstehendes*, ebenfalls gültiges Moralprinzip fällt. Ein solches Prinzip könnte etwa lauten: »Das Leben eines unschuldigen Menschen zu retten, ist moralisch geboten.« Und die konkrete Handlung könnte gleichermaßen unter beide Prinzipien fallen – denken wir etwa an die Rechtsordnung des Dritten Reiches – und somit durch das eine Prinzip verboten, durch das andere jedoch geboten sein. Für einen solchen Fall ist die bloße Aufstellung der beiden Prinzipien zur Entscheidung des Falles somit nicht ausreichend. Man müßte vielmehr entweder ein weiteres, ihre Rangordnung regelndes Prinzip haben oder aber im jeweiligen Fall demjenigen der beiden Prinzipien den Vorrang einräumen, das durch die betreffende Handlung in schwerwiegenderer Weise verletzt würde.

Die moralische Pflicht zum Rechtsgehorsam ist in ihrem Status nicht anders aufzufassen als etwa die moralische Pflicht, nicht zu lügen. Auch hier sind ja Fälle denkbar, die zusätzlich noch unter ein anderes Prinzip (mit gegenteiliger Konsequenz) fallen und in denen dieses andere Prinzip vorgeht. Selbst wenn es sich als unmöglich erweisen sollte, für den Konfliktfall der Pflicht zum Rechtsgehorsam mit anderen Pflichten eine feste Rangordnung aufzustellen, so ist deshalb die Aufstellung des Prinzips einer Pflicht zum Rechtsgehorsam nicht etwa wertlos. Es besagt nämlich immerhin so viel: Daß eine Handlung unter die Kategorie »Rechtsbruch« fällt, ist stets *ein Gesichtspunkt*, der bei der moralischen Beurteilung dieser Handlung (negativ) zu berücksichtigen ist. Anders ausgedrückt: Wenn die Handlung nicht auch noch unter ein anderes moralisches Prinzip subsumierbar ist, dann ist sie, allein weil sie ein Rechtsbruch ist, damit ohne weiteres falsch. Die Pflicht zum Rechtsgehorsam ist nach alledem wie die meisten, wenn nicht alle unserer moralischen Pflichten nicht eine unbedingt, unter allen Umständen, sondern eine lediglich grundsätzlich, prima facie bestehende Pflicht. Das Maß der Verbindlichkeit, das die moralische Pflicht zum Rechtsgehorsam im Einzelfall hat, ist demnach eingeschränkt. Es hängt davon ab, welche anderen moralischen Pflichten oder Rechte jeweils im Spiel sind.

Die Möglichkeiten sind vielfältig; das Recht kann eine Handlung verbieten, die auch bereits gegen ein moralisches Verbot verstößt (zum Beispiel Tötung, Vertragsbruch); dann weisen beide Pflichten in dieselbe Richtung. Das Recht kann eine Handlung verbieten, die moralisch gerade geboten ist (zum Beispiel die Rettung eines unschuldig vom Staat Verfolgten); hier ist eine Abwägung beider Pflichten erforderlich. Das Recht kann eine Handlung verbieten, die als solche moralisch neutral ist, *nach* ihrem Verbot aber wegen der Folgen dieses Verbotes auch von einem moralischen Verbot (und zwar nicht nur dem des Rechtsbruchs) erfaßt wird (zum Beispiel das Linksfahren auf der Straße: Es führt zur Lebensgefährdung). Das Recht kann schließlich eine Handlung verbieten, die moralisch neutral ist und es als solche auch nach dem Verbot bleibt (zum Beispiel das Parken an einer Stelle, an der de facto keinerlei Verkehrsbehinderung entsteht; oder die homosexuelle Betätigung Erwachsener); in diesen Fällen wird es darauf ankommen, inwieweit man dem Individuum geradezu ein moralisches *Recht* auf ungehinderte Vornahme der betreffenden Handlung zubilligen kann.

Und noch weitere Unterscheidungen sind von Wichtigkeit, nämlich: Wie sorgfältig hat sich das Individuum über die Richtigkeit und Anwendbarkeit dem Rechtsgehorsam entgegenstehender moralischer Prinzipien Gedanken gemacht? Steht das Individuum in einem Verhältnis zum Staat, das ihm eine besondere moralische Treuepflicht auferlegt? (Es ist beispielsweise denkbar, daß man in einem Fall, in dem man dem Bürger ein moralisches Recht zum Ungehorsam zubilligt, gleichzeitig dem Staatsdiener die moralische Pflicht auferlegt, ebendiesen Ungehorsam zu verhindern beziehungsweise zu ahnden.)

Auch wird man unterschiedliche Anforderungen aufstellen müssen, je nachdem, ob man dem einzelnen eine moralische *Pflicht* oder bloß ein moralisches *Recht*, dem geltenden Recht zu trotzen, zusprechen möchte. Auch den primären Rechtsbruch und die Flucht vor den für diesen Rechtsbruch vom Staat verhängten Sanktionen wird man nicht ohne weiteres moralisch gleich beurteilen können. Nicht zuletzt ist natürlich, wie schon angedeutet, von Relevanz, inwieweit die betreffende Rechtsordnung in ihren Fundamenten moralischen Ansprüchen genügt, insbesondere inwieweit sie dem einzelnen eine Chance gibt, für die Änderung solcher Gesetze, die er für falsch hält, politisch zu kämpfen.

3. Kapitel

Gerechtigkeitsprinzip und Gleichbehandlung

Einleitung

Recht und Gerechtigkeit hängen – nicht nur sprachlich – eng zusammen. Einige Aspekte dieses Zusammenhangs sind bereits in den früheren Kapiteln dieses Buches (in den Texten von Radbruch und Hart im ersten Kapitel sowie in den Texten von Lenin und Hoerster im zweiten Kapitel) angeklungen; und als besonders relevant wird sich das Prinzip der Gerechtigkeit im Rahmen der Problematik des vierten Kapitels erweisen. Im vorliegenden Kapitel sollen die wichtigsten Fragestellungen, die sich gegenüber diesem normative Leitprinzip des Rechts ergeben, *unmittelbar* thematisiert werden.

Trotz seines engen Zusammenhangs mit dem Recht ist das Gerechtigkeitsprinzip keineswegs *nur* im Rechtsleben anwendbar. Wir haben es vielmehr mit einem fundamentalen Prinzip der Sozialethik zu tun, das in den verschiedensten Bereichen des menschlichen Zusammenlebens zum Tragen kommt. So kann etwa ein Lehrer gerechte (oder ungerechte) Noten verteilen; oder Eltern können ihrem Kind eine gerechte (oder ungerechte) Strafe auferlegen. Auf sämtliche Verwendungsweisen des Gerechtigkeitsbegriffs dürften jedoch die folgenden Punkte zutreffen.

1. Die Prädikate »gerecht« oder »ungerecht« beziehen sich primär auf Handlungen oder Verhaltensweisen. Wenn wir gelegentlich auch von sozialen Institutionen oder Normen (etwa von einer progressiven Steuer) als gerecht oder ungerecht sprechen, so tun wir das in einem abgeleiteten Sinn: Wir wollen sagen, daß die Schaffung der betreffenden Institutionen oder auch die von dieser Institution geforderten Handlungen gerecht oder ungerecht sind.

2. Die Forderung nach Gerechtigkeit bezieht sich stets auf unser Verhalten gegenüber anderen Menschen; gegenüber der Natur oder aber gegenüber sich selbst kann man zwar möglicherweise richtig oder falsch, jedoch kaum gerecht oder ungerecht handeln.

3. Der Gerechtigkeitsbegriff ist relationaler Natur: Die als gerecht oder ungerecht zu beurteilende Handlung wird stets *in Beziehung* zu einer anderen Handlung desselben Akteurs beurteilt. Dabei kann diese Bezugshandlung erstens gegenüber einem anderen Betroffenen als die zu beurteilende Handlung und zweitens gegenüber demselben Betroffenen vorgenommen worden sein. Im ersten Fall handelt es sich um das Prinzip der gerechten *Verteilung* (von Gütern oder Lasten) unter verschiedene Individuen. (Beispiel: Die Gerechtigkeit scheint zu fordern, daß Eltern bei ausreichenden Mitteln nicht nur ihrem Lieblingskind, sondern auch ihren übrigen Kindern eine gute Ausbildung verschaffen.) Man spricht hier von dem Prinzip der »austeilenden Gerechtigkeit« oder »Verteilungsgerechtigkeit«. Im zweiten Fall handelt es sich um das Prinzip der gerechten *Wiederherstellung* eines Zustandes zwischen zwei Parteien, den die eine Partei durch ihr Verhalten gegenüber der anderen geändert hat. (Beispiel: Die Gerechtigkeit scheint zu fordern, daß A, der einen Gegenstand des B fahrlässig beschädigt hat, B den entstandenen Schaden ersetzt.) Hier spricht man von dem Prinzip der »ausgleichenden Gerechtigkeit«. Es läßt sich argumentieren, daß dieses Prinzip von *sekundärer* Bedeutung ist, weil es letztlich nur der Aufrechterhaltung beziehungsweise Wiederherstellung eines Zustandes dient, dessen anfängliche Herstellung ein Gebot des – insoweit *primären* – Prinzips der Verteilungsgerechtigkeit ist. In sämtlichen Texten dieses Kapitels wird daher das Prinzip der Verteilungsgerechtigkeit im Vordergrund stehen.

4. Das Prinzip der Gerechtigkeit ist nur *eines* der normativen Prinzipien richtigen oder gerechtfertigten sozialen Handelns – und zwar unabhängig davon, wie diese anderen Prinzipien

im einzelnen aussehen mögen. Das bedeutet zum einen, daß soziale Handlungen oder Maßnahmen richtig oder falsch sein können, ohne daß das Prinzip der Gerechtigkeit überhaupt berührt ist. (Beispiel: A scheint sittlich falsch zu handeln, wenn er aus Sadismus seine Mitmenschen quält.) Und es bedeutet außerdem – und das ist ein besonders wichtiger Punkt –, daß eine Handlung gleichzeitig gerecht, aber falsch, beziehungsweise ungerecht, aber richtig sein kann: nämlich dann, wenn im Einzelfall eines der anderen Moralprinzipien zum entgegengesetzten Ergebnis wie das Gerechtigkeitsprinzip führt und wenn dieses andere Prinzip, sei es generell oder doch in dem betreffenden Fall, den Vorrang verdient. (Beispiel: Wenn A seine Kinder ungerecht behandelt, so scheint das trotzdem richtig zu sein, falls es etwa erforderlich ist, um schweren Schaden von der gesamten Familie abzuwenden. Daß solches Verhalten richtig ist, hebt freilich seine Ungerechtigkeit nicht auf.)

Das Prinzip der Verteilungsgerechtigkeit hängt offenbar eng zusammen mit der Forderung nach Gleichbehandlung: Vorteile oder Nachteile, Güter oder Lasten, Rechte oder Pflichten werden unter Individuen immer dann ungerecht verteilt, wenn diese Individuen in einem gewissen Sinne ungleich behandelt werden. Dieser Zusammenhang kommt in beiden Urteilstexten des BUNDESVERWALTUNGSGERICHTS deutlich zum Ausdruck. In beiden Fällen prüft das Gericht, ob eine gesetzliche oder doch gesetzesähnliche, generelle Regelung gegen das Gleichheitsgebot von Artikel 3 des Grundgesetzes (»Alle Menschen sind vor dem Gesetz gleich«) verstößt. Bei seiner Prüfung setzt das Gericht voraus, daß das Gleichheitsgebot nicht nur, wie der Wortlaut es nahelegt, bei der Gesetzes*anwendung*, sondern auch beim Gesetzeser*laß* verletzt werden kann. Während Gleichbehandlung bei der Gesetzesanwendung (die sogenannte *formale* Gerechtigkeit) lediglich verlangt, daß die betreffende Regelung auf sämtliche von ihr erfaßten Fälle unparteiisch, ohne Ansehen der Person zur Anwendung gebracht wird, wirft Gleichbehandlung beim Gesetzeserlaß (die sogenannte *materiale* Gerechtigkeit) alle jene Probleme auf, die mit der inhaltlichen Ausfüllung oder Konkretisierung des Gerechtigkeitsprinzips verbunden sind.

Der Kern der Problematik ist folgender: Offensichtlich verlangt das Prinzip der Verteilungsgerechtigkeit, das Prinzip einer gleichen Güter- und Lastenverteilung, nicht, daß *allen* Individuen ein *identisches* Maß an Gütern und Lasten zugeteilt wird. Andernfalls würde das Prinzip zu Ergebnissen führen, die wohl jeder als absurd betrachten würde. (So müßte etwa ein Arbeiter dieselbe Geldsumme an Steuern zahlen wie ein erfolgreicher Schlagersänger.) Das Prinzip muß deshalb so verstanden werden, daß es fordert, daß zwar alle Individuen gleich, aber gerade deswegen nur alle Individuen *in den gleichen Umständen* identisch behandelt werden. Nun dürfte es kaum Personen beziehungsweise Lebensumstände geben, die nicht *in irgendeiner Hinsicht* gleich und auch *in irgendeiner Hinsicht* ungleich sind. (Der Arbeiter A und der Schlagersänger B besitzen zwar dasselbe Geschlecht, unterscheiden sich jedoch in der Höhe ihres Einkommens.) Wir müssen also die Frage beantworten, welche Gleichheiten im Rahmen einer gerechten Gleichbehandlung als *relevant* und welche als *irrelevant* gelten sollen. Diese Relevanzfrage aber, so scheint es, läßt sich nicht generell, sondern immer nur in bezug auf die spezifische Art der zu verteilenden Güter und Lasten beantworten. (In unserem Beispiel erscheint die Höhe des Einkommens zwar für die Höhe der Steuerbelastung, die Geschlechtszugehörigkeit jedoch etwa für die Einberufung zum Wehrdienst als relevant.)

Die eigentlich philosophische Frage in diesem Zusammenhang stellt William K. Frankena (geb. 1908) in den Mittelpunkt seiner Untersuchung: Gibt es für solchermaßen unterschiedliche Relevanzurteile letztlich nicht doch eine gemeinsame Basis? Läßt sich nicht ein grundlegender Faktor finden, der sowohl ethisch akzeptabel als auch geeignet ist, Relevanzurteile in allen möglichen Bereichen – unter Zuhilfenahme empirischer Wahrheiten – zu fundieren? Frankena kommt nach einer kritischen Analyse der wichtigsten traditionellen Gerechtigkeitstheorien zu dem Ergebnis, daß keiner der Umstände, durch die sich die Menschen faktisch unterscheiden, in dem Sinne relevant ist, daß er *auf fundamentaler Ebene* eine unterschiedliche Behandlung als gerecht legitimieren könnte. Frankena plädiert daher für eine fundamentale Gleichbehandlung aller Menschen. Dabei geht seine Forderung nach Gleichbehandlung über die bloß formale Gerechtigkeit bei der Norm*anwendung* deswegen wesentlich hinaus, weil sie durchaus *inhaltlich bestimmt* ist: Eine Verteilung von Gütern und Lasten ist dann gerecht, wenn sie jedem Menschen eine gleich große Chance verschafft, das beste (erfüllteste, glücklichste) Leben zu führen, dessen er fähig ist. Dieses Prinzip, für das Frankena eingehend argumentiert, ist gewiß in mancher Hinsicht erläuterungs- und ausfüllungsbedürftig; trotzdem ist es keineswegs leer, sondern beinhaltet weittragende soziale und politische Konsequenzen.

FRIEDRICH A. VON HAYEK (geb. 1899) ist gegenüber jeder Form von staatlich verordneter Verteilungsgerechtigkeit außerordentlich skeptisch. Das einzige Element in der Idee gerechter Gleichbehandlung, dem er eine positive Bedeutung beimißt, ist die Gleichheit vor dem Gesetz, das heißt die Gleichheit bei der Gesetzes*anwendung*. Beim *Erlaß* dagegen, also bei der inhaltlichen Ausgestaltung von Gesetzen oder generellen Regelungen, scheint er Gesichtspunkte der Gleichbehandlung für irrelevant zu halten. Diese Sichtweise mag in der Tat für solche Gesetze, die sich von vornherein an *sämtliche* Bürger richten, plausibel sein (Beispiel: Das Verbot zu töten). Stehen aber nicht doch unverzichtbare Gerechtigkeitsgesichtspunkte auf dem Spiel, falls ein Gesetzgeber etwa das Erbrecht gegenüber den Vorfahren nur ehelichen oder nur männlichen Abkömmlingen zubilligt? Läßt sich die Angemessenheit oder Unangemessenheit einer solchen Regelung ohne Bezugnahme auf Kriterien der Verteilungsgerechtigkeit überhaupt sinnvoll erörtern?

Selbst wenn es im Sinne dieser Fragen richtig sein sollte, daß sich das Prinzip der Verteilungsgerechtigkeit aus der Rechtsethik und Rechtspolitik kaum gänzlich eliminieren läßt, so sind damit natürlich von Hayeks provozierende und scharfsinnige Argumente gegen die staatliche Durchsetzung einer *umfassenden* Verteilungsgerechtigkeit noch keineswegs widerlegt. Für eine Diskussion dieser Argumente möchte ich dem Leser ein paar Leitgedanken an die Hand geben.

Von Hayek unterscheidet zwischen einer an egalitären Kriterien und einer an Verdienstkriterien ausgerichteten Version der Verteilungsgerechtigkeit. Er attackiert die beiden Versionen mit unterschiedlichen Argumenten. Gegen die erste Version macht er vor allem geltend, sie führe zu unzulässigen Eingriffen in die Freiheit des einzelnen. Außerdem beruhe sie auf einer inkonsequenten Unterscheidung zwischen angeborenen und umweltbedingten menschlichen Eigenschaften. (Inwieweit treffen diese Argumente auch Frankenas in einem wesentlichen Punkt *gemäßigte* Form einer egalitären Theorie?) Gegen die zweite Version aber argumentiert von Hayek, Verdienst im eigentlichen moralischen Sinn lasse sich objektiv kaum beurteilen. Überdies sei eine Honorierung dieser Art von Verdienst mit dem sozial unverzichtbaren Kriterium des *gesellschaftlichen Wertes* unterschiedlicher Berufe und Tätigkeiten nicht vereinbar.

Die in den letzten Jahren vieldiskutierte Theorie von JOHN RAWLS (geb. 1921) sucht der Gerechtigkeitsproblematik auf einem grundsätzlicheren Weg beizukommen als alle anderen Theorien, die wir bisher in diesem Kapitel kennengelernt haben. Anknüpfend an Gesellschaftsvertragslehren von Staatsphilosophen des 18. Jahrhunderts, hält Rawls jene verfassungsmäßige Organisation einer Gesellschaft für gerecht, für die sich alle Individuen in einem hypothetischen Urzustand allgemeiner Gleichheit im je eigenen Interesse entscheiden würden. Diese Konzeption hat gegenüber anderen Gerechtigkeitskonzeptionen den Vorzug, daß sie Maßstäbe für *sämtliche fundamentalen* Rechtsstrukturen einer Gesellschaft bereitstellt und nicht nur partielle Flickwerkreformen auf der Basis schon vorhandener sozialer Zustände fordert.

Rawls ist der Meinung, daß es im wesentlichen zwei fundamentale Gerechtigkeitsprinzipien sind, die sich in dem genannten Verfahren als gerechtfertigt erweisen lassen. Er kontrastiert diese Prinzipien eindrucksvoll mit dem Utilitarismusprinzip einer maximalen allgemeinen Interessenbefriedigung, wie es nicht wenigen der Argumente von Hayeks zugrunde liegen dürfte. Inwieweit die beiden Rawlsschen Prinzipien tatsächlich zu intersubjektiv akzeptablen Resultaten führen können, ob sich tatsächlich alle Individuen in der hypothetischen Ausgangssituation auf sie einigen würden und warum es überhaupt von ebendieser, kontrafaktischen Ausgangssituation aus zu argumentieren gilt, das sind die wichtigsten Fragen gegenüber dieser Gerechtigkeitstheorie, auf die der Leser eine Antwort suchen sollte.

Bundesverwaltungsgericht: Die verfassungsrechtliche Bindung an das Gleichheitsgebot

Fall a: Der Antragsteller, ein Gefreiter, beschwerte sich über die im Erlaß des Bundesministers der Verteidigung vom 8. April 1966 getroffene Regelung der Bestimmungen über freien Ausgang, Nacht- und Wochenendausgang, nach der die Unteroffiziersanwärter, Ober- und Hauptgefreiten durch die Disziplinarvorgesetzten in die für Unteroffiziere ohne Portepee geltende günstigere Regelung einbezogen werden können. Er erblickt hierin einen Verstoß gegen den Gleichheitssatz, der insbesondere am Beispiel des in diesem Dienstgrad in die Bundeswehr eingestellten Obergefreiten in einer technischen Verwendung deutlich werde. Dieser Obergefreite könne allein schon aufgrund seiner mit seinem technischen Beruf verbundenen Gesellenprüfung nach der getroffenen Neuregelung bereits nach Abschluß der Grundausbildung durch den Disziplinarvorgesetzten freien Ausgang bis zum Wecken erhalten, während das bei den im niedrigsten Mannschaftsdienstgrad eingestellten Soldaten mit Mittelschulreife und abgeschlossener kaufmännischer Lehre, die die Laufbahn eines Zeit- beziehungsweise Reserveoffiziers einschlagen könnten, nicht der Fall sei.

Der Antrag ist unbegründet, weil die vom Antragsteller als – den Gefreiten gegenüber – ungerecht gerügte Bevorzugung derjenigen Gefreiten, die Bewerber für eine technische Verwendung sind, nicht gegen den Gleichheitssatz verstößt. Der Gleichheitssatz verlangt keine schematische Gleichbehandlung, sondern läßt Differenzierungen zu, die durch sachliche Erwägungen gerechtfertigt sind. Er ist andererseits nicht schon dann verletzt, wenn von Differenzierungen, die vorgenommen werden dürfen, abgesehen wird. Der Gleichheitssatz verbietet Willkür. Es bleibt aber eine Ermessensfrage, in welcher Weise dem allgemeinen Gedanken der Angemessenheit, Billigkeit und Zweckmäßigkeit Rechnung zu tragen ist. Nur wenn die äußersten Grenzen überschritten werden, wenn für die getroffene Regelung jeder sachlich einleuchtende Grund fehlt, ist der Gleichheitssatz verletzt. Wie das Bundesverfassungsgericht wiederholt ausgesprochen hat, beruht die Anwendung des Gleichheitssatzes stets auf einem Vergleich von Lebensverhältnissen, die nie in allen, sondern immer nur in einzelnen Elementen gleich sind. Es ist in dem bezeichneten Rahmen Sache des Ermessens, die Elemente der zu vergleichenden Lebensverhältnisse abzuwägen, um festzustellen, ob sie eine gleichartige Behandlung fordern oder eine ungleichartige rechtfertigen.

Bei Berücksichtigung dieser Grundsätze ist der angefochtene Erlaß rechtlich nicht zu beanstanden. Der Antragsteller wendet sich selbst nicht dagegen, daß bei der neuen Ausgangsregelung, wie das schon immer der Fall war, grundsätzlich wiederum an den Dienstgrad der Soldaten angeknüpft wird. Der jeweils höhere Dienstgrad bringt eine jeweils höhere Verantwortung mit sich, der ohne weiteres auch eine gehobene Rechtsstellung entsprechen darf. Diese gehobene Rechtsstellung wirkt sich ihrerseits regelmäßig dahin aus, daß schon wegen des drohenden Verlustes der erworbenen Rechte die höhere Verantwortung ernst genommen wird und die mit ihr verbundenen höheren Pflichten erfüllt werden, und daß aus dem gleichen Grunde auch ein entsprechendes Auftreten der betreffenden Dienstgrade in der Öffentlichkeit erwartet werden darf. Es muß bei Prüfung dieser Regelung dahingestellt bleiben, ob dieser höheren Verantwortung in jedem Einzelfall von dem Dienstgradinhaber entsprochen wird. Eine allgemeine Regelung ist sachgemäß, wenn sie an die regelmäßig gegebenen Elemente anknüpft. Diese Anknüpfung ist auch vom Einzelfall her nicht zu beanstanden, wenn besonderen Umständen – hier den individuellen Unterschieden in der Eignung, freien Ausgang zu erhalten – im Wege der Ermessensausübung Rechnung getragen werden kann. Das ist hier der Fall. Denn keinem Soldaten wird in der angefochtenen Regelung ein Rechtsanspruch auf Nacht- und Wochenendausgang eingeräumt; vielmehr wird gerade die Einbeziehung der Unteroffiziersanwärter, Ober- und Hauptgefreiten in die Regelung für Unteroffiziere ohne Portepee in das Ermessen des Disziplinarvorgesetzten gestellt.

Ist dem aber so, dann ist es rechtlich nicht zu beanstanden, daß Obergefreite als Bewerber für technische Verwendungen in der angegriffenen Ausgangsregelung den übrigen Obergefreiten gleichgestellt sind, und daß der Antragsteller nach diesem Erlaß nicht den Obergefreiten gleichgestellt war. [...]

Fall b: Der Kläger betreibt in der beklagten Stadt eine Gaststätte. Die Beklagte erhebt jährlich einen Beitrag zur Deckung der Kosten, die ihr für die Herstellung und Unterhaltung von Einrichtungen, die dem Fremdenverkehr dienen, sowie für die Fremdenverkehrswerbung entstehen (Fremdenverkehrsbeitrag A). Nach der Satzung wird der Fremdenverkehrsbeitrag nach den besonderen wirtschaftlichen Vorteilen bemessen, die dem Beitragsschuldner innerhalb eines

Kalenderjahres aus dem Fremdenverkehr in der Gemeinde erwachsen. Diese Vorteile werden in einem Meßbetrag ausgedrückt, der durch die Schätzung eines Fremdenverkehrsbeitragsausschusses ermittelt wird. Der Höchstbetrag des jährlichen Fremdenverkehrsbeitrags einer Person oder eines Unternehmens beträgt 5000 DM. Die Beklagte zog den Kläger für das Jahr 1965 zur Zahlung eines Fremdenverkehrsbeitrages A in Höhe von 1410,80 DM heran. [. . .]

Eine Begrenzung von Beiträgen der Höhe nach verletzt dann Art. 3 des Grundgesetzes, wenn sie zu einer zusätzlichen Belastung derjenigen Pflichtigen führt, deren Beiträge den Höchstsatz nicht erreichen. Diese Voraussetzung liegt vor, wenn eine öffentlich-rechtliche Leistung vollen Umfangs umgelegt wird und mindestens ein Pflichtiger wegen des Höchstsatzes nicht mit demjenigen Beitrag belastet werden kann, der seinem Vorteil entspricht. [. . .]

Die Festsetzung eines Höchstbetrages verstößt gegen Art. 3 des Grundgesetzes, weil nach § 4 der Satzung die Vorteile, die den Beitragsschuldnern aus dem Fremdenverkehr erwachsen, in jedem Einzelfall geschätzt und dem Meßbetrag zugrunde gelegt werden müssen.
Zwar können Fremdenverkehrsbeiträge grundsätzlich der Höhe nach begrenzt werden. Doch muß dann die Begrenzung allen Beitragsschuldnern zugute kommen, etwa durch Festsetzung des Hebesatzes in der Höhe, daß auch das größte Unternehmen unter voller Anwendung des Meßbetrags nicht über 5000 DM zu leisten hätte und die übrigen Schuldner dementsprechend weniger. Die Begrenzung des Beitrags darf aber nicht zu Lasten derjenigen erfolgen, die die Höchstgrenze wegen des kleineren Umfangs ihres Betriebes nicht erreichen. So ist es aber im vorliegenden Fall; denn die Beklagte legt ihre festen Aufwendungen auf die Beitragspflichtigen um. Aus diesem Grunde müssen wegen des Höchstbetrages die großen Unternehmen weniger zahlen, als

ihrem Nutzen entspricht, und die übrigen entsprechend mehr.

Die Beklagte hat in diesem Zusammenhang selbst darauf hingewiesen, daß sie zwei Systeme miteinander verbindet, nämlich das der individuellen Schätzung mit dem der Pauschalierung durch Festsetzung einer oberen Beitragshöhe. Durch die Pauschalierung des Beitrags schafft die Satzung aber für große Betriebe eine Ausnahmeregelung, die nur diesen zugute kommt und das in § 4 geregelte System der individuellen Einschätzung durchbricht. Eine Abweichung von der in der Satzung selbst statuierten Sachgesetzlichkeit ist jedoch nur dann hinreichend gerechtfertigt, wenn sie von überzeugenden Gründen getragen ist. Solche Argumente liegen hier nicht vor. Das Berufungsgericht begründet die Zulässigkeit von Höchstsätzen damit, daß dies der rheinland-pfälzischen Mustersatzung entspreche und mit der Übung der meisten Fremdenverkehrsgemeinden in Einklang stehe. Das reicht jedoch nicht aus; denn die Mustersatzung, die nicht einmal eine Rechtsnorm darstellt, gibt ebensowenig Grund, den Gleichheitssatz zu mißachten, wie der Hinweis, daß eine solche Handhabung in den meisten Gemeinden üblich sei. Die Beklagte selbst gibt als Grund für die Ungleichbehandlung an, daß erfahrungsgemäß die Leistungen einer Gemeinde zur Förderung des Fremdenverkehrs einem großen Unternehmen nicht so viele Vorteile gewähren wie kleineren und mittleren; Großunternehmen träten üblicherweise mit eigenen werbenden Veranstaltungen hervor, die auch für die übrigen Gewerbetreibenden in der Gemeinde von Nutzen seien. Diese angeblichen Erfahrungssätze sind nicht näher belegt und vermögen nicht zu überzeugen. Nur ein qualitativ hochstehendes Fremdenverkehrsunternehmen wirkt werbend für die Gemeinde; es kann deshalb ein kleiner, gut geführter Betrieb genau wie ein größerer eigene Werbung betreiben und allgemein für die Gemeinde werbewirksam sein. Vor allem aber kann die Beklagte solchen Umständen, wenn sie gegeben sein sollten, bereits im

Rahmen ihrer Schätzung nach § 4 der Satzung Rechnung tragen.

Da der Fremdenverkehrsbeitrag, sofern es sich um einen echten Beitrag handelt, den Gegenwert für die Lasten darstellt, die die Gemeinde zur Belebung des Fremdenverkehrs aufbringt, sind bei der Schätzung des Meßbetrags die besonderen wirtschaftlichen Vorteile maßgebend, die dem Beitragsschuldner aus den Bemühungen der Gemeinde um den Fremdenverkehr erwachsen. Dann aber müssen die eigene Werbung und sonstige Umstände, die zur Hebung des Fremdenverkehrs durch den einzelnen Betrieb beitragen und entsprechend die Vorteile durch die Fremdenverkehrsmaßnahmen der Gemeinde mindern können, bei der Schätzung des Meßbetrags Berücksichtigung finden. Dabei müssen allerdings Werbungen des Beitragsschuldners im Bereich der Stadt selbst ebenso außer Betracht bleiben wie solche, die die in der beklagten Stadt üblichen Bemühungen in Relation zu dem Umfang der Betriebe nicht überschreiten. Nur eine solche Handhabung hält sich im Rahmen der in § 4 der Satzung niedergelegten Prüfung der Umstände im Einzelfall und gewährleistet den Grundsatz der Abgabengerechtigkeit. Es ist im übrigen durchaus gerecht, daß ein großes Unternehmen den überwiegenden Teil der Aufwendung der Gemeinde zur Förderung des Fremdenverkehrs zu tragen hat, wenn ihm diese Bemühungen auch überwiegend zum Vorteil gereichen.

Die Anwendung eines Höchstsatzes ist auch keineswegs das erforderliche Mittel, um die Aufwendungen der Beklagten für den Fremdenverkehr in Grenzen zu halten. Diese Grenzen folgen vielmehr bereits aus dem Grundsatz der Verhältnismäßigkeit, der die Beklagte daran hindert, mehr aufzuwenden, als die Beitragsschuldner bei ordnungsgemäßer Geschäftsführung aufzubringen vermögen.

William K. Frankena: Gerechtigkeit als Chancengleichheit

Gegenstand dieses Vortrags ist die soziale Gerechtigkeit, genauer gesagt die Verteilungsgerechtigkeit. Zu den guten Seiten dieses Gegenstandes gehört, daß man ihm kein Wohlwollen entgegenzubringen braucht; man muß ihm nur gerecht werden. Nachdem ich dies bereits früher zweimal ohne Erfolg versucht habe, möchte ich nun noch einmal beginnen. Gelingt es mir auch diesmal nicht – und ich bin fast sicher, daß es mir wieder nicht gelingt –, so habe ich mich jedenfalls oft genug bemüht.

Aristoteles weist darauf hin, daß man die Gerechtigkeit als etwas auffassen kann, das das gesamte Gebiet der Sittlichkeit, der moralischen Tugend oder zumindest des moralisch Richtigen umfaßt. Platon, Kant und in der jüngeren Vergangenheit C. I. Lewis kommen dieser Auffassung nahe. Doch erscheint mir dieser Gerechtigkeitsbegriff als zu weit. Man muß, wie J. St. Mill sagt, zwischen Gerechtigkeit und anderen »Verpflichtungen der Moral«, wie »Liebe oder Wohltätigkeit«, unterscheiden. Selbst wenn man es wie Lewis ablehnt, Liebe oder Wohltätigkeit als moralische Verpflichtungen anzusehen, so kann man die *Verteilungsgerechtigkeit* doch immer noch nicht mit der Gesamtheit der moralischen Forderungen gleichsetzen. Denn diese Form der Gerechtigkeit ist nur ein Teil der Tugend. Dies sieht man – ebenfalls nach Aristoteles – daran, daß wir jemanden, der in einer Schlacht flieht, der flucht, der seinem Freund ein Darlehen verweigert oder der Ehebruch begeht, nicht der Ungerechtigkeit (und gewiß nicht der Verteilungsungerechtigkeit) zeihen, sondern der Feigheit, des Jähzorns, des Geizes oder der Lasterhaftigkeit.

»Nun ja«, so mag jemand an dieser Stelle einwenden, »dies gilt in der Tat von der Gerechtigkeit für *Individuen*; die Moral fordert vom einzelnen noch andere Dinge als Gerechtigkeit. Von der *Gesellschaft* oder vom *Staat* jedoch kann man

nicht mehr fordern, als daß sie gerecht sind, als daß sie gerecht
verteilen, was sie zur Verfügung haben. Das heißt, im Falle
der Gesellschaft oder des Staates ist Tugend gleich Gerechtigkeit, gleich Verteilungsgerechtigkeit.« Diese Ansicht ist nicht
ohne Plausibilität; sie wirft aber Probleme auf hinsichtlich der
Beziehung zwischen Gerechtigkeit und Wohlfahrt sowie
zwischen Wohlfahrt und Staat, und diese Probleme können
wir in diesem Rahmen nicht erörtern. Wir beschäftigen uns
hier mit der Frage, wann eine Gesellschaft oder ein Staat
Verteilungsgerechtigkeit übt, und nicht mit der Frage, ob dies
alles ist, was Gesellschaft und Staat tun sollen.

Es gibt *ein* Prinzip der Verteilungsgerechtigkeit, das offenbar
allgemeine Zustimmung gefunden hat, nämlich daß gleiche beziehungsweise ähnliche Fälle oder Individuen gleich beziehungsweise ähnlich zu behandeln sind. Chaim Perelman
nennt dies das *formale* Prinzip der Gerechtigkeit. Es scheint
in der Tat klar zu sein, daß eine Verteilung zumindest prima
facie ungerecht ist, wenn dabei Individuen, deren Fälle in
allen wichtigen Punkten ähnlich sind, verschieden behandelt
werden beziehungsweise wenn zwischen ihnen diskriminiert
wird. Wenn mein Fall im wesentlichen deinem Fall gleicht,
aber anders behandelt wird, so hat einer von uns Grund zur
Klage über die begangene Ungerechtigkeit, wie jedes Kind
instinktiv zu erkennen scheint. In diesem Sinne drückt das
formale Prinzip der Gerechtigkeit eine *notwendige* Bedingung der Verteilungsgerechtigkeit aus. Gerechtigkeit besteht
nur dann, wenn es Richtlinien oder Regeln gibt, die bei der
Verteilung dessen befolgt werden, was zu verteilen ist. Doch
ein Volk kann selbst dann ohne Gerechtigkeit sein, wenn
ähnliche Fälle stets ähnlich behandelt werden, wenn sämtliche Verteilungen öffentlich bekannten Regeln folgen. Eine
Gesellschaft kann Regeln, Gesetze und Konventionen haben,
diese lückenlos befolgen und doch der Inbegriff der Ungerechtigkeit sein. Es hängt davon ab, wie die Regeln, Gesetze
und Konventionen aussehen. Mit anderen Worten: Regeln,
Gesetze und Konventionen können selbst ungerecht sein

oder Ungerechtigkeiten enthalten. Sie alle besitzen zwar die Form »Behandle jeden Fall vom Typ X auf die Weise Y«, wie es das formale Prinzip der Gerechtigkeit erfordert; doch die betreffende Behandlungsweise kann ihrerseits ungerecht sein.

Die in einer bestimmten Gesellschaft herrschenden Regeln stellen eine Auswahl aus sämtlichen möglichen Regeln dar. Sie klassifizieren die Menschen nach bestimmten Ähnlichkeiten und lassen andere Ähnlichkeiten außer acht; auch gewisse Unähnlichkeiten lassen sie unberücksichtigt. Außerdem wählen diese Regeln aus den möglichen Behandlungsweisen von Menschen bestimmte Behandlungsweisen aus und ordnen sie den verschieden definierten Klassen zu. Doch Menschen sind einander ähnlich sowie unähnlich in einer Vielzahl von Hinsichten. Nicht alle ihre Ähnlichkeiten und Unähnlichkeiten sind für die Frage, wie sie zu behandeln sind, wichtig oder auch nur relevant, und man kann nicht gut jede beliebige Behandlungsweise jeder beliebigen Klasse von Fällen zuordnen. Konsistenz ist zwar ein Erfordernis der Gerechtigkeit und nicht nur »ein Hirngespinst kleiner Geister« (R. W. Emerson); aber Konsistenz allein reicht nicht aus und kann das Wesen der Gerechtigkeit nicht erschöpfen.

Mit anderen Worten: Das formale Gerechtigkeitsprinzip bietet uns keine *hinreichende* Bedingung der Gerechtigkeit. Wie Perelman betont, müssen wir auch *inhaltliche* Verteilungsprinzipien haben, Prinzipien, die uns mehr über den *Gehalt* unserer Regeln mitteilen, mehr über die Ähnlichkeiten und Unterschiede, die als relevant zu gelten haben, mehr über das (wie Jesus es ausdrückte) Maß, mit dem wir zu messen und nach dem wir zu erhalten haben. Danach müssen wir suchen. Ich werde jedoch nicht den Versuch machen, eine vollständige und systematische Darstellung inhaltlicher Gerechtigkeitsprinzipien zu geben. Ich werde meine Erörterungen fast ausschließlich auf einen Überblick über einige Konzeptionen des *grundlegenden* inhaltlichen Gerechtigkeitsprinzips sowie auf die Verteidigung *einer* dieser Konzeptionen beschränken.

Manchmal wird behauptet, während das formale Gerechtigkeitsprinzip zwar gewiß, aber leer sei, müsse jedes inhaltliche Prinzip willkürlich und ungewiß sein. Um überhaupt ein System der Gerechtigkeit zu besitzen, müßten wir zwar ein inhaltliches Prinzip auswählen; doch unsere Wahl könne keine rationale Grundlage haben, da man stets ebenso triftige Gründe für die Wahl eines anderen Prinzips angeben könne. Ich werde nicht versuchen, diese metaethische Position durch einen Frontalangriff zu erschüttern, sondern werde mich statt dessen bemühen, ihr aus dem Wege zu gehen, indem ich zwar keinen »Beweis« irgendeines inhaltlichen Prinzips der Verteilungsgerechtigkeit biete, aber doch (wie Mill es nennt) »Erwägungen« geltend mache, »die den Intellekt bestimmen«, eine bestimmte Gerechtigkeitskonzeption den übrigen vorzuziehen. Das heißt, ich werde einfach versuchen, zugunsten der einen Konzeption rationale Argumente vorzubringen. Schließlich ist, wie jemand einmal gesagt hat, die beste Antwort gegenüber einem Menschen, der behauptet, es gebe keine Giraffen, die, ihm eine zu zeigen. Das einzige Problem dabei ist, daß man auf der Suche nach einer Giraffe von einem skeptischen Löwen erwischt werden kann; wie der Betrunkene, der doppelt sah und auf den falschen Baum zu klettern versuchte.

Die Erörterung der Verteilungsgerechtigkeit in Aristoteles' Schriften zur Ethik und Politik kann unserer Untersuchung einen geeigneten Ausgangspunkt bieten. Im Anschluß an Aristoteles können wir sagen, zu einem typischen Fall von Verteilungsgerechtigkeit gehöre folgendes:

1. wenigstens zwei Personen: A und B;
2. etwas, das zu verteilen ist: P;
3. eine Verteilungsgrundlage: Q;
4. eine geometrische Proportion oder Beziehung, so daß gilt:

$$\frac{\text{A's Anteil an P}}{\text{B's Anteil an P}} = \frac{\text{A's Anteil an Q}}{\text{B's Anteil an Q}}$$

Danach ist eine Gesellschaft im Hinblick auf Verteilungen insoweit gerecht, als sie P unter ihre Angehörigen entsprechend deren Anteilen an Q verteilt. Wie wir sehen werden, akzeptieren nicht alle Theorien der Verteilungsgerechtigkeit dieses Modell im buchstäblichen Sinne, aber man kann es dennoch anwenden, um die damit verknüpften Probleme und ihre Hauptlösungsmöglichkeiten zu formulieren. Klar ist, daß die beiden folgenden Fragen eine Antwort finden müssen:

a) Was ist P? Das heißt, was ist zu verteilen?
b) Was ist Q? Das heißt, was ist als Verteilungsgrundlage heranzuziehen?

Die verschiedenen Theorien über die inhaltlichen Prinzipien der Verteilungsgerechtigkeit geben unterschiedliche Antworten auf diese beiden Fragen, insbesondere auf die zweite. Tatsächlich kann es sich bei P (dem, was zu verteilen ist) um alles Mögliche, von Kontext zu Kontext Verschiedene handeln; doch allen Theorien der sozialen Gerechtigkeit zufolge geht es in erster Linie um solche Dinge wie Ämter, Vorrechte, Pflichten, Steuerlasten, Befugnisse, Güter, Ausbildungsmöglichkeiten, Berufschancen und die Bedingungen des Glücks oder des guten Lebens. Was Q (die Verteilungsgrundlage) angeht, so könnte man natürlich je nachdem, was P ist, verschiedene Theorien über die Natur von Q haben. Wenn zum Beispiel Musikinstrumente zur Verteilung anstehen, so könnte man musikalische Begabung oder musikalisches Interesse als Verteilungsgrundlage nehmen, doch wenn es um Zensuren und Zeugnisse geht, würde (und sollte) man vermutlich die schulischen Leistungen zugrunde legen. Wir möchten jedoch wissen – und dies ist unser Hauptproblem –, welches das *grundlegende* Q ist (falls es eines gibt), aufgrund dessen solche P's, wie wir sie erwähnt haben, zu verteilen sind.

Aristoteles führt bei seiner Erörterung dieser Frage aus, daß es in der Hauptsache drei Theorien der sozialen Gerechtigkeit gebe: die oligarchische, die aristokratische und die demokratische Theorie. Einigkeit besteht zwischen ihnen darüber, was P ist: Ämter, Befugnisse, Ehre, äußere Güter usw.; Uneinigkeit jedoch besteht über Q, die Verteilungsgrundlage. Die oligarchische Theorie besagt, Q sei Vermögen oder Besitz, das heißt, P sei unter die Menschen im Verhältnis zu ihrem Vermögen zu verteilen. Die aristokratische Theorie ist der Ansicht, Q sei Verdienst, das heißt, P sei je nach Verdienst zu verteilen. Und die demokratische Theorie behauptet, so wie Aristoteles sie auffaßt, Q sei einfach der Umstand, frei geboren zu sein, und P sei unter die Freigeborenen gleichmäßig zu verteilen. Dabei nimmt Aristoteles natürlich Rücksicht auf die Sklaverei; ein heutiger Anhänger der demokratischen Theorie würde lieber sagen, Q sei einfach die Tatsache, ein Mensch zu sein.

Indem man Aristoteles' Schema ein wenig revidiert, kann man die Theorien der Verteilungsgerechtigkeit folgendermaßen klassifizieren:

1. Theorien der *Ungleichheit*. Sie besagen, P sei im Verhältnis zu einem Q zu verteilen, über das die Menschen in unterschiedlichem Ausmaß oder Grad oder in unterschiedlicher Weise verfügen, also im Verhältnis zu einem Merkmal, in bezug auf das die Menschen ungleich sind. Es gibt drei Arten solcher Theorien:

a) die oligarchische Theorie;

b) die Verdiensttheorie oder aristokratische Theorie;

c) andere Theorien der Ungleichheit, wie zum Beispiel solche, die Q mit Abstammung, Geschlecht, Hautfarbe, Größe oder angeborener Intelligenz gleichsetzen.

2. Theorien der *Gleichheit* (demokratische Theorien) besagen, P sei letztlich gleichmäßig zu verteilen. Es gibt zwei Arten solcher Theorien:

a) Die Theorie der Gleichheit in der Sache behauptet, P sei im Verhältnis zu Q zu verteilen und identifiziert Q dabei mit einem Merkmal, in bezug auf das alle Menschen ähnlich oder gleich sind. Es fällt schwer, ein gutes Beispiel für eine solche Theorie zu geben; denn es ist nicht leicht, ein Merkmal zu finden, in bezug auf das alle Menschen ähnlich oder gleich sind. Dies ist ein Grund dafür, weshalb es für diese Art von Gleichheitstheorie so schwierig ist, auf das Argument zu antworten, die Menschen seien nun einmal nicht gleich, da es kein Q gebe, also keine Eigenschaft, die sie alle im gleichen Maße und in der gleichen Weise besitzen. Sie besitzen zum Beispiel alle Vernunft, aber in unterschiedlichem Maße. Sie besitzen alle eine Hautfarbe (vermutlich in derselben Intensität), aber in unterschiedlicher Ausprägung. Man könnte hierauf erwidern, sie seien einander alle darin ähnlich oder gleich, daß sie Menschen sind; aber es ist sehr schwer herauszufinden, worin die Eigenschaft »Menschsein« eigentlich besteht, ob es sich dabei überhaupt um eine Eigenschaft handelt und ob sie überdies jeder in gleichem Maße und in gleicher Weise besitzt.

b) Die Theorie der Gleichheit im Verfahren stimmt mit den Ungleichheitstheorien darin überein, daß es kein Q gibt, alle Menschen in gleichem Maße und in gleicher Weise besitzen. Aber sie vertritt trotzdem eine im Grunde am Gleichheitsgedanken orientierte Konzeption der Verteilungsgerechtigkeit. Und zwar gibt sie das aristotelische Modell auf, wonach P irgendeinem Q entsprechend zu verteilen ist. Es gibt, so behauptet sie, kein Q der erforderlichen Art. Deshalb betrachtet diese Theorie den Gleichheitsgedanken als »Verfahrensprinzip«: Behandle die Menschen gleich, solange es keine Rechtfertigung dafür gibt, sie ungleich zu behandeln. Dies ist aus dem Grunde ein Verfahrensprinzip, weil nicht gesagt wird, die Menschen *seien* in einer bestimmten Hinsicht gleich und sollten *deshalb* gleich behandelt werden, sondern nur, ungleiche Behandlung bedürfe der Rechtfertigung und Verteidigung, während gleiche Behandlung nicht gerechtfertigt zu werden brauche.

Bevor ich die einzelnen Theorien erörtere, möchte ich an dieser Stelle etwas zu der Frage »Sind die Menschen gleich?« einschieben. Alle Anhänger einer Gleichheitstheorie beantworten sie in einem gewissen Sinne mit »ja« und alle Anhänger einer Ungleichheitstheorie mit »nein«. Wir müssen uns aber klarmachen, daß die Frage zwei Bedeutungen hat, eine deskriptive und eine normative. Im deskriptiven Sinne bedeutet die Frage: »Gibt es eine Hinsicht, in der alle Menschen tatsächlich gleich sind? Gibt es ein Q, das sie alle in gleichem Maße und in gleicher Weise besitzen?« Im normativen Sinne lautet die Frage ganz anders, nämlich: »*Sollen* alle Menschen gleich *behandelt* werden?« Wir haben hier in Wirklichkeit also *zwei verschiedene* Fragen vor uns, was manchmal übersehen wird. Der eigentliche Streitpunkt zwischen Anhängern einer Gleichheitstheorie und Anhängern einer Ungleichheitstheorie bezieht sich auf die normative Frage, ob man alle Menschen *gleich behandeln soll*. Es ist diese Frage, welche die ersteren mit »ja« und die letzteren mit »nein« beantworten müssen. Aber die Anhänger einer Ungleichheitstheorie beantworten auch die deskriptive Frage stets mit »nein« und begründen in der Tat ihre negative Antwort auf die normative Frage zumindest teilweise mit ihrer negativen Antwort auf die deskriptive Frage. Ihr Argument besagt, man *solle* die Menschen ungleich behandeln, weil sie ungleich *sind*. Die Anhänger einer Gleichheitstheorie andererseits antworten auf die normative Frage zwar alle mit »ja«; aber es ist möglich, daß sie auf die deskriptive Frage entweder mit »ja« oder mit »nein« antworten: Vertreter der Gleichheit in der Sache antworten mit »ja«, Vertreter der Gleichheit im Verfahren mit »nein«. Es ist sehr wichtig, diese Dinge bei jeder Erörterung der Verteilungsgerechtigkeit vor Augen zu haben.

Kommen wir nun zunächst zu den *Ungleichheitstheorien* des grundlegenden inhaltlichen Prinzips der Verteilungsgerechtigkeit. Vielleicht geschieht es nicht häufig, daß sich jemand deutlich und ausdrücklich zur oligarchischen Theorie bekennt, aber es hat den Anschein, als werde in der Praxis in beträchtlichem Ausmaß nach ihr gehandelt. In jedem Fall ist es sehr lehrreich, diese Theorie zu untersuchen. Sie behauptet, wie wir schon sahen, daß das Q, dementsprechend P zu verteilen ist, Vermögen oder materieller Besitz ist. Sie nimmt insofern zumindest den ersten Teil des folgenden Jesuswortes sehr wörtlich: »Wer hat, dem wird gegeben werden, und er wird im Überfluß haben; wer aber nicht hat, dem wird auch das noch genommen werden, was er hat.« (Matth. 13,12.)

Bei allem schuldigen Respekt vor dem, was Jesus vielleicht wirklich hat sagen wollen, erscheint doch die Feststellung angebracht, daß die oligarchische Art und Weise, die Besitzenden den Besitzlosen vorzuziehen, geradezu ein Paradebeispiel von Ungerechtigkeit ist. Eine solche Theorie der Verteilungsgerechtigkeit dürfte prinzipiell falsch sein, und es ist wichtig, den Grund hierfür zu sehen. Mir scheint die Theorie deshalb falsch zu sein, weil das Q, das sie zur Verteilungsgrundlage macht, nämlich Vermögen oder Besitz, selbst etwas ist, das durch soziale Handlungen und Institutionen zugewiesen wird, folglich etwas, das möglicherweise selbst gerecht oder ungerecht verteilt wird beziehungsweise verteilt worden ist. Wenn dieser Punkt zutrifft, so kann man ganz allgemein argumentieren, daß keine Theorie annehmbar ist, die als ihr *fundamentales* Verteilungsprinzip den Grundsatz aufstellt, P sei im Verhältnis zu einem Q zu verteilen, dessen eigene Verteilung von menschlichen Handlungen und politischen Entscheidungen abhängt, wie etwa im Falle von Vermögen, Macht oder gesellschaftlichem Rang. Daraus folgt ebenfalls, daß selbst die demokratische Theorie, so wie Aristoteles sie verstand, unrichtig ist; denn für sie war Q »freie Geburt«, und dies war nach griechischer Auffassung etwas gesellschaftlich Determiniertes und nicht etwas, das man entweder von Natur aus oder aufgrund eigenen Bemühens besaß.

Man sollte hinzufügen, daß bereits im Besitz befindliches Vermögen allenfalls dann eine plausible Verteilungsgrundlage für andere Dinge ist, wenn es einen verläßlichen Hinweis auf das Vorhandensein eines anderen Q darstellt, das einleuchtender als Verteilungsgrundlage gewählt werden kann, wie zum Beispiel Fähigkeit, Intelligenz oder Verdienst. Dies geht auch aus dem Umstand hervor, daß die Befürworter der oligarchischen Theorie, wenn sie sich überhaupt die Mühe machen, Argumente zu geben, gewöhnlich behaupten, der Besitz von Vermögen weise tatsächlich auf etwas Fundamentaleres hin.

Lassen wir die aristokratische Verdiensttheorie einen Augenblick beiseite und betrachten die Ansichten von Anhängern der Ungleichheitstheorie der dritten Art, die als Verteilungsgrundlage solche Q's heranziehen wie Abstammung, Geschlecht, Hautfarbe, Größe oder angeborene Intelligenz. Diese Ansichten haben insofern recht, als sie als grundlegende Verteilungsbasis nichts wählen, was unmittelbar durch den Menschen oder die Gesellschaft verteilt werden kann. Statt dessen nehmen sie als Verteilungsgrundlage ein Q, dessen Vorhandensein auf die Natur zurückgeht (obgleich der Mensch durch Eugenik indirekt sogar die Verteilung der Hautfarbe und ähnlicher Dinge beeinflussen kann). Es erscheint jedoch offenkundig, daß auch diese Auffassungen verfehlt sind. Denn man kann vernünftigerweise behaupten, daß auch die Heranziehung von Abstammung, Hautfarbe, Größe usw. als fundamentaler Verteilungsgrundlage in sich ungerecht ist. Es ist zwar durchaus in Ordnung, diese Faktoren in bestimmten Zusammenhängen als Verteilungsgrundlage zu nehmen, zum Beispiel wenn es um die Verteilung von Kostümen oder Rollen in Theaterstücken geht. Wählt man aber einen von ihnen als grundlegendes Q zur Verteilung von Chancen, Ämtern usw., so ist dies ebenso ungerecht wie die Wahl des Vermögens, wenn auch aus einem anderen Grund. Der Grund (der Hauptgrund, wenn auch nicht der einzige

Grund) ist in diesem Fall meiner Meinung nach folgender: Wenn man Hautfarbe, Größe usw. als Basis zur Verteilung von P wählt, so gründet man die Verteilung auf ein Merkmal, das diskriminierend wirkt, zu dem der einzelne aber nichts beigetragen hat und an dem er nichts ändern kann. Man behandelt die Menschen also ungleich auf eine Art und Weise, die ihr Leben zutiefst berührt, nur weil sie Unterschiede aufweisen, für die sie nicht verantwortlich sind.

Das noch relativ plausibelste der zuvor genannten natürlichen Q's, die man als Verteilungsgrundlage wählen könnte, ist die angeborene *Intelligenz*. Doch selbst angeborene Intelligenz (die man in diesem Zusammenhang von entwickelter Intelligenz unterscheiden muß) ist als letzte Verteilungsgrundlage ungeeignet, obgleich nicht so ungeeignet wie Größe oder Hautfarbe. Angeborene Intelligenz kann nämlich nur im Verlauf eines mehr oder weniger schulischen Erziehungsprogramms richtig erkannt und beurteilt werden, so daß ihre Verwendung als Verteilungsgrundlage eine vorgängige Gleichverteilung der Chancen einer solchen Erziehung voraussetzt.

Auf jeden Fall können wir die Behauptung aufstellen, daß auch Abstammung, Geschlecht, Hautfarbe, Größe usw. nicht sinnvoll als Verteilungsgrundlagen aufgefaßt werden können, es sei denn, sie dienen als verläßliches Anzeichen eines Q – wie Fähigkeit oder Verdienst –, das mit mehr Grund als Kriterium für die Behandlung von Individuen herangezogen werden kann. Dies zeigt sich wiederum darin, daß Befürworter der Rassendiskriminierung und Sklaverei, wenn sie überhaupt Argumente vorbringen, häufig gerade das behaupten, daß man die betreffenden Merkmale als Anzeichen solcher schon eher akzeptablen Q's auffassen könne.

Wir haben gesagt, Verdienst sei ein offenkundig annehmbareres Q als erworbene Merkmale wie Vermögen zum einen oder natürliche Merkmale wie Hautfarbe zum anderen. Sollen wir also Verdienst als fundamentale Verteilungsgrundlage nehmen? Daß wir das tun sollen, ist die Position der Aristokra-

ten, der Anhänger der Verdiensttheorie, zu denen Aristoteles
selbst und in neuerer Zeit David Ross gehören. Was verstehen
sie unter »Verdienst«? Aristoteles verstand darunter Vortrefflichkeit oder Tugend und unterschied zwischen zwei
Arten von Tugenden: intellektuellen und moralischen. Ross
jedoch verstand unter »Verdienst« lediglich moralische Tugend. Wir können die Ansicht der Anhänger der Verdiensttheorie deshalb so verstehen, daß P unter die Menschen
zumindest letztlich im Verhältnis des Maßes ihrer intellektuellen und/oder moralischen Vortrefflichkeit zu verteilen ist.
Was sollen wir zu dieser Konzeption sozialer Gerechtigkeit
sagen?

Sicher besitzt sie eine gewisse Plausibilität. Insbesondere leidet ihr Q nicht an denselben Mängeln wie die Q's der beiden
anderen Versionen einer Ungleichheitstheorie. Denn Verdienst oder Vortrefflichkeit ist nicht von Natur aus (unterschiedlich) verteilt, ohne daß der einzelne dazu beitragen
kann, wie im Fall von Abstammung, Hautfarbe und Größe;
und es kann auch nicht wie Besitz gerecht oder ungerecht
durch den Menschen und seine sozialen Institutionen verteilt
werden. Die Natur kann nur die Voraussetzung zur Vortrefflichkeit bereitstellen und die Gesellschaft nur die Chancen
und Hilfsmittel zu ihrer Realisierung beisteuern; Vortrefflichkeit oder Verdienst selbst muß das Individuum selber
erlangen. Man könnte daher meinen, daß Verdienst genau das
Q ist, nach dem wir suchen. Ich bin jedoch davon überzeugt,
daß diese Meinung falsch ist, wie ich bereits bei früheren
Gelegenheiten zu zeigen versucht habe. Ich vermute allerdings, daß das Argument, dessen ich mich seinerzeit bedient
habe, fehlerhaft war. Ein anderes Argument jedoch, von dem
ich hoffe, daß es besser ist, lautet wie folgt: Verdienst kann in
Sachen der Verteilungsgerechtigkeit deshalb nicht das *grundlegende* Q sein, weil eine Anerkennung des Verdienstes als
Verteilungsgrundlage nur dann gerechtfertigt ist, wenn jeder
die gleiche Chance hat, das ganze Verdienst, dessen er fähig
ist, auch zu erlangen (und man kann nicht ohne weiteres

davon ausgehen, daß dies der Fall ist). Wenn die um P konkurrierenden Individuen nicht die gleiche Möglichkeit zur Erlangung allen Verdienstes, dessen sie fähig sind, gehabt haben, dann ist Verdienst keine faire Grundlage zur Verteilung von Anteilen an P unter diese Individuen. Ist das richtig, so kann man Verdienst vernünftigerweise erst dann als Verteilungskriterium in Anspruch nehmen, nachdem man zuvor die *Bedingungen* zur Erlangung von Verdienst *gleich* verteilt hat, zumindest soweit das in den Kräften der menschlichen Gesellschaft steht. Dies ist der Punkt, an dem solche Dinge wie Chancengleichheit, Gleichheit vor dem Gesetz und gleicher Zugang zu Bildungsmöglichkeiten ins Blickfeld kommen. Mit anderen Worten, die Anerkennung von Verdienst als Verteilungskriterium ist nur vor dem Hintergrund einer Anerkennung des Gleichheitsprinzips sinnvoll. Die primäre Verteilungsgrundlage ist nicht Verdienst, sondern entweder sach- oder verfahrensbezogene Gleichheit.

Angesichts der zahlreichen jüngsten Diskussionen über das »Recht auf gleiche Bildung« ist folgendes erwähnenswert: Erstens kann die Gesellschaft genaugenommen keine Bildung verteilen, sondern nur die Mittel und Chancen zur Bildung; und zweitens kann sie diese nicht gemäß Vortrefflichkeit oder Verdienst verteilen, da das Erlangen von Vortrefflichkeit oder Verdienst bereits einen Bildungsprozeß voraussetzt. Hierauf mag man erwidern, Bildungsmittel und -chancen seien nicht gleichmäßig, sondern je nach Fähigkeit zu verteilen. Doch darauf lautet die Antwort, daß man die Fähigkeiten von Menschen nur feststellen kann, indem man sie irgendwie erzieht und ausbildet, und daß Bildungsmittel und -chancen aus diesem Grunde gleichmäßig verteilt werden müssen. Denn man muß allen die gleichen Möglichkeiten geben, ihre Fähigkeiten unter Beweis zu stellen, wenn diese Fähigkeiten als Grundlage zur Bestimmung ihrer Anteile an anderen Dingen dienen sollen. Aus solchen Prämissen folgt natürlich, daß ein an Verdiensten orientiertes Stipendienprogramm nur dann völlig *gerecht* ist, wenn alle Bewerber die gleichen einschlägigen Bildungschancen gehabt haben, obwohl ein solches Programm meines Erachtens in jedem Fall *nützlich* ist.

Nichts von dem, was ich gesagt habe, soll bedeuten, daß Verdienst nicht wenigstens in manchen Zusammenhängen als Verteilungsgrundlage annehmbar ist. In der Tat halte ich es für gerecht, Verdienst oder Vortrefflichkeit in bestimmter Weise anzuerkennen und zu belohnen. Ich habe nur zu zeigen versucht, daß man Verdienst vernünftigerweise nicht als grundlegendes Verteilungskriterium heranziehen kann, wie die Anhänger der Verdiensttheorie es für richtig halten.

Die Vortrefflichkeit ist eine vortreffliche Sache; doch wenn sie nicht selbst auch ihr einziger Lohn sein soll, müssen wir alle im gleichen Maße die Chance erhalten, sie, soweit wir dazu fähig sind, auch zu erlangen.

Bisher habe ich Verdienst mit intellektueller oder moralischer Vortrefflichkeit gleichgesetzt. Man kann Verdienst aber natürlich auch anders auffassen, zum Beispiel als Beitrag zum Wohl der Gesellschaft oder der Menschheit, und die Verteilungsgrundlage dann dementsprechend festlegen. Was ich oben gesagt habe, gilt jedoch auch für diese weiteren Formen von Verdienst; sie mögen als sekundäre Kriterien eines Verteilungsverfahrens annehmbar sein, doch als primäre Kriterien sind sie unzulänglich. Man sollte hinzufügen, daß wenigstens *ein* Grund für die Belohnung solcher und andersartiger Verdienste darin besteht, daß dies nützlich, das heißt dem öffentlichen Wohl zuträglich ist. Aber zu argumentieren, daß Verdienst belohnt werden soll, weil dies *nützlich* ist, heißt noch nicht zu zeigen, daß auch die *Gerechtigkeit* diese Belohnung von uns verlangt. Das zu tun, was nützlich ist, mag zwar nicht falsch sein; doch es ist nicht ohne weiteres ein Erfordernis der Gerechtigkeit, wenn es auch nicht ungerecht zu sein braucht. Vielleicht liegt hierin eine der Bedeutungen des nicht leicht verständlichen biblischen Gleichnisses von den Arbeitern im Weinberg.

Man könnte an dieser Stelle den Einwand erheben, wir hätten eine wichtige Theorie der sozialen Gerechtigkeit außer acht gelassen, die, wenn man beide Seiten des Eisernen Vorhangs berücksichtigt, vielleicht mehr Anhänger hat als irgendeine andere, nämlich die Theorie, daß die gerechte Gesellschaft von jedem seinen Fähigkeiten entsprechend nimmt und jedem seinen Bedürfnissen entsprechend gibt. Diese Theorie klingt wie eine Version der Ungleichheitstheorie, da offenkundig ist, daß die Fähigkeiten und Bedürfnisse der Menschen sehr verschieden sind. Man könnte jedoch behaupten, diese Theorie setze im Grunde den Gleichheitsgedanken voraus, und diese Behauptung wird offenbar durch den Umstand erhärtet, daß die Befürworter dieser Theorie zumindest prinzipiell durchaus den Gleichheitsgedanken vertreten. Diese Fähigkeits-Bedürfnis-Theorie hat, ob man sie nun akzeptiert oder nicht, jedenfalls den Vorteil, daß sie deutlich macht, daß nicht nur Chancen, Rechte und Güter, sondern auch Pflichten und Aufgaben einer Verteilung bedürfen.

Was setzt nun aber die These voraus, Aufgaben seien nach Fähigkeiten zu verteilen? Nicht etwa den Glauben an die Ungleichheit, sondern gerade das Gegenteil. Denn man behandelt die Menschen nicht gleich, indem man von ihnen genau die gleichen Leistungen verlangt. Einigen fällt eine bestimmte Aufgabe leicht, anderen fällt sie schwer. Folglich behandelt man die Menschen in Wahrheit ungleich, wenn man von allen dasselbe verlangt und damit einigen Opfer auferlegt, die andere nicht zu bringen brauchen. Indem man von jedem aber entsprechend seiner Fähigkeit verlangt, verlangt man von jedem *proportional* gesehen dieselbe Mühe und dasselbe Opfer – in dem Bestreben, alle in einer möglichst gleich guten Position zu belassen.

Da die Bedürfnisse entsprechend verschieden sind, gilt auch hier, daß gleichmäßig zu geben nicht bedeutet, jedem genau dasselbe zu geben. Shakespeare ist sicherlich im Irrtum, wenn er uns im *Kaufmann von Venedig* auffordert, dem kein Vertrauen zu schenken, »der nicht Musik hat in ihm selbst, den nicht die Eintracht süßer Töne rührt«. Es wäre aber nicht ungerecht, einer solchen Person ein Paar Skier zu geben, während alle anderen eine Geige oder ein Schallplattenalbum erhalten. Jedem seinen Bedürfnissen entsprechend zu geben heißt auch hier, zum Wohlergehen eines jeden *proportional* denselben Beitrag zu leisten – in dem Bestreben, alle möglichst gleich gut zu stellen. Die Fähigkeits-Bedürfnis-Theorie ist also nur dann sinnvoll, wenn sie ein am Gleichheitsgedanken orientiertes Ziel oder Ideal voraussetzt.

Ist das bisher Gesagte richtig, so erscheint es überzeugend, vom Ungleichheitsgedanken geprägte Ansichten über das grundlegende inhaltliche Prinzip der Verteilungsgerechtigkeit selbst dann als unzulänglich zu betrachten, wenn man nicht behaupten kann, sie »widerlegt« zu haben. Das grundlegende Prinzip ist vielmehr, wie Aristoteles' Demokraten annahmen, das der Gleichheit. Verdienst und andere Q's, die die Menschen in ungleichem Maße besitzen, sind als sekundäre Verteilungskriterien akzeptabel; doch den grundlegenden Rahmen muß das Prinzip der Gleichheit bilden. Wir wollen es nun formulieren. Das Prinzip der Gleichheit verlangt, die Dinge so zu ordnen, das heißt P so zu verteilen, daß jeder die gleiche Möglichkeit hat, das bestmögliche Leben zu führen, dessen er fähig ist. Dies ist das Grundprinzip der sozialen Gerechtigkeit. Zur Anwendung dieses Prinzips muß man natürlich irgendeine vertretbare Konzeption davon haben, was das gute Leben ist und welche Lebensformen besser sind als andere. Diese Fragen sind nicht einfach zu beantworten, doch wir können sie hier nicht erörtern.

Es dürfte von einem gewissen Interesse sein, daß zumindest einer der führenden Vertreter der Verdiensttheorie, nämlich Aristoteles, an manchen Stellen seines Werkes das soeben aufgestellte Gleichheitsprinzip vorauszusetzen scheint. So betrachtet er zum Beispiel die Sklaverei deshalb als gerechtfertigt, weil er glaubte, daß es Menschen gibt, die das beste Leben, dessen sie fähig sind, nur dann führen können, wenn sie jemandem als Sklaven dienen. Allgemeiner ausgedrückt: Aristoteles scheint gerade dann am stärksten zu argumentieren, wenn er den Idealstaat als einen Staat definiert, in dem jeder das größte Glück – die vortrefflichste Tätigkeit – findet, dessen er fähig ist.

Um Mißverständnisse zu vermeiden, sollte ich hinzufügen, daß ich keineswegs dagegen bin, wenn einerseits Behinderte und andererseits besonders Begabte in besonderer Weise Berücksichtigung finden. Es liegt mir fern, soziale Sonderprojekte, die auf derartige Personengruppen zugeschnitten sind, anzugreifen. Das Gleichheitsprinzip der Gerechtigkeit fordert lediglich, jedem die gleiche Möglichkeit zu geben, das bestmögliche Leben zu führen, dessen er fähig ist. Doch gerade dies kann zur Folge haben, daß man bestimmten Gruppen von Menschen eine scheinbare Sonderbehandlung zubilligen muß. Der Anschein einer Sonderbehandlung entsteht in diesen Fällen nur deshalb, weil mehr Mühe oder Geld aufgewendet wird; in Wirklichkeit liegt gar keine (ungerechte) Sonderbehandlung vor, weil nur das geschieht, was notwendig ist, um *proportional* gesehen denselben Beitrag zum bestmöglichen Leben eines jeden zu leisten. Die erforderliche Starthilfe ist gegenüber einigen Personen einfach von Natur aus schwieriger als gegenüber anderen. Deshalb verhalten wir uns auch nicht ungerecht, wenn wir für einige mehr Mühe oder Geld aufwenden als für andere, solange dadurch alle in die Lage versetzt werden, denselben *relativ* großen Schritt auf das gute Leben hin zu tun.

Man könnte hier einwenden, soziale Gerechtigkeit bestehe nicht darin, jedem denselben relativen Fortschritt zu ermöglichen, sondern darin, jeden auf dasselbe absolute Niveau zu bringen. So könnte man behaupten, es sei ungerecht, wenn die Gesellschaft die Begabten in besonderer Weise fördert, bevor alle anderen, ob behindert oder nicht, auf das höchste Niveau gebracht wurden, dessen sie fähig sind, und selbst dann sei es nicht ungerecht, wenn man nichts Besonderes für die Begabten tue.

Um auf diesen Einwand eingehen zu können, müssen wir zwei Dinge unterscheiden, die eine Gesellschaft für ihre Angehörigen tun kann:

1. Sie kann sie in einem bestimmten Ausmaß mit materiellen Gütern versorgen.

2. Sie kann ihnen ein bestimmtes Niveau allgemeiner Lebensqualität zu verschaffen suchen.

Diese beiden Dinge überschneiden sich vielleicht, sind aber nicht miteinander identisch. Ich neige zu der Auffassung, daß die Gesellschaft jedenfalls bis zu einem gewissen Punkt versuchen soll, jedem dasselbe allgemeine Niveau materieller Güter zugänglich zu machen. Doch materielle Güter hängen nur äußerlich mit der eigentlichen Lebensqualität zusammen, und es ist die letztere, um die sich die Gesellschaft hauptsächlich kümmern sollte. Einige Menschen sind nun aber einfach zu einem besseren Leben fähig als andere; sie sind in Wirklichkeit die »Begabten«. Soll die Gesellschaft (vorausgesetzt, daß sie auch den anderen hilft) nicht gerechterweise tun, was in ihren Kräften steht, um diesen Personen zu einem bestmöglichen Leben zu verhelfen, zumindest nachdem – und vielleicht sogar bevor – die anderen ihr Optimum erreicht haben? Die folgenden Bemerkungen können vielleicht dazu dienen, weiteren Überlegungen über diese Frage Richtung zu geben.

a) Es erscheint gewiß nur gerecht, daß man den Begabten, wenn nötig, hilft, zumindest *nachdem* die weniger Begabten ihr Optimum erreicht haben. Wir dürfen jedoch nicht vergessen, daß eine gerechte Gesellschaft auch eine freie Gesellschaft ist und daß die betreffenden Personen in einer freien Gesellschaft viel dazu beitragen können und werden, sich selbst zu helfen.

b) Es trägt offenkundig nicht nur zum Wohl der Begabten, sondern auch zum Wohl anderer bei, wenn den Begabten geholfen wird, sogar bevor die anderen eine möglichst hohe Stufe erreicht haben. Sie können nämlich (wie Platons Herrscher) ihre Begabung zu dem sozialen Zweck einsetzen, den anderen zu helfen.

c) Es dürfte in jedem Fall außer Zweifel stehen, daß eine gerechte Gesellschaft außergewöhnlichen Individuen zumindest *gestatten* muß, sich selbst zu verwirklichen – soweit dies mit der Selbstverwirklichung anderer vereinbar ist.

d) Da eine gerechte Gesellschaft jedem einzelnen die größtmögliche Freiheit gewähren muß, die sich mit der Freiheit und dem Wohlergehen der anderen vereinbaren läßt, muß sie sich sogar auf das *Risiko* einlassen, daß einige, indem sie das beste Leben für sich selbst suchen, das anderer in Gefahr bringen.

e) In der Praxis muß vielleicht jede Gesellschaft, die nach Gerechtigkeit strebt, ständig an zwei Fronten kämpfen: Zum einen muß sie den Begabten ermöglichen, das beste Leben zu führen, das sie zu erreichen imstande sind; zum anderen muß sie sicherstellen, daß auch andere in eine Lage versetzt werden, in der sie das beste Leben erreichen können, das ihren natürlichen Möglichkeiten entspricht.

Nachdem wir das Schiff der Gerechtigkeit sicher durch die Engen der Ungleichheitsforderungen in den Hafen der Gleichheitstheorie gesteuert haben, müssen wir nun die Frage stellen, auf welcher Seite des Hafens wir Anker werfen sollen, auf der Seite der Gleichheit in der Sache oder auf der Seite der Gleichheit im Verfahren. Wie wir früher bereits angedeutet haben, liegt die Schwierigkeit der sachbezogenen Gleichheitstheorie darin, daß es anscheinend keine faktische Hinsicht gibt, in der alle Menschen gleich sind, kein Q, das sie alle in gleichem Maße und in gleicher Weise besitzen. (Außerdem sei darauf hingewiesen, daß selbst dann, wenn es ein solches Q gäbe, daraus immer noch nicht zwingend folgen würde, daß alle Menschen gleich zu behandeln sind. Dem steht jedoch gegenüber, daß andererseits dann, wenn es kein solches Q gibt, auch daraus nicht folgt, daß man die Menschen ungleich behandeln soll.)

Bei S. J. Benn und R. S. Peters heißt es: »Wenn man die menschliche Natur aller Eigenschaften entkleidet, in bezug auf die sich die Menschen unterscheiden, was bleibt dann übrig? Übrig bleibt lediglich ein Arsenal undifferenzierter Möglichkeiten. Der Begriff der menschlichen Natur besagt, daß wir es mit verschiedenen Möglichkeiten der Verwirklichung von Eigenschaften zu tun haben, die einem bestimmten, begrenzten Bereich angehören. Er bezeichnet nicht etwa eine darüber hinausgehende Eigenschaft, die alle Menschen gleichermaßen besitzen und aufgrund derer sie in einer bestimmten, angebbaren Weise gleich zu behandeln sind.« Benn und Peters kommen deshalb zu dem Schluß, das Gleichheitsprinzip müsse in seiner Verfahrensversion vertreten werden: »Wenn man sagt, alle Menschen seien gleich, so fordert man in Wirklichkeit, keinem solle ein Anspruch auf bevorzugte Behandlung gewährt werden, solange keine guten Gründe dafür vorgebracht worden sind. Faßt man das Gleichheitsprinzip in dieser Weise auf, so schreibt es nicht positiv vor, alle Menschen gleich zu behandeln; es besteht vielmehr nur in einer Vermutung, durch die jede Ungleichbehandlung untersagt wird, solange dafür keine Gründe genannt worden sind. Es setzt deshalb keine Eigenschaft voraus, die alle Menschen in gleichem Maße haben und die der Grund der Vermutung ist. Denn die Behauptung einer solchen Vermutung ist identisch mit eben der Behauptung, daß keine Gründe vorgebracht zu werden brauchen. Die Argumentationslast ruht auf demjenigen, der verschiedene Individuen ungleich behandeln möchte. Gerecht handeln heißt also: alle Menschen gleich behandeln, außer es sind relevante Unterschiede vorhanden. Es besteht eine Vermutung für die Gleichheit, solange es keine Gegengründe gibt.«

Mit einigen Einschränkungen neige ich dazu, dieser Auffassung beizupflichten. Allerdings erscheint es immer noch sinnvoll, die Frage aufzuwerfen, warum wir diesen Verfahrensgrundsatz im Falle *aller* Wesen annehmen sollen, die *Menschen* sind, wenn diese in keinem faktischen Sinn gleich sind. Die Antwort auf diese Frage ist, wie mir scheint, zweiteilig.

1. Es dürfte eine allgemeine Vernunftregel sein, die fordert, gleiche Dinge gleich zu beurteilen. So kann man etwa die

induktive Methode als auf der Voraussetzung beruhend
rekonstruieren, daß man über gleiche Gegenstände gleiche
Aussagen machen muß, solange es keine Gründe gibt, die für
das Gegenteil sprechen. In diesem Sinne schreibt Perelman:
»Tatsache ist, daß die Gerechtigkeitsregel das Ergebnis einer
natürlichen Neigung des menschlichen Geistes ist, ein Verhalten, das mit früherem Verhalten übereinstimmt, als
normal und rational und somit als keiner weiteren Rechtfertigung bedürftig zu betrachten.« Diese Ansicht ließe sich durch
einen Hinweis auf J. Piagets Werk über das moralische Urteil
beim Kind vielleicht noch untermauern. Als Antwort auf
unsere Frage ist sie aber unzureichend. Denn wie wir gesehen
haben und wie auch Perelman erkennt, ist diese Vernunftregel – beurteile gleiche Fälle gleich – rein formaler Natur.
Außerdem ist folgendes zu bedenken: Obgleich wir bei
induktiven Schlüssen, etwa in der Geologie, von der Voraussetzung ausgehen müssen, was von *einem* Stein gilt, gelte
auch von *anderen* Steinen, solange keine Gründe für das
Gegenteil sprechen, brauchen wir doch daraus kaum den
Schluß zu ziehen, wir sollten in unserem Verhalten alle Steine
in derselben Weise *behandeln*, sofern keine Gegengründe
ersichtlich sind. Warum sollen wir dann alle *menschlichen*
Wesen gleich *behandeln*, solange es keine Gegengründe
gibt?
2. Mir scheint, die Antwort hierauf muß lauten, daß Menschen von Steinen verschieden sind. Sie haben Wünsche,
Gefühle und einen Intellekt und können – im Unterschied zu
Steinen – ein gutes oder schlechtes Leben führen. Die von uns
gemachte Annahme, alle Menschen seien gleich zu behandeln, wird dadurch gerechtfertigt, daß alle Menschen in ähnlicher Weise zur Realisierung eines guten oder schlechten
Lebens fähig sind, und nicht dadurch, daß sie alle in einer
bestimmten Hinsicht gleich sind (sofern das der Fall ist). In
diesem Sinne entscheide ich mich, wenn auch ein wenig
zögernd, für die Verfahrensversion der Gleichheitstheorie.
Es bleiben noch viele Probleme offen, doch wir können uns

hier nur mit zweien von ihnen in aller Kürze auseinandersetzen.

1. Ein Anhänger des Gleichheitsgedankens könnte die Ansicht vertreten, die Gerechtigkeit fordere von uns nicht nur, alle Menschen gleich zu behandeln (in dem oben erläuterten Sinne, in dem die Vergabe einer Geige an A und eines Paars Skier an B Gleichbehandlung bedeuten kann, und nicht im Sinne einer gänzlich identischen Behandlung); vielmehr sei jede Abweichung von der Gleichheit, jede Ungleichbehandlung ohne weiteres ungerecht und auch falsch. Doch nur wenige Anhänger des Gleichheitsgedankens haben sich so weit vorgewagt. Auch ich möchte nicht so weit gehen, möchte aber trotzdem darauf hinweisen, daß es wesentlich plausibler ist zu behaupten, es sei niemals gerecht oder richtig, Menschen *ungleich* zu behandeln, als zu behaupten, es sei niemals gerecht oder richtig, sie *unterschiedlich* zu behandeln. Man muß zulassen, daß eine unterschiedliche Behandlung manchmal gerecht oder richtig ist, daß die Unterschiede zwischen den Menschen eine unterschiedliche Behandlung manchmal rechtfertigen. Es stellt sich hier die Frage: *Welche* Unterschiede zwischen den Menschen rechtfertigen eine unterschiedliche Behandlung? *Welche Unterschiede sind für Verteilungsfragen relevant?*

Dies ist keine einfache Frage, und manchmal hat man das Gefühl, die relevanten Unterschiede seien so zahlreich und so verschiedenartig, daß sie das Gleichheitsprinzip wirkungslos machen. Auch der Befürworter einer Ungleichbehandlung muß die Frage zwar beantworten. Während er aber sagen kann, *alle* Unterschiede seien relevant, solange man das Gegenteil nicht beweisen kann, muß der Anhänger der Gleichheitstheorie behaupten, daß sich die relevanten Unterschiede irgendwie begrenzen lassen. Nun habe ich bereits angedeutet, daß in verschiedenartigen Kontexten verschiedenartige Erwägungen für Verteilungsfragen relevant sind, da selbst Unterschiede in Größe oder Hautfarbe für Entscheidungen etwa über die Verteilung von Kostümen und Rollen in Theaterstücken von Bedeutung sein können. Sieht man vom Kontext ab, so ist die Vielfalt und Anzahl relevanter Erwägungen – wie bei bösen Dämonen – tatsächlich Legion. Der Kontext jedoch legt in jedem Fall einschränkend fest, *welche* Erwägungen relevant sind; nicht alle Erwägungen sind in allen Kontexten relevant. Unterschiede in Geschlecht, Hautfarbe, Größe oder schauspielerischer Fähigkeit mögen zwar für Entscheidungen über Rollenbesetzungen im Theater relevant sein. Aber sie sind nicht überall relevant; offensichtlich irrelevant sind sie für die meisten Fragen der Sozialpolitik, wie sie eine Theorie der Verteilungsgerechtigkeit in erster Linie zu entscheiden hat. Im Hinblick auf solche Fragen sind, so meine ich, die relevanten Eigenschaften von Personen nicht solche Dinge wie Hautfarbe, Größe und dergleichen, sondern nur diejenigen Merkmale, die unmittelbar oder mittelbar die gute oder schlechte Qualität des Lebens beeinflussen, dessen diese Personen fähig sind, wie etwa Unterschiede in bezug auf Fähigkeiten oder Bedürfnisse.

2. Die zweite Frage ist anderer Art und kann so formuliert werden: »Warum soll man gerecht sein?« Genauer formuliert würde sie lauten: »Warum ist Gerechtigkeit, aufgefaßt als Gleichbehandlung im oben erläuterten Sinne, richtig?« Die eine der traditionellen Antworten auf diese Frage ist die der deontologischen Ethik: Gerechtigkeit oder Gleichbehandlung ist richtig *in sich*, so wie das Halten von Versprechen oder das Sagen der Wahrheit. Die zweite Standardantwort ist die des Utilitarismus: Gerechtigkeit oder Gleichbehandlung ist richtig, weil sie für das größte allgemeine Wohl oder Glück notwendig oder zumindest zuträglich ist. Was eine Entscheidung zwischen diesen beiden Auffassungen angeht, so würde ich die erste im wesentlichen für richtig und die zweite für falsch halten. Ich möchte jedoch eine dritte, vermittelnde Lösung vorschlagen. Fragt man nach dem Idealzustand, so können, soweit ich sehe, sowohl der Deontologe als auch der Utilitarist die folgende These akzeptieren: Ideal ist jener Zustand, in dem *jede Person* (vielleicht sogar jedes

empfindende Wesen) das beste Leben hat, dessen sie fähig ist.

Wenn diese Formulierung des Ideals zutrifft, was meines Erachtens der Fall ist, so kann man plausiblerweise argumentieren, Gerechtigkeit im Sinne von Gleichbehandlung sei deshalb richtig, weil sie eine konstitutive Bedingung des so formulierten Ideals darstellt. Es ist nämlich, wie J. Bentham erklärt hat, ein wesentlicher Aspekt dieses Ideals, daß jeder als einer und keiner als mehr als einer zählt. In dem so verstandenen Idealzustand ist jeder in dem Sinne gleich gut gestellt, daß er das beste Leben führt, dessen er fähig ist, und mehr kann man vernünftigerweise nicht verlangen. Es stimmt zwar, eine noch idealere Gleichheit wäre in einem Zustand verwirklicht, in dem jeder das ideal beste Leben überhaupt oder wenigstens das beste Leben führen würde, dessen ein menschliches Wesen fähig ist. Aber ein solcher Zustand wäre als Ideal ohne jeden Praxisbezug und utopisch. Man könnte ihn nur wünschen, aber sich nicht für ihn einsetzen. Logisch betrachtet, wäre es möglich, sogar das praktischere Ideal zu verwerfen, das ich oben skizziert habe, da, wie Mill es formuliert hat, »Fragen letzter Zielsetzung keines Beweises zugänglich sind«. Es ist aber kaum anzunehmen, daß jemand in einer vollständig informierten und vernünftigen Verfassung das tun würde.

Friedrich A. von Hayek: Argumente gegen die Verteilungsgerechtigkeit

Das Hauptziel des Kampfes um die Freiheit war die Gleichheit vor dem Gesetz. Diese Gleichheit unter Regeln, die der Staat erzwingt, wird ergänzt durch eine ähnliche Gleichheit unter Regeln, die die Menschen in ihren Beziehungen zueinander freiwillig befolgen. In dieser Ausdehnung des Gleichheitsprinzips auf die Regeln des moralischen und sozialen

Verhaltens kommt zum Ausdruck, was wir den demokratischen Geist nennen, und dieser trägt wahrscheinlich am meisten dazu bei, der Ungleichheit, die die Freiheit notwendig erzeugt, das Verletzende zu nehmen.

Gleichheit der allgemeinen Gesetzes- und Verhaltensregeln ist jedoch die einzige die Freiheit fördernde Gleichheit, und die einzige Gleichheit, die ohne Gefährdung der Freiheit gesichert werden kann. Freiheit hat nicht nur mit anderen Arten von Gleichheit nichts zu tun, sondern sie bringt sogar unvermeidlich in vieler Hinsicht Ungleichheit hervor. Das ist eine notwendige Folge und sogar ein Teil der Rechtfertigung der individuellen Freiheit: denn wenn das Ergebnis der persönlichen Freiheit nicht zeigen würde, daß manche Lebensweisen erfolgreicher sind als andere, würde ein Großteil der Argumente zu ihren Gunsten hinfällig werden.

Weder in der Annahme, daß die Menschen tatsächlich gleich sind, noch in der Absicht, sie gleich zu machen, verlangt das Argument für die Freiheit, daß der Staat seine Bürger gleich behandle. Das Argument für die Freiheit anerkennt nicht nur, daß die Individuen sehr verschieden sind, sondern es beruht auch in hohem Maß auf dieser Erkenntnis. Es betont, daß diese Verschiedenheiten der Personen keine Rechtfertigung dafür bieten, daß der Staat sie verschieden behandelt. Und es verwirft die unterschiedliche Behandlung durch den Staat, die notwendig wäre, wenn den Menschen, die tatsächlich so verschieden sind, gleiche Positionen im Leben zugesichert werden sollten.

Die modernen Vertreter der Forderung nach einer weiterreichenden, materiellen Gleichheit streiten gewöhnlich ab, daß ihre Forderungen auf einer Annahme tatsächlicher Gleichheit aller Menschen beruhen. Es besteht trotzdem weitgehend die Meinung, daß dies die hauptsächliche Rechtfertigung für solche Forderungen ist. Nichts ist jedoch der Forderung nach gleicher Behandlung abträglicher, als sie auf eine so offensichtlich unzutreffende Annahme wie die der Gleichheit aller Menschen zu gründen. Die Forderung nach gleicher Behandlung nationaler oder rassischer Minoritäten auf die Behauptung zu gründen, daß sie sich von den anderen nicht unterscheiden, heißt stillschweigend zugeben, daß tatsächliche Ungleichheit ungleiche Behandlung rechtfertigen würde; und der Beweis, daß solche Unterschiede tatsächlich bestehen, würde nicht lange auf sich warten lassen. Es ist das wesentliche an der Forderung nach Gleichheit vor dem Gesetz, daß die Menschen gleichbehandelt werden sollen, obwohl sie verschieden sind.

Die grenzenlose Vielfalt der menschlichen Natur – der weite Variationsbereich der individuellen Fähigkeiten und Entwicklungsmöglichkeiten – ist eine der bemerkenswertesten Eigenschaften der menschlichen Rasse. Die Entwicklung hat sie wahrscheinlich zu der vielfältigsten Art aller Lebewesen gemacht. Es wurde mit Recht gesagt, »die Biologie, deren Gegenstand die veränderliche Vielfalt ist, schreibt jedem menschlichen Individuum ein einzigartiges Bündel von Eigenschaften zu, die ihm die Würde geben, die es sonst nicht besäße. Jedes neugeborene Kind ist in seinen Entwicklungsmöglichkeiten eine unbekannte Größe, weil es viele tausende von unbekannten, in Beziehung zueinander stehende Gene und Genstrukturen gibt, die zu seiner Konstitution beitragen. Als Ergebnis von Natur und Aufzucht kann aus dem Neugeborenen einer der größten Männer oder Frauen werden, die je gelebt haben. In jedem Fall besitzt es die Struktur einer besonderen Persönlichkeit ... Wenn die Verschiedenheiten nicht sehr wichtig sind, dann sind auch Freiheit und persönlicher Wert nicht sehr wichtig« (Roger J. Williams). Der Verfasser fügt mit Recht hinzu, daß die weitverbreitete Theorie von der Gleichheit der menschlichen Natur »die an der Oberfläche den Idealen der Demokratie zu entsprechen scheint ... mit der Zeit die ganzen grundlegenden Ideale der Freiheit und des persönlichen Wertes untergraben und das Leben, wie wir es verstehen, sinnlos machen würde«.

In jüngerer Zeit wird den angeborenen Verschiedenheiten zwischen den Menschen weniger Bedeutung beigemessen und alle wichtigen Unterschiede den Umwelteinflüssen zugeschrieben. So wichtig die letzteren sein mögen, so dürfen wir doch nicht übersehen, wie groß schon die Verschiedenheiten in den Anlagen sind. Die Bedeutung der individuellen Verschiedenheiten wäre wohl kaum geringer, wenn alle Menschen in sehr ähnlichen Umgebungen aufgezogen würden. Als Tatsachenaussage ist es einfach nicht wahr, daß »alle Menschen von Geburt aus gleich sind«. Wir können diese geheiligte Phrase weiter verwenden, um dem Ideal Ausdruck zu verleihen, daß rechtlich und moralisch alle Menschen gleich behandelt werden sollen. Aber wenn wir verstehen wollen, was dieses Gleichheitsideal bedeuten kann oder bedeuten soll, müssen wir uns zuallererst von der Vorstellung einer tatsächlichen Gleichheit frei machen.

Aus der Tatsache, daß die Menschen sehr verschieden sind, folgt, daß gleiche Behandlung zu einer Ungleichheit in ihren tatsächlichen Positionen führen muß, und daß der einzige Weg, sie in gleiche Positionen zu bringen, wäre, sie ungleich zu behandeln. Gleichheit vor dem Gesetz und materielle Gleichheit sind daher nicht nur zwei verschiedene Dinge, sondern sie schließen einander aus; und wir können nur entweder die eine oder die andere erreichen, aber nicht beide zugleich. Die Gleichheit vor dem Gesetz, die die Freiheit fordert, führt zu materieller Ungleichheit. Wir werden hier die Ansicht vertreten, daß der Staat zwar, wo er aus anderen Gründen Zwang gebrauchen muß, alle Menschen gleich behandeln soll, daß aber der Wunsch, die Menschen in ihren Lebensbedingungen gleich zu machen, in einer freien Gesellschaft als Rechtfertigung für weitergehenden und diskriminierenden Zwang nicht anerkannt werden kann.

Wir sind nicht gegen Gleichheit als solche. Es ist nur einfach so, daß die Forderung nach Gleichheit das erklärte Motiv der meisten ist, die der Gesellschaft ein vorher zurechtgelegtes Verteilungsschema aufdrücken wollen. Wir sind gegen alle Versuche, der Gesellschaft ein willkürlich gewähltes Verteilungsschema aufzuzwingen, ob es nun eine Ordnung der Gleichheit oder der Ungleichheit ist. Wir werden tatsächlich sehen, daß viele, die größere Gleichheit fordern, nicht wirklich Gleichheit meinen, sondern eine Verteilung, die den menschlichen Vorstellungen von persönlichem Verdienst besser entspricht, und daß ihre Forderungen mit Freiheit ebenso unvereinbar sind wie die strengeren egalitären Forderungen.

Wenn man sich gegen die Anwendung von Zwang zur Erzielung einer gleichmäßigeren oder gerechteren Verteilung ausspricht, bedeutet das nicht, daß man diese nicht wünschenswert findet. Es ist jedoch wesentlich für die Erhaltung einer freien Gesellschaft, anzuerkennen, daß auch berechtigte Wünsche keine zureichende Rechtfertigung für die Anwendung von Zwang sind. Man wird sich sicherlich zu einer Gemeinschaft hingezogen fühlen, in der es keine extremen Gegensätze zwischen Reich und Arm gibt, und es begrüßen, daß die allgemeine Zunahme des Wohlstandes diese Unterschiede allmählich auszugleichen scheint. Ich teile diese Gefühle voll und ganz und finde den Grad sozialer Gleichheit, den die Vereinigten Staaten erreicht haben, wirklich bewundernswert.

Es ist auch kein Grund zu sehen, warum dieser weit verbreitete Wunsch die Politik nicht in manchen Dingen leiten sollte. Wo eine legitime Notwendigkeit zu staatlichen Maßnahmen besteht und zwischen verschiedenen Methoden zu wählen ist, mag jene, die zugleich geeignet ist, die Ungleichheit zu verringern, vorzuziehen sein. Wenn zum Beispiel im Erbrecht eine Bestimmung der Gleichheit förderlicher ist als eine andere, mag das ein gewichtiges Argument zu ihren Gunsten sein. Es ist aber etwas anderes, wenn gefordert wird, daß wir zur Herbeiführung größerer Gleichheit das Grundpostulat einer freien Gesellschaft, nämlich die Beschränkung allen Zwanges durch gleiches Recht aufgeben sollen. Dem werden wir entgegenhalten, daß wirtschaftliche Ungleichheit nicht eines der Übel ist, zu deren Beseitigung die Anwendung von diskriminierendem Zwang oder die Gewährung von Privilegien gerechtfertigt wäre.

Unsere Stellungnahme beruht auf zwei grundlegenden Feststellungen, die wohl nur ausgesprochen zu werden brauchen, um ziemlich allgemeine Zustimmung zu finden: Die erste drückt den Glauben aus, daß alle Menschen in einer bestimmten Hinsicht ähnlich sind. Es ist die Behauptung, daß kein Mensch oder keine Gruppe die Fähigkeit besitzt, die Fähigkeiten anderer Menschen mit Sicherheit festzustellen, und daß wir gewiß nicht damit rechnen sollen, daß es jemand gibt, der das kann. So groß die Unterschiede zwischen verschiedenen Menschen sein mögen, so haben wir doch keinen Grund anzunehmen, daß der Unterschied je so groß sein kann, daß in einem gegebenen Fall im Verstand *eines* Menschen alles Platz hat, dessen der Verstand anderer fähig ist.

Die zweite grundlegende Feststellung ist, daß die Erwerbung zusätzlicher, möglicherweise nützlicher Fähigkeiten von seiten irgendeines Mitgliedes der Gemeinschaft immer als ein Gewinn für diese Gemeinschaft angesehen werden muß. Es kann zwar sein, daß bestimmte Personen durch die bessere Fähigkeit eines neuen Konkurrenten in ihrem Gebiet Einbußen erleiden werden; aber jede solche zusätzliche Fähigkeit in der Gemeinschaft wird der Mehrheit Nutzen bringen. Daher hängt die Frage, ob es erstrebenswert ist, die Fähigkeiten oder Gelegenheiten eines einzelnen zu vergrößern, nicht davon ab, ob dasselbe auch für andere getan werden kann – vorausgesetzt natürlich, daß dadurch nicht anderen die Möglichkeit genommen wird, dieselben oder andere Fähigkeiten zu erwerben, die für sie erreichbar gewesen wären, wenn sie nicht von jenem Individuum in Anspruch genommen worden wären.

Egalitarier machen gewöhnlich einen Unterschied zwischen den angeborenen und den durch Umwelteinfluß bedingten Verschiedenheiten der individuellen Fähigkeiten, oder zwischen jenen, die das Ergebnis der »Natur« und jenen, die das Ergebnis der »Aufzucht« sind. Keine von beiden haben, um es gleich zu sagen, irgend etwas mit moralischem Verdienst zu tun. Obwohl beide mitbestimmend sind für den Wert, den ein Individuum für seine Mitmenschen hat, gebührt ihm nicht mehr Anerkennung dafür, daß es mit wünschenswerten Eigenschaften geboren wurde, als daß es unter günstigen Umständen aufgewachsen ist. Die Unterscheidung zwischen den beiden ist nur insofern von Bedeutung, als die Vorteile der angeborenen Anlagen außerhalb des menschlichen Zutuns liegen, während wir die Umweltfaktoren möglicherweise ändern können. Die wichtige Frage ist, ob wir unsere Institutionen so ändern sollen, daß die der Umwelt zuzuschreibenden Vorteile so weit wie möglich ausgeschaltet werden. Sollen wir zustimmen, daß alle Ungleichheiten, die auf Geburt und ererbtem Vermögen beruhen, abgeschafft werden sollen und keine übrigbleiben, die nicht ein Ergebnis von höherer Begabung und Fleiß sind?

Die Tatsache, daß gewisse Vorteile auf menschlichen Einrichtungen beruhen, heißt nicht notwendig, daß wir dieselben Vorteile allen bieten könnten, oder daß, indem sie manchen gegeben werden, sie anderen weggenommen werden. Die wichtigsten Faktoren, die wir in diesem Zusammenhang betrachten müssen, weil sie als Ursache der Ungleichheit hauptsächlich kritisiert werden, sind die Familie, die Erziehung und die Vererbung von Vermögen. Sie sind jedoch nicht die einzigen wichtigen Faktoren der Umwelt. Geographische Bedingungen wie Klima und Landschaft, ganz abgesehen von den lokalen und regionalen Unterschieden in den kulturellen und moralischen Überlieferungen, sind kaum weniger wichtig. Wir müssen uns hier jedoch auf die Betrachtung der drei erwähnten Faktoren beschränken, deren Wirkungen am häufigsten angefochten werden.

Was die *Familie* betrifft, besteht ein eigenartiger Gegensatz zwischen der Hochschätzung, die die meisten Menschen für die Institution selbst bekunden, und ihrer Abneigung gegen die Tatsache, daß die Herkunft aus einer bestimmten Familie einem Menschen spezielle Vorteile bietet. Es scheint eine weit verbreitete Vorstellung zu sein, daß nützliche Eigenschaften, die jemand durch seine angeborenen Gaben unter für alle gleichen Bedingungen entwickelt, eine soziale Wohltat sind, daß dieselben Eigenschaften aber irgendwie unerwünscht werden, wenn sie das Ergebnis von Umweltbedingungen sind, die anderen nicht gegeben sind. Es ist aber schwer einzusehen, warum dieselbe nützliche Eigenschaft, die willkommen ist, wenn sie das Ergebnis angeborener Anlagen ist, weniger wertvoll sein soll, wenn sie das Ergebnis von günstigen Umständen wie intelligenten Eltern oder einem guten Heim ist.

Daß die Familie von den meisten Menschen als eine so wertvolle Institution angesehen wird, beruht auf der Überzeugung, daß die Eltern in der Regel zur Vorbereitung ihrer Kinder auf ein befriedigendes Leben mehr tun können als jemand anderer. Das bedeutet nicht nur, daß die Vorteile, die die einzelnen Menschen bedingt durch ihre Familie haben werden, verschieden sind, sondern auch, daß diese Vorteile durch mehrere Generationen kumulativ wirken können. Warum sollte man glauben, daß erwünschte Eigenschaften eines Menschen für die Gesellschaft weniger wertvoll sind, wenn sie das Ergebnis der Familientradition sind, als wenn er sie ohne solche Hilfe erworben hätte? Es gibt sogar gute Gründe, anzunehmen, daß es sozial wertvolle Eigenschaften gibt, die nur selten in einer einzigen Generation erworben werden, sondern sich gewöhnlich nur durch fortgesetzte Bemühungen von zwei oder drei Generationen herausbilden. Das bedeutet einfach, daß gewisse Bestandteile des kulturellen Erbgutes einer Gesellschaft wirksamer durch die Familie vermittelt werden. Wenn das zugegeben wird, wäre es unvernünftig zu leugnen, daß eine Gesellschaft es eher zu einer besseren Elite bringen wird, wenn der Aufstieg nicht auf eine Generation beschränkt ist, die einzelnen nicht absichtlich auf das gleiche Anfangsniveau gestellt werden, und den Kindern nicht die Möglichkeit genommen wird, die Vorteile einer besseren Erziehung und besserer materieller Verhältnisse zu genießen, die ihnen ihre Eltern bieten können. Das zuzugeben, heißt bloß anzuerkennen, daß die Zugehörigkeit zu einer bestimmten Familie Teil der individuellen Persönlichkeit ist, daß die Gesellschaft ebenso aus Familien wie aus Individuen besteht, und daß die Weitergabe des Kulturerbes innerhalb der Familie ein ebenso wichtiges Werkzeug im Streben der Menschen nach dem Besseren ist wie die Vererbung günstiger physischer Eigenschaften.

Es gibt viele Leute, die zustimmen, daß die Familie ein willkommenes Instrument zur Weitergabe von Moral, Geschmack und Wissen ist, aber doch bezweifeln, ob auch die Weitergabe von materiellem Vermögen wünschenswert ist. Es ist aber kaum zu bezweifeln, daß, um Kulturgut weiterzugeben, eine gewisse Kontinuität des Lebensstandards und der äußeren Lebensformen wesentlich ist, und daß diese nur erreicht werden kann, wenn nicht nur immaterielle, sondern auch materielle Vorteile von Generation zu Generation weitergegeben werden können. Es bedeutet natürlich weder größeres Verdienst noch größere Ungerechtigkeit, daß manche Menschen als Kinder reicher Eltern, als daß manche als Kinder gütiger und intelligenter Eltern geboren sind. Tatsache ist, daß es für die Gemeinschaft ein ebensolcher Gewinn ist, wenn wenigstens einige Kinder auf den Vorteilen aufbauen können, die zu jeder Zeit nur wohlhabende Familien bieten können, wie wenn manche Kinder größere Intelligenz erben oder zu Hause eine höhere Moral gelehrt werden.

Wir wollen hier nicht auf die wichtigste Rechtfertigung der privaten *Vererbung von Vermögen* eingehen, nämlich, daß sie wesentlich ist sowohl zur Erhaltung einer weiten Streuung des Kapitalbesitzes als auch als Ansporn zur Kapitalbildung. Hier handelt es sich nur darum, ob die Tatsache, daß sie manchen unverdiente Vorteile bringt, ein gerechtfertigter Einwand gegen diese Institution ist. Sie ist zweifellos eine der institutionellen Ursachen der Ungleichheit. Im gegenwärtigen Zusammenhang brauchen wir nicht zu untersuchen, ob die Freiheit unbeschränkte Testierfreiheit verlangt. Unser Problem ist hier bloß, ob die Leute das Recht haben sollen, ihren Kindern oder anderen solches materielle Hab und Gut zu hinterlassen, das beträchtliche Ungleichheit herbeiführt.

Wenn wir zustimmen, daß es wünschenswert ist, den natürlichen Instinkt der Eltern für eine möglichst gute Vorbereitung der nachkommenden Generation zu nützen, scheint es keinen vernünftigen Grund zu geben, das auf nichtmaterielle Vorteile zu beschränken. Die Funktion der Familie, Standards und Traditionen zu überliefern, ist mit der Möglichkeit der Weitergabe materieller Güter eng verknüpft. Und es ist schwer einzusehen, welchem wahren Interesse der Gesellschaft gedient sein sollte, wenn der Genuß materieller Vorteile auf eine Generation beschränkt wäre.

Es gibt noch eine andere Überlegung, die, wenn sie auch etwas zynisch erscheinen mag, nahelegt, daß wir die Vererbung von Vermögen nicht ausschließen sollten, wenn wir von der natürlichen Parteilichkeit der Eltern für ihre Kinder den besten Gebrauch machen wollen. Unter all den verschiedenen Methoden, mit denen die Erfolgreichen und Einflußreichen für das materielle Wohl ihrer Kinder vorsorgen können, ist die Vererbung von Vermögen für die Gesellschaft bei weitem die billigste. Wo diese Möglichkeit nicht besteht, werden solche Personen andere Wege suchen, zum Beispiel sie in Stellungen bringen, die ihnen dasselbe Einkommen und Prestige sichern, das ihnen ein Vermögen gesichert hätte; und das würde zu einer Verschwendung von Mitteln führen und eine Ungerechtigkeit darstellen, die viel größer ist als die Vererbung von Vermögen. Das ist in allen Gesellschaften der Fall, in denen es keine Vermögensvererbung gibt, die kommunistische nicht ausgenommen. Jene, die die durch Vererbung von Vermögen geschaffenen Ungleichheiten zu vermeiden wünschen, sollten daher einsehen, daß, so wie die Menschen sind, die Vererbung von Vermögen auch von ihrem Standpunkt aus das geringste Übel ist.

In der Vergangenheit war die Vererbung von Vermögen die am meisten kritisierte Quelle der Ungleichheit; das ist heute kaum mehr der Fall. Heute konzentriert sich die Propaganda der Egalitarier mehr auf die ungleichen Aussichten durch Unterschiede in der *Schulbildung*. Es wird immer häufiger gefordert, daß der beste Unterricht, den wir schon einigen bieten können, allen kostenlos zugänglich gemacht werden soll, und, wenn dies nicht möglich ist, kein Kind eine bessere Erziehung genießen soll als andere, nur weil seine Eltern sie bezahlen können, sondern nur jene und alle jene, die eine einheitliche Befähigungsprüfung bestehen können, zu den begrenzten Möglichkeiten eines höheren Unterrichts zugelassen werden sollen.

Das Problem der Erziehungspolitik wirft zu viele Fragen auf, als daß sie nebenher als Teil des Gleichheitsproblems behandelt werden könnten. Im Augenblick wollen wir nur darauf hinweisen, daß auf diesem Gebiet ein Versuch, Gleichheit zu erzwingen, kaum eine andere Folge haben kann, als daß manche gehindert werden, die Erziehung zu erhalten, die sie sonst erhalten würden. Wir können jedenfalls nicht vermeiden, daß Vorteile, die zu bieten wünschenswert ist, die aber nur wenigen gegeben werden können, Individuen zugute kommen, die sie weder persönlich verdienen noch so gut nützen werden, als es vielleicht jemand anderer getan hätte: Ein solches Problem kann nicht durch den Zwang eines ausschließlich zuständigen Staates zufriedenstellend gelöst werden.

Es ist instruktiv, einen kurzen Blick auf die Veränderungen zu werfen, die das Gleichheitsideal auf diesem Gebiet in neuerer Zeit durchgemacht hat. Vor hundert Jahren, auf dem Höhepunkt der klassisch-liberalen Bewegung, lautete die allgemeine Forderung: »La carrière ouverte aux talents.« Das bedeutete, daß alle künstlichen Hindernisse, die dem Aufstieg der Begabten entgegenstanden, beseitigt, alle Privilegien für einzelne abgeschafft und alle Beiträge, die der Staat für bessere Aufstiegschancen leistete, für alle gleich sein sollten. Daß dieses, so lange die Menschen verschieden waren und in

verschiedenen Familien aufwuchsen, nicht die gleichen Anfangsbedingungen sichern konnte, wurde ziemlich allgemein
hingenommen. Man verstand die Pflicht des Staates dahingehend, daß er nicht allen dieselbe Aussicht auf Erreichung
einer gegebenen Stellung sichern muß, sondern nur, daß er
jene Einrichtungen, die ihrer Natur nach von Staatstätigkeit
abhängen, allen unter denselben Bedingungen zugänglich
machen soll. Daß die Ergebnisse verschieden sein mußten,
nicht nur, weil die Individuen verschieden sind, sondern
auch, weil nur ein kleiner Teil der relevanten Umstände von
der Tätigkeit des Staates abhängt, wurde als Selbstverständlichkeit betrachtet.

Diese Vorstellung, daß es allen offen stehen soll, ihr Bestes zu
versuchen, wurde weitgehend durch die völlig andere Vorstellung ersetzt, daß allen die gleichen Anfangsbedingungen
und die gleichen Aussichten gesichert werden sollen. Das
heißt nicht viel weniger, als daß der Staat, anstatt allen die
gleichen Bedingungen zu bieten, anstreben soll, alle Umstände, von denen die Aussichten des einzelnen abhängen, in
die Hand zu nehmen und seinen Fähigkeiten so anzupassen,
daß seine Aussichten dieselben sind wie für jeden anderen.
Ein solches gezieltes Anpassen der Umstände an die persönlichen Ziele und Fähigkeiten wäre natürlich das Gegenteil
von Freiheit. Es könnte auch nicht als Mittel zur besten Aus-
nützung alles vorhandenen Wissens gerechtfertigt werden,
es sei denn, wir würden annehmen, daß der Staat am besten
weiß, wie persönliche Fähigkeiten verwendet werden können.

Wenn wir nach der Begründung dieser Forderungen for-
schen, finden wir, daß sie ihren Ursprung in der Unzufriedenheit haben, die der Erfolg einiger oft in den weniger
Erfolgreichen hervorruft, oder, um es frei herauszusagen, im
Neid. Die moderne Tendenz, diese Leidenschaft zu befrie-
gen und sie in das respektable Kleid der sozialen Gerechtigkeit zu hüllen, entwickelt sich zu einer ernsten Bedrohung
der Freiheit. Kürzlich wurde der Versuch gemacht, diese

Forderungen auf das Argument zu gründen, daß es das Ziel der Politik sein soll, alle Quellen von Unzufriedenheit zu beseitigen. Das würde natürlich notwendig bedeuten, daß es die Verantwortlichkeit des Staates ist, dafür zu sorgen, daß niemand gesünder ist oder ein glücklicheres Temperament, einen geeigneteren Ehepartner oder besser gedeihende Kinder hat als irgend jemand anderer. Wenn wirklich alle unerfüllten Wünsche zu einem Anspruch an die Gemeinschaft werden, ist es mit der persönlichen Verantwortung zu Ende. So menschlich er vielleicht ist, Neid gehört sicherlich nicht zu den Ursachen der Unzufriedenheit, die eine freie Gesellschaft abschaffen kann. Es ist wahrscheinlich eine der wesentlichen Voraussetzungen für die Erhaltung einer freien Gesellschaft, daß wir Neid nicht unterstützen und seine Forderungen nicht sanktionieren, indem wir ihn als soziale Gerechtigkeit tarnen, sondern daß wir ihn, in den Worten von John Stuart Mill als »die unsympathischste und verhaßteste aller Leidenschaften« behandeln.

Während die meisten streng egalitären Forderungen nur aus Neid geboren sind, müssen wir anerkennen, daß viele Forderungen zwar an der Oberfläche als Gleichheitsforderungen erscheinen, in Wirklichkeit aber Forderungen nach gerechterer Verteilung der Güter dieser Welt sind und aus viel achtbareren Motiven stammen. Die meisten Menschen richten ihre Einwände nicht gegen die bloße Tatsache der Ungleichheit, sondern gegen die Verschiedenheit der Entlohnung, die nicht einem erkennbaren Unterschied im Verdienst der verschiedenen Empfänger entspricht. Darauf wird gewöhnlich geantwortet, daß der freie Markt im großen und ganzen diese Art Gerechtigkeit zustande bringt. Wenn mit Gerechtigkeit jedoch eine Entsprechung von Entlohnung und moralischem Verdienst gemeint ist, ist das eine nicht vertretbare Behauptung. Jeder Versuch, die Freiheit mit diesem Argument zu verteidigen, richtet nur Schaden an, da damit zugegeben wird, daß die materielle Entlohnung in ein Verhältnis zu erkennbarem Verdienst gebracht werden sollte, und dann den

Schlußfolgerungen, die die meisten Leute daraus ziehen, eine Behauptung entgegengestellt wird, die nicht stimmt. Die richtige Antwort ist, daß es in einem freien System weder wünschenswert noch durchführbar ist, daß die materielle Entlohnung allgemein dem entsprechen soll, was die Menschen als Verdienst ansehen, und daß es wesentlich für eine freie Gesellschaft ist, daß die Position des einzelnen nicht notwendig von den Ansichten seiner Mitmenschen über seine Verdienste abhängt.

Diese Behauptung mag zunächst so fremdartig und vielleicht sogar anstößig erscheinen, daß ich den Leser bitten möchte, sein Urteil aufzuschieben, bis ich den Unterschied zwischen *Wert* und *Verdienst* näher erklärt habe. Die Schwierigkeit, den Unterschied klarzumachen, liegt darin, daß das Wort »Verdienst«, das einzige, das ich zur Bezeichnung meines Gedankens finde, auch in einem weiteren und weniger klaren Sinn gebraucht wird. Es wird sich hier ausschließlich auf die Eigenschaften des Verhaltens beziehen, die es des Lobes wert machen, das heißt, auf den moralischen Charakter der Handlung, nicht auf den Wert des Ergebnisses.

Wie wir in der ganzen Diskussion gesehen haben, steht der Wert, den die Leistung oder Fähigkeit eines Menschen für seine Mitmenschen hat, in keinem notwendigen Zusammenhang mit ihrem feststellbaren Verdienst in diesem Sinn. Die angeborenen wie auch die erworbenen Fähigkeiten eines Menschen haben für seine Mitmenschen offenbar einen Wert, unabhängig davon, ob es sein Verdienst ist, diese zu besitzen. Der einzelne kann es nicht ändern, daß seine speziellen Gaben sehr häufig oder besonders selten vorkommen. Ein scharfer Verstand, eine gute Stimme, schöne Gesichtszüge oder eine geschickte Hand, rasche Auffassungsgabe oder persönliche Anziehungskraft sind in weitem Maß unabhängig von persönlichem Bemühen, ebenso wie die Gelegenheiten und Erfahrungen, die sich ihm geboten haben. In all diesen Fällen hat der Wert, den jemandes Fähigkeiten oder Leistungen für uns haben, und für die er Entlohnung erhält, nicht viel Beziehung zu irgendeinem moralischen Verdienst. Unser Problem ist, ob die Entlohnung, die dem Menschen zusteht, dem Gewinn entsprechen soll, den seine Mitmenschen aus seiner Tätigkeit ziehen, oder dem moralischen Verdienst, das er sich durch seine Bemühungen in den Augen seiner Mitmenschen erworben hat.

Entlohnung nach Verdienst muß in der Praxis bedeuten Entlohnung nach feststellbarem Verdienst, Verdienst, über das andere Menschen urteilen und übereinstimmen können, nicht Verdienst nach dem Urteil einer höheren Gewalt. Feststellbares Verdienst in diesem Sinn heißt, daß wir zeigen können, daß jemand getan hat, was eine anerkannte Verhaltensregel von ihm verlangt hat, und daß ihn dies Mühe und Plage gekostet hat. Ob das der Fall war, kann nicht aus dem Ergebnis beurteilt werden: Verdienst ist nicht eine Sache des objektiven Ergebnisses, sondern des subjektiven Bemühens. Der Versuch, ein wertvolles Ziel zu erreichen, mag höchst verdienstvoll, aber ein völliger Fehlschlag sein, und ein voller Erfolg kann völlig das Ergebnis des Zufalls und somit verdienstlos sein. Wenn wir wissen, daß ein Mann sein Bestes getan hat, werden wir ihn häufig gerne belohnt sehen, unbeschadet des Ergebnisses; und wenn wir wissen, daß eine höchst wertvolle Errungenschaft fast völlig einem glücklichen Zufall oder günstigen Umständen zu danken ist, werden wir ihrem Urheber wenig Verdienst zuschreiben.

Wir mögen wünschen, daß wir diese Unterscheidung in jedem Fall machen könnten. Tatsächlich können wir es aber nur selten mit einiger Sicherheit. Es ist nur möglich, wenn wir all das Wissen besitzen, das dem handelnden Menschen zur Verfügung stand, einschließlich einer Kenntnis seines Geschicks und seiner Zuversicht, seiner geistigen Verfassung und seiner Gefühle, seiner Konzentrationsfähigkeit, seiner Energie und Beharrlichkeit etc. Die Möglichkeit einer richtigen Beurteilung des Verdienstes hängt daher vom Bestehen gerade jener Bedingungen ab, deren allgemeines Fehlen das Hauptargument für die Freiheit bildet. Gerade weil wir wollen, daß Menschen Wissen verwerten, das wir nicht besitzen, lassen wir sie selbst entscheiden. Insofern es ihnen aber freistehen soll, Kenntnisse und Fähigkeiten zu verwerten, die wir nicht haben, sind wir auch nicht in der Lage, das Verdienst ihrer Leistung zu beurteilen. Eine richtige Einschätzung des Verdienstes würde voraussetzen, daß wir beurteilen können, ob jemand von seinen Möglichkeiten den Gebrauch gemacht hat, den er hätte machen sollen, und wieviel Willensanstrengung und Selbstverleugnung ihn das gekostet hat; es setzt ferner voraus, daß wir auseinanderhalten können, welcher Teil seiner Leistung Umständen zuzuschreiben ist, die er in der Hand hatte, und welcher Teil den Umständen, die außerhalb seines Zutuns liegen.

Daß Entlohnung nach Verdienst mit der Freiheit der Wahl der Beschäftigung unvereinbar ist, zeigt sich am deutlichsten in jenen Gebieten, in denen die Ungewißheit der Ergebnisse besonders groß und unsere persönlichen Einschätzungen der Aussichten der verschiedenen Tätigkeiten sehr verschieden sind. In jenen theoretischen Betätigungen, die wir Wissenschaft und Forschung nennen, oder in wirtschaftlichen Tätigkeiten, die wir gewöhnlich als »Spekulation« bezeichnen, können wir nicht erwarten, die dafür geeignetsten Personen anzuziehen, wenn wir nicht den Erfolgreichen alle Anerkennung und den ganzen Gewinn geben, obwohl sich viele andere ebenso verdienstvoll bemüht haben mögen. Aus demselben Grund, daß niemand im voraus wissen kann, wer die Erfolgreichen sein werden, kann auch niemand sagen, wer größeres Verdienst erworben hat. Es würde gewiß nicht unseren Zwecken dienen, wenn wir alle, die sich ehrlich bemüht haben, am Gewinn teilhaben ließen. Das würde es überdies notwendig machen, daß jemand das Recht hat, zu entscheiden, wer sich um eine Aufgabe bemühen darf. Wenn die Menschen in der Verfolgung ungewisser Ziele ihre persönlichen Kenntnisse und Fähigkeiten verwenden sollen, dürfen sie sich nicht davon leiten lassen, was andere Menschen für ihr richtiges Vorgehen halten, sondern nur von dem

Wert, den andere dem von ihnen angestrebten Ergebnis beimessen.

Was so offensichtlich für alle mit großen Risiken verbundenen Bestrebungen zutrifft, gilt kaum weniger für jedes gewählte Ziel, dessen Verfolgung wir beschlossen haben. Jede solche Entscheidung ist mit Unsicherheit behaftet, und wenn die Wahl so klug wie möglich sein soll, müssen die verschiedenen zu erwartenden Ergebnisse nach ihrem Wert beurteilt werden. Wenn die Entlohnung des Menschen nicht dem Wert entspräche, den das Ergebnis seiner Bemühungen für seine Mitmenschen hat, hätte er keine Grundlage für die Entscheidung, ob die Verfolgung eines gegebenen Zieles Mühe und Risiko wert ist. Es müßte ihm gesagt werden, was er zu tun hat, und eines anderen Einschätzung der besten Verwendung seiner Fähigkeiten müßte sowohl seine Pflichten als auch seine Entlohnung bestimmen.

Es wird oft behauptet, die Gerechtigkeit verlange, daß die Entlohnung proportional zur Unerfreulichkeit der Arbeit sei und deshalb der Straßenkehrer oder Kanalarbeiter besser bezahlt werden sollte als der Arzt oder Büroarbeiter. Das scheint tatsächlich die Folge des Grundsatzes einer Entlohnung nach Verdienst (oder distributiver Gerechtigkeit) zu sein. Auf einem Markt würde sich ein solches Ergebnis nur einstellen, wenn alle Menschen für alle Betätigungen gleich geeignet wären und infolgedessen Menschen, die bei den angenehmen Beschäftigungen ebensoviel verdienen könnten wie alle anderen, besser entlohnt werden müßten, um sich unangenehmeren Arbeiten zu unterziehen. In der Realität geben diese unangenehmen Arbeiten denjenigen, die für die angenehmeren Tätigkeiten wenig nützlich sind, eine Möglichkeit, mehr zu verdienen, als sie es an einer anderen Stelle könnten. Daß Menschen, die ihren Mitbürgern wenig zu bieten haben, ein gleiches Einkommen wie die übrigen nur um den Preis eines viel größeren Opfers verdienen können, ist in jedem System unumgänglich, in dem der einzelne seinen eigenen Bereich, in dem er Nutzen bringt, selbst wählen darf.

Im übrigen wünschen wir natürlich nicht, daß die Menschen das höchste Verdienst erwerben, sondern daß sie mit einem Mindestmaß an Leid und Opfern und daher einem Mindestmaß an Verdienst ein Höchstmaß an Nutzen für ihre Mitmenschen erreichen. Es wäre uns nicht nur unmöglich, alles Verdienst gerecht zu belohnen, sondern es wäre gar nicht wünschenswert, daß die Menschen hauptsächlich das größte Verdienst anstreben. Jeder Versuch, sie dazu zu ermutigen, müßte zur Folge haben, daß verschiedene Menschen für die gleichen Leistungen verschieden entlohnt würden. Und nur den Wert des Ergebnisses können wir mit einiger Sicherheit beurteilen, nicht aber das Ausmaß an Mühe und Sorgfalt, das verschiedene Menschen zu dessen Erreichung aufgewendet haben.

Die Preise, die eine freie Gesellschaft für die Ergebnisse als Gewinn aussetzt, dienen dazu, jenen, die sich um sie bemühen, anzuzeigen, wieviel Mühe sie wert sind. Aber derselbe Preis wird allen zufallen, die dasselbe Ergebnis zustandebringen, ohne Rücksicht auf die aufgewendete Mühe. Was hier von der Entlohnung für gleiche Leistungen verschiedener Menschen gilt, gilt in noch höherem Maß für die relative Entlohnung für verschiedene Leistungen, die verschiedene Gaben und Fähigkeiten voraussetzen: sie werden wenig Beziehung zum Verdienst haben. Der Markt bietet im allgemeinen für Leistungen irgendeiner Art eine Entlohnung entsprechend dem Wert, den sie für die haben, die sie brauchen können. Aber es wird fast nie bekannt werden, ob es notwendig war, zur Erlangung dieser Leistungen so viel zu bieten, und zweifellos hätte die Gemeinschaft sie oft für viel weniger haben können. Der hochbezahlte Pianist, der vor nicht langer Zeit gesagt haben soll, daß er auch auftreten würde, wenn er dafür bezahlen müßte, beschrieb wahrscheinlich die Lage vieler, die große Einkommen aus Tätigkeiten beziehen, die gleichzeitig ihr Hauptvergnügen sind. [...]

Zum Abschluß müssen wir kurz noch ein anderes Argument prüfen, auf das die Forderungen gleichmäßiger Verteilung oft gegründet werden, wenn es auch selten klar ausgesprochen wird. Es ist die Behauptung, daß die Zugehörigkeit zu einer bestimmten Gemeinschaft oder einem bestimmten Volk dem einzelnen ein Recht auf einen bestimmten materiellen Lebensstandard gibt, der durch den allgemeinen Wohlstand der Gruppe, der er angehört, bestimmt ist. Diese Forderung steht in eigenartigem Widerspruch zu dem Wunsch, die Verteilung auf persönliches Verdienst zu gründen. Es ist offenbar kein Verdienst, in eine bestimmte Gemeinschaft hineingeboren zu sein, und kein Gerechtigkeitsargument kann auf den Zufall gegründet werden, daß ein bestimmter einzelner an einem bestimmten Ort und nicht an einem anderen zur Welt gekommen ist. Eine verhältnismäßig wohlhabende Gemeinschaft bietet tatsächlich immer auch ihren ärmsten Mitgliedern Vorteile, welche die in armen Gemeinschaften Geborenen nicht kennen. In einer reichen Gemeinschaft ist die einzige Rechtfertigung, die ihre Mitglieder für ihre Forderung nach weiteren Vorteilen haben können, daß es viel privates Vermögen gibt, das der Staat beschlagnahmen und neu verteilen könnte, und daß Menschen, die ständig den Wohlstand sehen, den andere genießen, ein stärkeres Verlangen danach haben werden als Leute, die davon nur theoretisch, wenn überhaupt wissen.

Es gibt keinen ersichtlichen Grund, warum die Tatsache, daß sich eine Gruppe zusammengetan hat, um Gesetz und Ordnung zu sichern und die Bereitstellung gewisser Dienstleistungen zu besorgen, den einzelnen Mitgliedern einen Anspruch auf einen bestimmten Anteil am Wohlstand der Gruppe geben soll. Solche Ansprüche wären besonders schwer zu verteidigen, wo diejenigen, die sie vorbringen, nicht gewillt wären, die gleichen Rechte auch jenen zuzugestehen, die nicht zu derselben Nation oder Gemeinschaft gehören. Die Anerkennung solcher Ansprüche auf nationaler Grundlage würde tatsächlich nur ein neues, kollektives (aber

nicht weniger ausschließliches) Eigentumsrecht an Mitteln
der Nation schaffen, das nicht aus denselben Gründen zu
rechtfertigen wäre wie persönliches Eigentum. Nicht viele
Menschen würden bereit sein, die Berechtigung dieser
Ansprüche auf weltweiter Basis anzuerkennen. Und die
bloße Tatsache, daß innerhalb eines gegebenen Volkes die
Mehrheit die tatsächliche Macht hat, solche Forderungen
durchzusetzen, während sie sie in der Welt als Gesamtheit
noch nicht hat, macht sie kaum gerechter.

Es ist sehr begründet, daß wir trachten, die uns zur Verfügung stehende politische Organisation dazu zu benützen, um
den Schwachen und Gebrechlichen oder den Opfern unvor-
hergesehener Unglücksfälle Fürsorge zu bieten. Es mag auch
richtig sein, daß es die beste Methode der Vorsorge gegen
gewisse, alle Staatsbürger gleichermaßen betreffende Risiken
ist, ihnen allen denselben Schutz gegen diese Risiken zuzusi-
chern. Das Niveau, auf dem solche Vorsorgen geboten werden können, wird natürlich vom allgemeinen Wohlstand der
Gemeinschaft abhängen.

Es ist aber etwas ganz anderes, zu verlangen, daß jene Armen,
die nur in dem Sinn arm sind, daß es andere in derselben
Gemeinschaft gibt, die reicher sind, das Recht auf einen
Anteil am Wohlstand dieser Reicheren haben, oder daß die
Geburt innerhalb einer Gruppe, die ein gewisses Niveau
erreicht hat, das Recht auf einen Anteil an allen ihren Vorteilen verleiht. Daß alle Bürger ein Interesse an der gemeinsamen Versorgung mit gewissen Leistungen haben, gibt niemandem das Recht, einen Anteil an allen Vorteilen zu beanspruchen, die andere Mitglieder der Gruppe genießen. Der
Wohlstand einer Gruppe mag ein Maß dafür bilden, was
einige ihren Mitbürgern freiwillig zu geben bereit sein sollten,
nicht aber dafür, was jedermann fordern kann.

Nationale Gruppen werden immer exklusiver werden, je
mehr sich die Ansicht ausbreitet, gegen die wir hier argumentiert haben. Bevor sie fremde Menschen zu all den Vorteilen
zulassen, die das Leben in ihrem Lande bietet, wird ein Volk

sie lieber ganz fernhalten; denn wenn sie einmal eingelassen sind, wird es nicht lange dauern, bis sie einen bestimmten Anteil am Wohlstand dieses Landes als ihr Recht fordern werden. Die Vorstellung, daß Staatsbürgerschaft oder auch nur Ansässigkeit in einem Land einen Anspruch auf einen bestimmten Lebensstandard gibt, fängt an, eine ernste Quelle internationaler Reibungen zu werden. Da die einzige Rechtfertigung für die Anwendung des Prinzips innerhalb eines Landes die Tatsache ist, daß die Regierung die Macht hat, es zu erzwingen, dürfen wir uns nicht wundern, wenn dasselbe Prinzip auch international durch Gewalt durchgesetzt wird. Wenn das Recht der Majorität auf die Vorteile, die Minderheiten genießen, einmal im nationalen Bereich anerkannt ist, gibt es keinen Grund, warum es vor den Grenzen der bestehenden Staaten haltmachen sollte.

John Rawls: Eine Vertragstheorie der Gerechtigkeit

Eine menschliche Gesellschaft kann man sich als eine mehr oder weniger unabhängige soziale Vereinigung vorstellen, die sich von einer gemeinsamen Gerechtigkeitsauffassung leiten läßt und auf die Förderung des Wohls ihrer Mitglieder abzielt. Als Gemeinschaftsunternehmen zur Herbeiführung wechselseitigen Nutzens ist sie sowohl durch Interessenkonflikt als auch durch Interessengleichheit gekennzeichnet. Interessengleichheit besteht, da die soziale Kooperation allen ein besseres Leben ermöglicht, als jeder es führen würde, wenn er versuchte, nur von seiner eigenen Arbeit zu leben. Doch gleichzeitig ist es den Menschen nicht gleichgültig, wie der durch ihre gemeinsame Anstrengung erzielte größere Nutzen verteilt wird; denn jeder zieht zur Beförderung seiner eigenen Ziele einen größeren Anteil einem geringeren vor. Eine Gerechtigkeitskonzeption nun besteht aus einer Reihe von Prinzipien zum Zweck der Entscheidung zwischen jenen sozialen Institutionen, die diese Verteilung regeln sollen, und zur Erzielung einer Übereinkunft hinsichtlich der je angemessenen Anteile.

Die Gerechtigkeitskonzeption des Utilitarismus dürfte auf den ersten Blick als die vernünftigste erscheinen. Man bedenke folgendes. Mit Sicherheit kann der *einzelne* bei der Verwirklichung seines Wohls seine Verluste und seine Gewinne gegeneinander abwägen: Man kann sich gegenwärtig ein Opfer auferlegen, um später einen größeren Nutzen zu erzielen. Wer den größtmöglichen Nutzen zu erzielen und seine Ziele so gut wie möglich zu befördern sucht, handelt, solange andere nicht davon betroffen werden, durchaus richtig. Warum nun sollte eine *Gesellschaft* nicht dem gleichen Prinzip folgen? Weshalb ist das, was im Falle des einzelnen vernünftig ist, nicht auch im Falle einer Gruppe von Menschen richtig? Gewiß ist die Maximierung des Wohls die einfachste und am wenigsten umständliche Auffassung davon, was recht ist, und damit auch von der Gerechtigkeit. Dabei wird zwar vorausgesetzt, worin das Wohl besteht, aber man kann sich das Wohl als durch die Interessen vernünftiger Individuen bereits gegeben denken. Ebenso wie die Erlangung des größten Wohls und die bestmögliche Beförderung des eigenen Systems rationaler Wünsche das Prinzip der *individuellen* Wahl darstellt, besteht ganz entsprechend das Prinzip der *gesellschaftlichen* Wahl darin, das (ähnlich definierte) größte Wohl, additiv auf alle Angehörigen der Gesellschaft bezogen, zu verwirklichen. Zum Prinzip des Utilitarismus gelangt man also auf ganz natürliche Weise: Eine Gesellschaft ist dann richtig geordnet und folglich gerecht, wenn ihre Institutionen so geartet sind, daß die größte Summe von Befriedigungen zustande kommt.

Das Auffallende am Utilitarismusprinzip ist, daß es höchstens mittelbar darauf ankommt, wie diese Summe von Befriedigungen unter die Individuen *verteilt* wird, ebenso wie es beim einzelnen höchstens mittelbar darauf ankommt, wie er seine Befriedigungen über die Zeit verteilt. Da bestimmte Verteilungsweisen die Gesamtsumme der Befriedigungen beeinflussen, muß man diesem Umstand bei der Gestaltung gesellschaftlicher Institutionen Rechnung tragen. Dem Utilitarismusprinzip zufolge werden die Gerechtigkeitsvorschriften des Alltags in ihrer scheinbaren Strenge damit begründet, daß es sich hier um diejenigen Regeln handelt, von denen die Erfahrung zeigt, daß man sie strikt beachten muß und nur in Ausnahmefällen brechen darf, wenn die Summe der Vorteile maximiert werden soll. Die Gerechtigkeitsvorschriften leiten sich aus dem einen Zweck ab, den höchsten Reingewinn an Befriedigungen zu erzielen. Prinzipiell gibt es keinen Grund, warum die größeren Gewinne einiger die geringeren Verluste anderer nicht ausgleichen sollten oder warum sich die Verletzung der Freiheit weniger Menschen nicht durch das größere gemeinsame Wohl vieler Menschen wettmachen lassen sollte. Es ist, zumindest in den meisten Situationen, einfach der Fall, daß die größte Summe von Befriedigungen nicht auf diese Weise erreicht wird. Vom Standpunkt der Nützlichkeit aus gesehen, besitzt die Strenge der Gerechtigkeitsvorstellungen des Alltags zwar einen gewissen Sinn, doch als philosophische Lehre ist sie irrational.

Glaubt man also, daß jeder Angehörige der Gesellschaft prinzipiell und aus Gründen der Gerechtigkeit eine Unverletzlichkeit besitzt, die nicht einmal aus Gründen des Wohlergehens aller anderen angetastet werden darf, und daß der Freiheitsverlust einiger nicht dadurch gerechtfertigt wird, daß viele eine größere Gesamtsumme an Befriedigungen genießen, so muß man nach einer anderen Begründung der Gerechtigkeitsprinzipien suchen. Das Utilitarismusprinzip kann nicht erklären, daß Freiheit und Gleichheit der Staatsbürger selbstverständliche Voraussetzungen einer gerechten Gesellschaft sind und daß die durch Gerechtigkeitsprinzipien gesicherten Individualrechte weder politischen Verhandlungen noch dem Kalkül gesellschaftlicher Interessen unterworfen sind.

Die natürlichste Alternative zum Utilitarismusprinzip ist
seine traditionelle Rivalin, die Theorie des Gesellschaftsvertrags. Das Ziel dieser Theorie besteht genau darin, die Strikt-
heit der Gerechtigkeitsprinzipien durch die Annahme zu
erklären, daß diese Prinzipien sich aus einer Abmachung zwischen freien und unabhängigen Personen in einem Urzustand
der Gleichheit ergeben und somit die Unversehrtheit und
gleichberechtigte Souveränität jener rationalen Individuen
widerspiegeln, die den Vertrag miteinander schließen.
Anstelle der Annahme, eine Konzeption des Richtigen und
damit der Gerechtigkeit sei einfach eine Erweiterung des für
den einzelnen geltenden Entscheidungsprinzips auf die
Gesellschaft als ganze, geht die Vertragstheorie davon aus,
daß jene vernünftigen Individuen, die der Gesellschaft angehören, zusammen, in einem gemeinsamen Akt, entscheiden
müssen, was für sie als gerecht oder ungerecht gelten soll. Sie
müssen miteinander und ein für allemal festlegen, wie die
gerechte Gesellschaft für sie aussehen soll. Und zwar wird
diese Entscheidung in einer angemessen definierten Ausgangssituation getroffen, zu deren hervorstechenden Merkmalen es gehört, daß jemand nicht seine spätere gesellschaftliche Stellung, ja nicht einmal sein Maß an natürlichen Begabungen und Fähigkeiten kennt. Die Gerechtigkeitsprinzipien, auf die sich alle Individuen ein für allemal verpflichten, werden ohne solche spezifischen Informationen beschlossen. Ein Schleier des Nichtwissens verhindert, daß irgend
jemand aufgrund der zufälligen Faktoren sozialer Klassen-
zugehörigkeit oder glücklicher Anlagen bevorteilt oder
benachteiligt wird; deshalb bleibt die Wahl der Prinzipien von
jenen Verhandlungsproblemen, die sich im Alltag aus dem
Besitz solcher Kenntnisse ergeben, unberührt. Der Vertragstheorie zufolge gehört somit die Gerechtigkeitslehre, ja die
Ethik überhaupt, zur allgemeinen Theorie vernünftigen Ent-
scheidungsverhaltens – ein Umstand, der aus der Kantischen
Formulierung dieser Theorie sehr deutlich hervorgeht.
Ist man erst einmal zu der Vorstellung gelangt, Gerechtigkeit

ergebe sich aus einer solchen ursprünglichen Vereinbarung, so muß das Utilitarismusprinzip als problematisch erscheinen. Denn warum sollten vernünftige Individuen mit einem System von Zielen, das sie befördern möchten, einer Verletzung ihrer Freiheit zustimmen, damit andere ein Mehr an Befriedigungen genießen können? Es ist doch einleuchtender anzunehmen, daß sie in einem Urzustand der Gleichberechtigung auf Institutionen bestehen werden, die erforderliche Opfer durch entsprechende Vorteile ausgleichen. Wer vernünftig ist, wird keine Institution nur deshalb akzeptieren, weil sie die Gesamtsumme *aller* Vorteile, ohne Rücksicht auf die Konsequenzen für die eigenen Interessen, maximiert. Es scheint also, daß das Utilitarismusprinzip als Prinzip der Gerechtigkeit Ablehnung finden wird. Allerdings werden wir diese wichtige Frage hier nicht weiter erörtern. Unser Ziel ist vielmehr, jene Konzeption distributiver Anteile kurz zu skizzieren, die implizit in den Gerechtigkeitsprinzipien enthalten ist, die man offenbar im Urzustand wählen würde. Der philosophische Reiz des Utilitarismus besteht darin, daß er anscheinend nur ein einziges Prinzip anbietet, auf dessen Grundlage sich eine widerspruchsfreie und vollständige Konzeption des Richtigen entwickeln läßt. Das Problem besteht nun darin, als Alternative eine Form der Vertragstheorie auszuarbeiten, die vergleichbare, wenn auch nicht dieselben Tugenden aufweist.

Bei unserer Erörterung werden wir keinen Versuch unternehmen, die beiden Gerechtigkeitsprinzipien, die wir untersuchen wollen, abzuleiten; das heißt, wir werden nicht zu zeigen versuchen, daß man sich im Urzustand tatsächlich für sie entscheiden würde. Es muß genügen, daß eine solche Entscheidung plausibel erscheint, zumindest im Vergleich zu den gängigen Formen traditioneller Theorien. Statt dessen werden wir uns hauptsächlich mit drei Fragen beschäftigen:

1. Wie sind diese Prinzipien zu interpretieren, damit sie ein in sich widerspruchsfreies und vollständiges Konzept der Gerechtigkeit ergeben?

2. Ist es möglich, die Institutionen einer konstitutionellen Demokratie so zu gestalten, daß diese Prinzipien wenigstens annähernd erfüllt sind?

3. Läßt sich die Konzeption der distributiven Anteile, die sich aus diesen Prinzipien ergibt, mit den Gerechtigkeitsvorstellungen des gesunden Menschenverstands vereinbaren?

Kennzeichnend für die Prinzipien ist, daß sie der Strenge der Gerechtigkeitsforderungen Genüge tun. Wenn sie sich außerdem so interpretieren lassen, daß sie ein in sich widerspruchsfreies und vollständiges Konzept ergeben, so würde dies die Alternative der Vertragstheorie nur noch attraktiver machen.

Die beiden Gerechtigkeitsprinzipien, die wir erörtern wollen, lassen sich folgendermaßen formulieren:

1. Jeder an einer Institution Beteiligte oder von ihr Betroffene hat ein gleiches Recht auf die größtmögliche Freiheit, die mit der gleichen Freiheit für alle übrigen vereinbar ist.

2. Ungleichheiten, durch die Struktur der Institutionen festgelegt oder gefördert, sind willkürlich, es sei denn, man kann vernünftigerweise erwarten, daß sie sich zu jedermanns Vorteil auswirken, und die Positionen und Ämter, mit denen diese Ungleichheiten verknüpft sind beziehungsweise aus denen sie sich ergeben, stehen allen offen.

Diese Prinzipien bestimmen die Verteilungsaspekte der Institutionen, indem sie die Zuweisung von Rechten und Pflichten in der gesamten Gesellschaftsstruktur regeln. Das geschieht zunächst im Wege der Annahme einer politischen Verfassung, der gemäß die Prinzipien dann auf die Gesetzgebung anzuwenden sind. Es ist die richtige Entscheidung für die Grundstruktur der Gesellschaft, für ihr grundlegendes System von Rechten und Pflichten, von der die Verteilungsgerechtigkeit abhängt.

Die beiden Gerechtigkeitsprinzipien gelten in erster Linie für diese Grundstruktur, das heißt für die wichtigsten Institutionen des Gesellschaftssystems und ihr Zusammenspiel. Zu dieser Grundstruktur gehören die politische Verfassung sowie die hauptsächlichen wirtschaftlichen und gesellschaftlichen Institutionen, die zusammen die Freiheiten und Rechte einer Person definieren sowie ihre Aussichten im Hinblick auf soziale Position und Lebensqualität berühren. Die intuitive Vorstellung ist hier die, daß diejenigen, die in verschiedenen sozialen Positionen oder in verschiedenen sozialen Klassen in das Gesellschaftssystem hineingeboren werden, unterschiedliche Lebensaussichten haben, die zum Teil durch das System politischer Freiheiten und persönlicher Rechte sowie durch die wirtschaftlichen und gesellschaftlichen Chancen bestimmt werden, die man diesen Positionen zugänglich macht. Auf diese Weise begünstigt die Grundstruktur der Gesellschaft bestimmte Menschen gegenüber anderen; hier liegen die grundlegenden Ungleichheiten, welche die gesamten Lebensaussichten der Bürger berühren. Es sind solche Ungleichheiten – Ungleichheiten, die sich vermutlich in keiner Gesellschaft vermeiden lassen –, auf die die beiden Gerechtigkeitsprinzipien vor allem anwendbar sind.

Das zweite Prinzip besagt nun, daß eine Ungleichheit nur dann zugelassen wird, wenn Grund zu der Annahme besteht, daß sich die Institution, die mit ihr behaftet ist oder sie gestattet, zum Vorteil *jeder* daran beteiligten Person auswirkt. Im Falle der Grundstruktur bedeutet dies, daß alle Ungleichheiten, die die Lebensaussichten berühren, also etwa die Einkommens- und Eigentumsungleichheiten, die zwischen den sozialen Klassen bestehen, zu jedermanns Vorteil sein müssen. Da dieses Prinzip für Institutionen gilt, deuten wir es in dem Sinne, daß Ungleichheiten zum Vorteil des typischen Vertreters, des Repräsentanten jeder relevanten sozialen Position, sein müssen; sie sollen die Erwartungen jedes Repräsentanten verbessern. Dabei nehmen wir an, daß es möglich ist, jeder Position eine Erwartung zuzuordnen, und daß diese Erwartung von der Gesamtstruktur der Institutionen abhängt, sich also durch Neuzuweisung von Rechten und Pflichten innerhalb des Systems verbessern oder verschlechtern läßt. Dementsprechend hängt die Erwartung jeder Position von den Erwartungen der übrigen Positionen ab; diese aber hängen wiederum von jenem Muster von Rechten und Pflichten ab, das durch die Grundstruktur festgelegt ist. Allerdings ist nicht ohne weiteres klar, was damit gemeint ist, daß Ungleichheiten *zum Vorteil jedes Repräsentanten* sein müssen. Mit dieser Frage wollen wir uns nun befassen.

Eine Möglichkeit der Interpretation besteht darin, daß man sagt, jeder müsse im Hinblick auf einen bestimmten historischen Vergleichspunkt besser dastehen. Diese Deutung wird von Hume vorgeschlagen. Er sagt gelegentlich, die Institutionen der Gerechtigkeit, das heißt die Regeln, die Eigentum, Verträge usw. normieren, seien zu jedermanns Vorteil, da jeder, alles in allem genommen, von diesen Institutionen profitiert, wenn er seine langfristigen Interessen in Betracht zieht. Jeder gewinne auf die Dauer durch die allgemeine, ständige Anwendung des gesamten Gerechtigkeitssystems, obgleich die einzelnen Regeln manchmal zu seinem Nachteil ausschlagen und er im Einzelfall einen Verlust erleidet. Aber Hume scheint damit lediglich zu meinen, daß jeder besser dasteht als im Naturzustand – verstanden entweder im Sinne eines Urzustandes oder im Sinne einer Situation, wie sie jederzeit entstehen würde, falls die vorhandenen Gerechtigkeitsinstitutionen zusammenbrächen. Diese Bedeutung, in der jeder besser dasteht, dürfte zwar durchaus einleuchten, doch Humes Interpretation kann mit Sicherheit nicht befriedigen. Denn selbst wenn in einem System der Sklaverei alle Menschen einschließlich der Sklaven besser dastehen als im Naturzustand, so trifft es doch nicht zu, daß jeder (selbst der Sklave) durch das System gewinnt, zumindest nicht in einer Bedeutung, die dieses System als gerecht erscheinen läßt. Die Vorteile und Lasten der gesellschaftlichen Zusammenarbeit sind selbst dann ungerecht verteilt, wenn jeder im Vergleich mit dem Naturzustand gewinnt; dieser historische oder hypothetische Vergleichspunkt ist für die Frage der Gerechtigkeit einfach irrelevant. Tatsächlich erscheint jeder frühere

Gesellschaftszustand, der nicht erst ganz kurz zurückliegt, schon auf den ersten Blick bedeutungslos, was nahelegt, daß wir nach einer Interpretation suchen sollten, die von historischen Vergleichen völlig unabhängig ist. Unser Problem besteht darin, den richtigen hypothetischen Vergleichspunkt zu finden, zu dem gegenwärtig machbare Veränderungen sich in Beziehung setzen lassen.

Eine erste Lösungsmöglichkeit bildet das bekannte Pareto-Kriterium, wenn man es so formuliert, daß es auf Institutionen Anwendung findet. Dieses Kriterium ist in der Tat die nächstliegende Interpretation unseres zweiten Prinzips (oder vielmehr seiner ersten Hälfte, bei der das Erfordernis der Offenheit von Positionen außer acht bleibt). Das Kriterium besagt, die Wohlfahrt einer Gruppe sei optimal, wenn es unmöglich ist, irgend jemanden besserzustellen, ohne gleichzeitig wenigstens *einen* anderen schlechterzustellen. Wendet man dieses Kriterium auf die Zuweisung einer bestimmten Gütermenge innerhalb einer Gruppe von Individuen an, so ergibt eine bestimmte Zuweisung ein Optimum, wenn es keine Umverteilung gibt, die die Position eines einzelnen verbessern würde, ohne die eines anderen zu verschlechtern. Dementsprechend ist eine Verteilung dann optimal, wenn es keine Veränderung gibt, die zum Vorteil beider Parteien oder zum Vorteil der einen und nicht zum Nachteil der anderen wäre. Es gibt aber viele derartige Verteilungen, denn es gibt viele Möglichkeiten der Zuweisung von Nutzgütern, so daß kein weiterer, wechselseitig vorteilhafter Austausch möglich ist. Zugegebenermaßen sondert somit das Pareto-Kriterium, so wichtig es auch ist, nicht *die* beste Verteilung aus, sondern vielmehr eine *Klasse* von optimalen beziehungsweise effizienten Verteilungen. Außerdem kann man nicht sagen, eine bestimmte Optimalverteilung sei besser als jede beliebige nichtoptimale Verteilung; sie ist nur denjenigen nichtoptimalen Verteilungen überlegen, die *sie* dominiert. Das Kriterium ist bestenfalls ein unvollständiges Ordnungsprinzip für Verteilungen.

Paretos Gedanke läßt sich auf Institutionen übertragen. Wir
nehmen, wie oben ausgeführt, an, es sei möglich, jeder sozialen Position eine Erwartung zuzuordnen, die von der Zuweisung von Rechten und Pflichten in der sozialen Grundstruktur abhängt. Unter dieser Voraussetzung erhalten wir ein
Prinzip, das besagt, das Erwartungsmuster (die Ungleichheit
der Lebensaussichten) sei genau dann optimal, wenn es
unmöglich ist, die Regeln so zu ändern, also das System von
Rechten und Pflichten so neu festzulegen, daß die Erwartungen eines beliebigen Repräsentanten verbessert und gleichzeitig die Erwartungen keines anderen Repräsentanten
verschlechtert werden. Deshalb erfüllt die soziale Grundstruktur dieses Prinzip dann, wenn es unmöglich ist, die
Zuweisung grundlegender Rechte und Pflichten sowie die
Zugänglichkeit wirtschaftlicher und sozialer Chancen so zu
verändern, daß irgendein Repräsentant besser und kein anderer schlechter gestellt wird. Beim Vergleich verschiedener
Ausgestaltungen des Gesellschaftssystems kann man demnach sagen, die eine Ausgestaltung sei besser als die andere,
wenn bei der einen alle Erwartungen mindestens so hoch sind
wie bei der anderen und einige Erwartungen höher. Dieses
Prinzip enthält Kriterien für Reformen; denn wenn es eine
Ausgestaltung gibt, die im Vergleich mit der bestehenden
Lage der Dinge optimal ist, so stellt sie bei gleichen Rahmen-
bedingungen insgesamt die bessere Alternative dar und sollte
übernommen werden.
Die Erfüllung dieses Prinzips definiert demnach eine *zweite*
Bedeutung, in der die soziale Grundstruktur jeden besser
stellt, nämlich die, daß es vom Standpunkt ihrer Repräsentanten in den einschlägigen Positionen aus keine Veränderung
gibt, die irgend jemandes Lage verbessern würde, ohne die
eines anderen zu verschlechtern. Wir nehmen nun an, auf
dieses Prinzip würde man sich im Urzustand festlegen; denn
es ist gewiß ein erwünschtes Merkmal eines Gesellschaftssystems, daß es in diesem Sinne optimal ist. Ja, wir nehmen an,
dieses Prinzip definiert den Begriff der Effizienz für Institu-

tionen, was sich daran zeigt, daß das Prinzip, wenn das Gesellschaftssystem es nicht erfüllt, eine Veränderung fordert, die eine allgemeine Effizienzsteigerung und damit erhöhte Erwartungen zumindest einiger Individuen zur Folge hat. Vielleicht führt eine Wirtschaftsreform bei gleichen Rohstoffreserven und gleichem Stand der Technik zu einer Produktionssteigerung, und durch mehr Produktion steigen irgend jemandes Erwartungen.

Es ist nun aber nicht schwer zu erkennen, daß dieses Prinzip zwar eine andere Deutung dafür anbietet, daß eine Institution jedermann besserstellt, aber immer noch keine zureichende Gerechtigkeitskonzeption enthält. Wir haben hier die gleiche Unvollständigkeit wie zuvor. Denn es gibt vermutlich viele Ausgestaltungen von Institutionen und der sozialen Grundstruktur, die im Sinne des Prinzips optimal sind. Vielleicht gibt es auch viele Ausgestaltungen, die in bezug auf bestehende Verhältnisse optimal sind, und damit auch entsprechend viele Reformen, die dem Prinzip gemäß Verbesserungen darstellen würden. Wie soll man zwischen ihnen eine Wahl treffen? Man kann unmöglich sagen, die vielen optimalen Ausgestaltungen seien alle gleich gerecht und es sei gleichgültig, für welche von ihnen man sich entscheidet; denn effiziente Institutionen gestatten äußerst weitreichende Unterschiede im Verteilungsmuster.

So kann es sein, daß man unter bestimmten Umständen die Leibeigenschaft nicht abschaffen kann, ohne die Erwartungen irgendeines Repräsentanten – etwa des Repräsentanten der Grundbesitzer – zu verschlechtern; die Leibeigenschaft würde also nach unserem Kriterium als optimal erscheinen. Unter denselben Umständen ist es aber auch möglich, daß ein System mit freiem Arbeitsmarkt nicht verändert werden könnte, ohne ebenfalls die Erwartungen irgendeines Repräsentanten – etwa des Repräsentanten der freien Arbeitskräfte – zu verschlechtern, so daß auch diese Ausgestaltung optimal ist. Allgemeiner ausgedrückt: Immer wenn eine Gesellschaft in relevanter Weise in mehrere Klassen geteilt ist, so ist es, wie wir annehmen können, möglich, in bezug auf jeweils *einen* Repräsentanten den Nutzen zu maximieren. Diese möglichen Nutzenmaxima ergeben mindestens ebenso viele Optimalgestaltungen; denn man kann keine dieser Gestaltungen verändern, um irgend jemandes Erwartungen zu verbessern, ohne die einen anderen zu verschlechtern – nämlich desjenigen, auf den hin das Maximum definiert ist. Folglich sind alle diese Extremlösungen gleichermaßen optimal. Dies entspricht dem offenkundigen Faktum, daß bei der Verteilung einzelner Güter unter bestimmte Individuen auch diejenige Lösung optimal ist, bei der sämtliche Güter *einer* beliebigen Person gegeben werden; denn wenn ein einzelner erst einmal alles hat, gibt es keine Veränderung, die ihn nicht schlechter stellen würde.

Wir sehen also, daß Gesellschaftssysteme, die wir vom Standpunkt der Gerechtigkeit aus ganz anders beurteilen würden, dem Kriterium gemäß optimal sein können. Diese Schlußfolgerung kommt nicht überraschend. Es gibt keinen Grund anzunehmen, daß Gerechtigkeit und Effizienz – auch wenn man sie auf Gesellschaftssysteme bezieht – aufs gleiche hinauslaufen. Diese Überlegungen zeigen nur, was wir immer schon gewußt haben; nämlich, daß wir eine andere Deutung des zweiten Prinzips oder vielmehr seines ersten Teils finden müssen. Zusammen enthalten die beiden Prinzipien zwar weitreichende Forderungen im Hinblick auf gleiche Freiheit und Chancengleichheit; aber wir können nicht sicher sein, daß selbst diese einschränkenden Forderungen ausreichen, um die Gesellschaftsstruktur vom Standpunkt der Gerechtigkeit aus annehmbar zu gestalten. In ihrer bisherigen Formulierung scheinen die beiden Prinzipien die gesamte Bürde bei der Gewährleistung der Gerechtigkeit diesen vorausgesetzten Einschränkungen aufzuerlegen und über den bevorzugten Verteilungsmodus keine Auskunft zu geben.

Eine *dritte* Deutung jedoch wird durch die vorhergehenden Bemerkungen unmittelbar nahegelegt: Man greift eine soziale Position heraus, nach der das gesamte Muster an Erwartungen beurteilt werden soll; dann maximiert man die Erwartungen des Repräsentanten dieser Position, ohne dabei die Forderungen nach gleicher Freiheit und Chancengleichheit zu verletzen. Nun, der einzige Kandidat, der zu diesem Zweck in Frage kommt, ist offenbar der Repräsentant derjenigen, die durch das System institutioneller Ungleichheiten am wenigsten begünstigt werden. Wir gelangen dann zu folgender Konzeption: Die Grundstruktur des Gesellschaftssystems berührt die Lebensaussichten der jeweiligen Individuen entsprechend ihrer sozialen Ausgangsstellung – etwa entsprechend den verschiedenen Einkommensklassen, in die sie hineingeboren werden, oder in Abhängigkeit von bestimmten natürlichen Eigenschaften, wie zum Beispiel dann, wenn Institutionen zwischen Männern und Frauen diskriminieren oder wenn sie es zulassen, daß Individuen mit größeren natürlichen Fähigkeiten gewisse Vorteile erlangen. Das Hauptproblem der Verteilungsgerechtigkeit betrifft gerade jene Unterschiede der Lebensaussichten, die auf diese Weise zustande kommen.

Wir interpretieren das zweite Prinzip nun so, daß diese Unterschiede genau dann gerecht sind, wenn die höheren Erwartungen der Bevorteilten, in ihrer Funktion im Rahmen des gesamten Gesellschaftssystems, die Erwartungen der am schlechtesten Gestellten verbessern. Die Grundstruktur ist danach *durchgehend* gerecht, wenn die Vorteile der Glücklicheren die Lebensqualität der am wenigsten Glücklichen steigern, das heißt, wenn eine Minderung dieser Vorteile die am wenigsten Glücklichen noch schlechter stellen würde, als sie ohnehin schon stehen. Mit anderen Worten: Die Grundstruktur ist ganz und gar gerecht, wenn die Aussichten der am wenigsten Glücklichen so gut wie möglich sind.

Bei der Interpretation des zweiten Prinzips (oder vielmehr seines ersten Teils, den wir aus offenkundigen Gründen als »Differenzprinzip« bezeichnen können) nehmen wir an, daß das erste Prinzip gleiche Grundfreiheiten für alle fordert und daß das politische System, das sich ergibt, sofern möglich eine

Form der konstitutionellen Demokratie ist. Es muß Freiheit der Person geben, politische Gleichheit sowie Gewissens- und Gedankenfreiheit: Alle Bürger sind gleichgestellt und besitzen denselben Status. Es herrscht Chancengleichheit und ein fairer Wettbewerb um die vorhandenen Stellen auf der Basis einer vernünftigen Qualifikation. Die Unterschiede nun, die vor diesem Hintergrund gerechtfertigt werden müssen, sind die verschiedenen wirtschaftlichen und sozialen Ungleichheiten in der Grundstruktur, die im Rahmen einer solchen Gesellschaft ganz unweigerlich entstehen. Es handelt sich hierbei um die Ungleichheiten in der Einkommens- und Vermögensverteilung und um das unterschiedliche Maß an gesellschaftlichem Prestige und Status, das mit den verschiedenen Positionen und Klassen verbunden ist. Das Differenzprinzip besagt, diese Ungleichheiten seien genau dann gerecht, wenn sie Teil eines umfassenderen Systems sind, in dem sie sich zum Vorteil des am wenigsten glücklichen Repräsentanten auswirken. Die gerechten, durch die Grundstruktur festgelegten Verteilungen sind dann diejenigen, die sich aus diesem eingeschränkten Maximierungsprinzip ergeben.

Betrachten wir etwa das Hauptproblem der Verteilungsgerechtigkeit, nämlich das Problem der Besitzverteilung, soweit diese die Lebensaussichten derjenigen berührt, die verschiedenen Einkommensklassen angehören. Diese Einkommensklassen definieren die ausschlaggebenden Repräsentanten, von denen aus das Gesellschaftssystem zu beurteilen ist. Nun hat der Sohn eines Angehörigen der Unternehmerklasse (in einer kapitalistischen Gesellschaft) bessere Aussichten als der Sohn eines Hilfsarbeiters. Dies trifft offenbar sogar dann zu, wenn die sozialen Ungerechtigkeiten, die zur Zeit existieren, beseitigt sind und wenn beide gleiche Talente und Fähigkeiten besitzen. Man kann diese Ungleichheit der Lebensaussichten nicht beseitigen, solange eine Einrichtung wie die Familie erhalten bleibt. Wie aber läßt sie sich rechtfertigen? Dem zweiten Prinzip zufolge ist sie nur dann gerechtfertigt, wenn sie sich zum Vorteil des am schlechtesten gestellten Repräsentanten auswirkt, in diesem Fall also zum Vorteil des repräsentativen Hilfsarbeiters. Die Ungleichheit ist zulässig, weil ihre Reduzierung, so wollen wir annehmen, den Arbeiter noch schlechter stellen würde, als er schon dasteht. Unter Voraussetzung des Prinzips der Offenheit der Berufswahl (dies ist der zweite Teil des zweiten Prinzips) wirkt sich der Umstand, daß man Unternehmern bessere Erwartungen zubilligt, vermutlich auf die Dauer so aus, daß die Lebensaussichten der Arbeiterklasse besser werden. Die Ungleichheit der Erwartungen bietet Anreize, so daß die Wirtschaft leistungsfähiger wird, der industrielle Fortschritt sich beschleunigt usw., was im Endergebnis dazu führt, daß mehr materielle und sonstige Werte innerhalb des Gesamtsystems zur Verteilung kommen. Natürlich ist all dies wohlbekannt. Gleichgültig, ob es im Einzelfall zutrifft oder nicht – jedenfalls sind es solche Argumente, die man vorbringen muß, wenn die Ungleichheit von Einkommen und Besitz gemäß dem Differenzprinzip annehmbar sein soll.

Wir sollten nun überprüfen, ob diese Interpretation des zweiten Prinzips einen natürlichen Sinn ergibt, in dem von *jedermann* gesagt werden kann, er werde besser gestellt. Nehmen wir einmal an, Ungleichheiten seien nach einem Kettenprinzip miteinander verbunden. Damit ist gemeint, daß eine Ungleichheit, welche die Erwartungen der niedrigsten Position verbessert, auch die Erwartungen aller dazwischenliegenden Positionen verbessert. Wenn beispielsweise die größeren Erwartungen des repräsentativen Unternehmers die Erwartungen des Hilfsarbeiters erhöhen, so erhöhen sie auch die des Facharbeiters. Nehmen wir ferner an, Ungleichheiten seien eng miteinander verknüpft, das heißt, es sei unmöglich, die Erwartungen irgendeines Repräsentanten zu verbessern (oder zu verschlechtern), ohne die Erwartungen jedes anderen Repräsentanten zu verbessern (oder zu verschlechtern), insbesondere ohne auf die eine oder andere Weise die Erwartungen der am wenigsten Glücklichen zu berühren. Es gäbe

dann bei der wechselseitigen Abhängigkeit von Erwartungen
kein sozusagen loses Glied.

Unter diesen Voraussetzungen profitiert nun jeder von einer
Ungleichheit, die dem Differenzprinzip genügt, und das
zweite Prinzip ist so, wie wir es formuliert haben, zutreffend.
Denn der jeweilige Repräsentant, der bei einem paarweisen
Vergleich besser dasteht, gewinnt dadurch, daß ihm sein Vorteil eingeräumt wird; und derjenige, der schlechter dasteht,
profitiert von dem Beitrag, den *sämtliche* Ungleichheiten für
jede untere Position bewirken. Natürlich kann es sein, daß
eine kettenartige und enge Verknüpfung in Wirklichkeit nicht
besteht. Doch in diesem Fall sollten die Bessergestellten kein
Einspruchsrecht hinsichtlich der Vorteile haben, die den am
wenigsten Begünstigten zugänglich sind. Man sollte vielmehr
der strikteren Deutung des Differenzprinzips folgen, und alle
Ungleichheiten sollten selbst dann zum Vorteil der am wenigsten Glücklichen festgelegt werden, wenn einige dieser
Ungleichheiten denjenigen nichts einbringen, die sich in mittleren Positionen befinden. Falls die genannten Bedingungen
nicht vorliegen, so müßte unser zweites Prinzip also anders
formuliert werden.

Es sei darauf hingewiesen, daß das Differenzprinzip im
Grunde eine ursprüngliche Abmachung darstellt, alle Individuen an den Vorteilen der unterschiedlichen Verteilung
natürlicher Begabungen und Fähigkeiten partizipieren zu lassen, gleichgültig wie diese Verteilung im einzelnen aussieht,
um soweit wie möglich jene willkürlichen Benachteiligungen
auszugleichen, die sich aus den unterschiedlichen Ausgangs-
positionen ergeben. Wer von der Natur begünstigt ist, darf –
wer immer er auch sein mag – nur unter der Bedingung Vorteile aus seiner Begünstigung ziehen, daß auch die Benachtei-
ligten profitieren. Die von der Natur Begünstigten dürfen
nicht einfach deshalb besser dastehen, weil sie begabter sind,
sondern nur zu dem Zweck, daß die Kosten für die Ausbildung ihrer Begabung gedeckt sind und sie diese so zur Verbesserung der Lage der weniger Glücklichen nutzen können.

Wir gelangen zum Differenzprinzip, wenn wir die grundlegende Gesellschaftsstruktur so gestalten wollen, daß keiner
aufgrund seines Abschneidens in der natürlichen Lotterie der
Begabungen und Fähigkeiten oder wegen seiner Ausgangs-
position in der Gesellschaft etwas gewinnt (oder verliert),
ohne einen Ausgleich dafür zu leisten (oder zu empfangen).

4. Kapitel

Das Problem staatlichen Strafens

Einleitung

Wohl in keinem anderen Bereich greifen Staat und Rechtsordnung so offenkundig und so gravierend in Selbstbestimmung und Wohlergehen des einzelnen ein wie im Bereich der Strafe. Woher nimmt der Staat die Legitimation, seinen Bürgern für bestimmte Handlungen Freiheitsentzug oder Vermögenseinbußen aufzuerlegen (um von noch drastischeren Strafmaßnahmen, wie sie in einigen Rechtsordnungen üblich sind, ganz zu schweigen)? Falls es generell eine solche Legitimation gibt: Welches sind die minimalen Anforderungen, die an die *Ausgestaltung* eines Strafsystems zu stellen sind, soll es als gerechtfertigt gelten können?

Es gibt im wesentlichen drei Theorien, die auf diese Fragen eine Antwort zu geben versuchen: die Vergeltungstheorie, die Generalpräventionstheorie und die Resozialisierungstheorie. Wenngleich jede dieser Theorien in verschiedenen Versionen vertreten wird, müssen wir uns hier auf eine Erörterung ihrer typischen Merkmale beschränken. Der auffallendste Unterschied in der Struktur der drei Theorien liegt darin, daß die Vergeltungstheorie vergangenheits-, die beiden anderen Theorien dagegen zukunftsorientiert sind: Die Vergeltungstheorie hält staatliches Strafen für gerechtfertigt, weil bestimmte Handlungen begangen wurden, die beiden anderen Theorien, damit bestimmte Handlungen in Zukunft unterbleiben.

Im vorliegenden Band wird die Vergeltungstheorie durch den Textauszug eines christlichen Kirchenoberhauptes, des Papstes Pius XII. (1876–1958) repräsentiert. Pius XII. hält die Leidenszufügung, das Übel der Strafe, deshalb für gerechtfertigt, weil dadurch eine vorausgehende Schuld-Tat, ein

Verstoß gegen das Sittengesetz, vergolten, gebüßt oder gesühnt wird und sich nur so die gestörte sittliche Ordnung wiederherstellen läßt. Ein durch die Strafe möglicherweise bewirkter zukünftiger Schutz von Rechtsgütern (wie Leben, Gesundheit, Eigentum) tritt demgegenüber in den Hintergrund.

Bezeichnenderweise stellt der Kirchenmann seine Straftheorie in den Rahmen von zwei wesentlichen Voraussetzungen. Zum einen hält er den Menschen für ein letztlich indeterminiertes Wesen, das sich prinzipiell in einem Akt freier Selbstbestimmung für oder gegen die Einhaltung des Sittengesetzes entscheiden kann. Und zum anderen begreift er die Straffunktion des Staates in enger Abhängigkeit von und in Analogie zu dem übernatürlichen Strafziel Gottes: Sowenig die ewige Höllenstrafe des Sünders mit einer zukunftsbezogenen, vergeltungsfreien Strafkonzeption vereinbar ist, sowenig darf eine solche Konzeption für die staatliche Bestrafung des Verbrechers maßgeblich sein. Diese beiden Voraussetzungen erscheinen nicht erst heute vielen Denkern als fragwürdig.

Die Straftheorie der Generalprävention hat im deutschen Sprachbereich besonders der bedeutende Strafrechtswissenschaftler Anselm von Feuerbach (1775–1833) vertreten. Für ihn liegt der einzig legitime Strafzweck in der Verhütung künftiger Verbrechen. Folgender Gedankengang liegt seiner Theorie zugrunde: Der Staat hat die Aufgabe, Rechtsverletzungen seitens seiner Bürger zwangsweise zu verhindern. Da aber die Anwendung von physischem Zwang nicht in allen Fällen Erfolg hat, muß der Staat sich außerdem eines »psychologischen Zwanges« bedienen. Dieser Zwang besteht darin, daß der Staat seinen Bürgern für den Fall einer Rechtsverletzung ein empfindliches Übel androht: die Strafe. Dabei geht der Staat davon aus, daß der einzelne für die ins Auge gefaßte Rechtsverletzung nicht mehr hinreichend motiviert sein wird, wenn er damit rechnen muß, als Folge dieser Rechtsverletzung einen Nachteil zu erleiden, der den mit ihr verbundenen Vorteil überwiegt. Den psychologischen Abschreckungszwang der Strafe erblickt von Feuerbach also in der Straf*androhung* durch den Gesetzgeber, nicht in der Straf*vollstreckung* durch den Vollzugsbeamten. Diese dient allein dazu, die Strafandrohung nicht unglaubwürdig werden zu lassen. Daraus ergibt sich, daß das Strafziel des Staates ein künftig rechtskonformes Verhalten nicht des Straffälligen (»Spezialprävention«), sondern der Allgemeinheit (»Generalprävention«) ist.

Wie Pius XII. geht auch FRIEDRICH NIETZSCHE (1844–1900) davon aus, daß die Vergeltungstheorie der Strafe an ein religiös-christliches Menschenbild wie auch an die Voraussetzung menschlicher Willensfreiheit gebunden ist. Allerdings sind für Nietzsche, einen radikalen Gegner des Christentums, diese beiden Gesichtspunkte gerade entscheidende Gründe, die Strafvergeltung abzulehnen. Dabei verfolgt er das Ziel, *jegliches* Vergeltungsdenken ideologiekritisch zu entlarven. Vor allem die folgenden beiden Thesen liegen seiner diesbezüglichen Argumentation zugrunde:

1. Vergeltung ist nichts weiter als Ausdruck eines irrationalen Racheinstinktes.

2. Willensfreiheit und Verantwortlichkeit sind theologische Erfindungen zu dem Zweck, der Befriedigung dieses Racheinstinktes eine scheinbare Rechtfertigung zu geben.

Nietzsches Argumentation ist ein gutes Beispiel für die Grenzen jeder ideologiekritischen Betrachtungsweise: Es mag zutreffen, daß Vergeltung und Verantwortlichkeit im Rahmen jüdisch-christlicher Strafauffassung die von Nietzsche behaupteten psychologischen Wurzeln haben. So liest man etwa im Alten Testament (Ps. 58,11): »Der Gerechte wird sich freuen, daß er Rache schaut; er wird seine Füße baden im Blute des Gottlosen.« Doch reichen diese kausalen Erklärungen als solche nicht aus, jede Art von Vergeltungstheorie als falsch oder unbegründet zu erweisen. Denn auch sachlich zutreffende Theorien können aus irrationalen, unsachlichen Motiven heraus vertreten werden.

Man kann die Genese christlichen Vergeltungsdenkens um so weniger gegen die Vergeltungstheorie als solche ins Feld führen, als es keineswegs unmöglich erscheint, den Kern dieser Theorie in einer an keine religiösen Voraussetzungen gebundenen Form zu rekonstruieren. Eine solche Rekonstruktion könnte, grob formuliert, etwa so lauten: Eine Rechtsordnung dient – jedenfalls idealerweise – dem Schutz fundamentaler Interessen aller Bürger. Wenn nun der Bürger X die Normen einer solchen Rechtsordnung bricht, so maßt er sich einen über diesen allgemeinen Schutz (an dem er selbst teilhat) hinausgehenden Vorteil an; er stellt sich besser als seine rechtstreuen Mitbürger. Die ausgleichende Gerechtigkeit verlangt eine Korrektur dieses Zustandes. Durch das Übel der Strafe muß X wieder auf jenes Maß individuellen Vorteils herabgezwungen werden, mit dem seine Mitbürger sich von vornherein begnügt haben. Der Leser frage sich selbst, inwieweit ihm eine derartige Version der Vergeltungstheorie als vertretbar erscheint.

Die dritte der eingangs erwähnten Straftheorien, die Resozialisierungstheorie, wird gewöhnlich weniger von Philosophen und Strafrechtswissenschaftlern als von Kriminologen und Sozialwissenschaftlern vertreten. Leider erreicht das Argumentationsniveau ihrer Repräsentanten – insbesondere in der deutschen Diskussion – in aller Regel nicht jene Höhe, die ihrer Bedeutung angemessen wäre. In diesem Buch wird sie in beredter Form von einem der führenden amerikanischen Psychiater, KARL MENNINGER (geb. 1893), vertreten. Der Text JEFFRIE G. MURPHYS (geb. 1940) ist weitgehend eine unmittelbare Replik auf die Thesen Menningers. Beide Texte dürften dem Leser kaum Verständnisschwierigkeiten bieten. Auf drei Aspekte der Kontroverse sei jedoch besonders hingewiesen:

1. Inwieweit ist Menningers Theorie bei kritischer Betrachtung noch als *Straf*theorie und inwieweit als Forderung nach Abschaffung und Ersetzung der staatlichen Strafe zu verstehen?

2. Was ist für Menninger oberstes Ziel seines Programms, der Schutz der Gesellschaft oder das künftige Wohl des Straftäters? Oder nimmt er an, daß beide Ziele notwendig harmonieren?

3. Inwieweit hat Murphy recht, wenn er davon ausgeht, daß seine Einwände gegen die Resozialisierungstheorie sich gegen *unvermeidbare Konsequenzen* dieser Theorie richten?

Anders als Menninger läßt H. L. A. HART kaum einen Zweifel daran, daß er die Beibehaltung des gegenwärtigen Systems der Kriminalstrafe im Prinzip für gerechtfertigt hält. Das Besondere seiner Rechtfertigungstheorie liegt darin, daß er wesentliche Elemente aller drei im Streit liegenden Straftheorien in einer umfassenden Konzeption vereinigen möchte. Und zwar versucht er – im Unterschied zu den meisten Anhängern einer derartigen »Vereinigungstheorie« – im einzelnen zu zeigen und einsichtig zu machen, an genau welcher Stelle des Begründungsgebäudes welche der drei Theorien in welchem Sinne ihren Platz hat. Dieses Vorgehen hat den Nebeneffekt, daß es dem juristischen Laien gleichzeitig eine einführende Vorstellung von den wesentlichen Aufbauelementen eines modernen Strafrechtssystems gibt.

Pius XII.: Die Schuldvergeltung als metaphysisches Strafziel

Die Verwirklichung der Rechtsordnung geschieht in einer wesentlich anderen Weise als die der physischen Ordnung. Diese letztere verwirklicht sich automatisch durch die Natur der Dinge selbst. Jene dagegen verwirklicht sich nur durch die persönliche Entscheidung des Menschen, wenn er eben sein Verhalten der Rechtsordnung anpaßt. »Der Mensch entscheidet über jede seiner persönlichen Taten«: Dieser Satz bezeichnet eine unausrottbare menschliche Überzeugung. Die Mehrzahl der Menschen wird niemals zugeben, daß das, was man Selbstbestimmung des Willens nennt, nur ein Gewebe von inneren und äußeren Kräften sei.

Man spricht gerne von Sicherheitsmaßnahmen, die die Strafe ersetzen oder sie begleiten sollen, von Erbanlage, von natürlichen Veranlagungen, von Erziehung, von dem weitreichenden Einfluß der Dynamismen in der Tiefe des Unbewußten und des Unterbewußten. Wenn diese Betrachtungen auch zu interessanten Resultaten führen können, soll man doch nicht die ganz einfache Tatsache komplizieren: der Mensch ist ein persönliches Wesen, mit Intelligenz und freiem Willen begabt, ein Wesen, das letztlich selbst entscheidet, was es tut und nicht tut. Mit dieser Bestimmung begabt zu sein, bedeutet nicht, jedem inneren oder äußeren Einfluß, jedem Anreiz und jeder Verführung enthoben zu sein; es bedeutet nicht, nicht um den richtigen Weg kämpfen, nicht täglich einen schwierigen Kampf gegen vielleicht krankhafte Instinkte und Triebe führen zu müssen; aber es bedeutet, daß sich der normale Mensch trotz aller Hindernisse behaupten kann und soll; es bedeutet ferner, daß in der Gesellschaft und im Recht der normale Mensch als Maßstab dienen muß.

Das Strafrecht hätte keinen Sinn, wenn es diesen Aspekt des Menschen nicht in Betracht zöge; aber dieser hat die Wahrheit für sich, und darum hat das Strafrecht seinen vollen Sinn. [...]

Der Weg in die Schuld ist demnach folgender: Der Geist des Menschen befindet sich in der folgenden Position: er steht vor einem Tun oder Unterlassen als schlechthin verpflichtend, vor einem absoluten »du sollst«, einer unbedingten, durch persönliche Entscheidung zu verwirklichenden Forderung. Dieser Forderung verweigert der Mensch den Gehorsam: er verwirft das Gute und entscheidet sich für das Böse. Wenn der innere Entschluß sich nicht in sich selbst erschöpft, folgt ihm die äußere Handlung. So ist die schuldhafte Tat in ihren inneren und äußeren Wesenelementen konstituiert.

Was die subjektive Seite der Schuld-Tat angeht, so ist für ihre

richtige Beurteilung nicht nur der äußere Tatbestand entscheidend, in Rechnung zu setzen sind auch die von innen
und außen kommenden Einflüsse, die als angeborene oder
erworbene Anlagen, als Motive oder Hemmnisse, als Erzie-
hungsimprägnationen, als Umweltausstrahlungen, als Situa-
tionsfaktoren auf den Entschluß des Schuldigen eingewirkt
haben. In Rechnung zu setzen ist im besonderen die habitu-
elle und aktuelle Willensintensität, die sogenannte »verbrecherische Energie«, die bei der Schuld-Tat zum Einsatz
gebracht worden ist.

In ihrem Ergebnis betrachtet ist die Schuld-Tat ein anmaßen-
des Beiseiteschieben der Autorität, die gebietet, die Ordnung
des Rechten und Guten einzuhalten, und die der Urheber,
Wächter, Schützer und Rächer dieser Ordnung ist. Da aber
jegliche menschliche Autorität letztlich nur aus Gott stammen kann, ist jede Schuld-Tat Frontstellung gegen Gott, sein
höchstes Recht und seine höchste Majestät. Dieser religiöse
Aspekt ist der Schuld-Tat immanent, wesensverknüpft.

Getroffen durch die Schuld-Tat wird auch die öffentlich-
rechtliche Gemeinschaft, wenn und insoweit jene Tat eine
Gefährdung oder Verletzung der durch die Gesetze fixierten
öffentlichen Ordnung ist. Doch hat nicht jede echte Schuld-
Tat, wie sie oben beschrieben ist, den Charakter einer Schuld-
Tat öffentlichen Rechtes. Die öffentliche Gewalt hat sich nur
mit den Schuld-Taten zu befassen, die gegen das geordnete
Zusammenleben nach der gesetzlich festgelegten Ordnung
verstoßen. Daher die Regel bezüglich der rechtlichen Schuld:
Keine Schuld ohne Strafgesetz. Wenn aber andererseits ein
solcher Verstoß eine echte Schuldtat ist, ist er immer auch
eine Verletzung der ethischen und religiösen Norm. Daraus
folgt, daß menschliche Gesetze, die sich in Widerspruch befinden mit sicher feststehenden göttlichen Geboten, nicht die
Unterlage bilden können für eine öffentliche echte Schuld-
Tat.

Mit dem Begriff der Schuld-Tat ist jener andere verbunden,
daß ihr Urheber strafwürdig wird. Das Strafproblem nimmt

also im einzelnen Fall seinen Anfang im Augenblick, in dem der Mensch schuldig wird. Die Strafe ist die von Recht und Gerechtigkeit verlangte Reaktion auf die Schuld. Die beiden verhalten sich wie Stoß und Gegenstoß. Die durch die Schuld-Tat verletzte Ordnung verlangt Wiederherstellung und Wiederaufrichtung des gestörten Gleichgewichts. Es ist die wesentliche Aufgabe von Recht und Gerechtigkeit, die Übereinstimmung zwischen dem Sollen auf der einen und dem Recht auf der anderen Seite zu hüten und zu wahren, oder, wenn sie verletzt worden ist, wiederherzustellen. Die Strafe geht an sich nicht auf die Schuld-Tat, sondern auf den Täter, auf dessen Person, dessen Ich, das in bewußter Selbstentscheidung die Schuld-Handlung vollzogen hat. In gleicher Weise geht die Bestrafung nicht aus von einer gleichsam abstrakten Rechtsordnung, sondern von der konkreten Person des Trägers der rechtmäßigen Autorität. Wie die Schuld-Handlung ist auch die Bestrafung Frontstellung von Person gegen Person.

Die Strafe im eigentlichen Sinn kann also nur den soeben ausgesprochenen Sinn und Zweck haben, den Rechtsbrecher von neuem in die seinsollende Ordnung einzufügen, aus der er ausgebrochen war. Diese Sollens-Ordnung ist notwendig ein Ausdruck der Seinsordnung, der Ordnung des Wahren und Guten, das allein Daseinsberechtigung hat, im Gegensatz zum Irrigen und Bösen, das ein Nicht-Sein-Sollendes darstellt. Die Strafe erfüllt ihre Aufgabe in ihrer Weise, indem sie den Schuldigen wegen der vollzogenen Tat zu einem Leiden zwingt, das heißt zur Entbehrung eines Gutes und zur Auferlegung eines Übels. Wesentlich ist diesem Leiden, damit es Strafe sei, die Kausalverkettung mit der Schuld. [...]

Leiden bedeutet in diesem irdischen Leben ein Hinwenden des Geistes vom Äußerlichen zum Inneren; es ist ein Weg, der fort von der Oberfläche in die Tiefe führt. So betrachtet ist das Leiden für den Menschen von hohem sittlichem Wert. Willig hingenommen, wird es, die rechte Absicht vorausgesetzt, zu einer wertvollen Tat. »Die Entsagung führt zu einem vollkommenen Werk«, schreibt der hl. Apostel Jakobus. Das gilt auch für das Strafleiden; es kann einen Fortschritt im inneren Leben bedeuten. Es soll seiner Eigenart nach – durch die Person und in der Person des Täters und von ihm gewollt – Wiedergutmachung der schuldhaft verletzten sittlichen Ordnung sein. Das Wesen der Umkehr zum Guten liegt nicht eigentlich in der willigen Hinnahme des Strafleidens, sondern in der Abkehr von der Schuld. Zu ihr kann aber das Strafleiden führen, und die Abkehr von der Schuld wiederum kann dem Strafleiden einen höheren sittlichen Wert verleihen und seine ethische Wirkkraft erleichtern und erhöhen. So kann sich das Strafleiden zum sittlichen Heroismus, zu heldenhafter Geduld und Sühne erheben.

Im Bereich der sittlichen Reaktion fehlt es jedoch auch nicht an entgegengesetzten Erscheinungen. Häufig wird der sittliche Wert der Schuldstrafe nicht einmal erkannt; oft wird er bewußt und frei abgelehnt. Der Schuldige will irgendeine Schuld auf seiner Seite weder anerkennen noch zugeben, er will sich auch in keiner Weise dem Guten unterwerfen und beugen, er will keinerlei Sühne oder Buße für seine persönlichen Schuldtaten.

Nun ein kurzes Wort über die religiöse Seite der Schuldstrafe. Jedes sittliche Fehlen des Menschen, auch wenn materiell zunächst nur im Bereich zu Recht bestehender menschlicher Gesetze verübt, ist immer auch ein Fehlen vor Gott und zieht ein Strafurteil Gottes nach sich. Es liegt nicht im Interesse der öffentlichen Autorität, darüber einfach hinwegzusehen. Nach der Schrift ist die menschliche Autorität innerhalb der Grenzen ihrer Zuständigkeit im Strafvollzug letztlich nichts als die Vollstreckerin der Strafgerechtigkeit Gottes. »Sie ist Gottes Dienerin und vollstreckt die Strafe an dem, der Böses tut.«

Diese religiöse Bezogenheit des Strafvollzugs findet in der Person des Strafleidenden darin ihren Ausdruck und ihre Verwirklichung, daß er sich unter die strafende Hand Gottes

beugt, der straft durch die Menschen; er nimmt also das Strafleiden von Gott an, bietet es Gott an als teilweise Abzahlung
der Schuld, die er vor Ihm hat. Eine so getragene Strafe wird
für den Schuldigen auf dieser Erde eine Quelle innerer Läute-
rung, vollständiger Umkehr, der Kraft für die Zukunft, des
Schutzes gegen jeden Rückfall. [...]

Die Vergeltungsstrafe wird von vielen, wenn auch nicht allgemein, abgelehnt, selbst wenn sie nicht ausschließlich, sondern neben den Heilungsstrafen vorgeschlagen wird. Wir
haben ausgesprochen, daß die grundsätzliche und vollständige Ablehnung der Vergeltungsfunktion der Strafe zu
Unrecht geschieht. Solange der Mensch auf Erden lebt, kann
und muß auch diese seinem ewigen Heil dienen, falls er nicht
von seiner Seite der heilsamen Wirkung der Strafe selbst ein
Hindernis entgegensetzt. Diese Wirkung steht keineswegs in
Widerspruch zu der von Uns als der Strafe wesentlich
bezeichneten Funktion des Ausgleichs und der Wiederherstellung der gestörten Ordnung.
Das Strafverfallensein findet seine natürliche Erfüllung im
Strafvollzug, gesehen als wirklicher Entzug eines Gutes oder
als positive Auflage eines Übels, nach der Entscheidung der
rechtmäßigen Obrigkeit, als Reaktion auf die Schuld-Tat. Er
ist ein Ausgleich nicht unmittelbar der Schuld, sondern der
bewirkten Störung der Rechtsordnung. Die Schuld-Tat hat in
der Person des Schuldigen etwas aufgezeigt, was mit dem
Gemeinwohl und dem geordneten Zusammenleben nicht in
Einklang steht. Dieses Etwas soll aus dem Schuldigen entfernt werden. Der Prozeß dieses Entfernens ist dem ärzt-
lichen Eingriff in den Organismus vergleichbar, der sehr
schmerzlich sein kann, zumal, wenn nicht nur die Sym-
ptome, sondern die Ursache der Krankheit selbst getroffen
werden soll. Das Wohl des Schuldigen und vielleicht noch
mehr das der Gemeinschaft fordert, daß das erkrankte Glied
wieder gesunde. [...]

Die Mehrheit der modernen Theorien des Strafrechts erklärt die Strafe und rechtfertigt sie letzten Endes als eine Schutzmaßnahme, das heißt als eine Verteidigungsmaßnahme der Gemeinschaft gegen verbrecherische Unternehmungen und zugleich als einen Versuch, den Schuldigen zur Beobachtung des Rechts zurückzuführen. Nach diesen Theorien kann die Strafe auch Sanktionen in Form von Minderung gewisser Güter umfassen, die durch das Gesetz zugesichert sind, um dadurch dem Schuldigen beizubringen, ehrlich zu leben. Aber diese Theorien lehnen es ab, die Buße für das begangene Verbrechen, die die Rechtsverletzung bestraft, als Hauptfunktion der Strafe anzusehen. [...]

Der Schutz der Gemeinschaft gegen Verbrechen und Verbrecher muß gesichert bleiben. Aber der eigentliche Sinn der Strafe sollte auf einer höheren Ebene gesucht werden.
Der Kern der Schuld liegt in der freien Opposition gegen das als verpflichtend anerkannte Gesetz, in der bewußten und gewollten Durchbrechung und Vergewaltigung der gerechten Ordnung. Ist sie einmal zustande gekommen, so ist es unmöglich, zu bewirken, daß sie nicht existiert. So weit man kann, soll man der verletzten Ordnung Genugtuung leisten. Das ist eine Grundforderung der »Gerechtigkeit«. Ihre Rolle im Bereich der Sittlichkeit ist die, die bestehende und berechtigte Gleichheit zu erhalten, das Gleichgewicht zu bewahren und die zerstörte Gleichheit wiederherzustellen. Das erfordert, daß der Verantwortliche durch die Strafe zwangsweise der Ordnung unterworfen wird. Der Vollzug dieser Forderung bestätigt die absolute Überlegenheit des Guten über das Böse; durch sie vollzieht sich die absolute Souveränität des Rechts über die Ungerechtigkeit. Will man noch einen letzten Schritt machen: in der metaphysischen Ordnung ist die Strafe eine Folge der Abhängigkeit vom höchsten Willen, einer Abhängigkeit, die bis in die letzten Falten des geschaffenen Seins eingeschrieben ist. Wenn je die Empörung des freien Wesens niedergeschlagen und das verletzte Recht wieder hergestellt

werden muß, so ist es hier, wenn es der oberste Richter und die höchste Gerechtigkeit verlangt. Das Opfer einer Ungerechtigkeit kann freiwillig auf Wiedergutmachung verzichten, aber die Gerechtigkeit auf seiner Seite sichert sie ihm auf jeden Fall.

Bei dieser letzten Auffassung der Strafe kommt auch ihre Schutzfunktion, die ihr die Modernen zuschreiben, vollkommen zur Geltung; doch wird sie hier tiefer aufgefaßt. Es handelt sich in der Tat nicht zuerst darum, die durch das Recht gesicherten Güter zu schützen, sondern das Recht selber. Nichts ist für die nationale und internationale Gemeinschaft so notwendig wie die Ehrfurcht vor der Majestät des Rechts, wie die heilsame Idee, daß das Recht in sich selbst heilig und geschützt ist, und daß folglich derjenige, der es verletzt, sich Strafen aussetzt und sie auch wirklich erhält.

Diese Betrachtungen erlauben es, eine frühere Zeit, die viele für überholt halten, gerechter einzuschätzen. Man unterschied damals die Heilsstrafen (poenae medicinales) und die Vergeltungsstrafen (poenae vindicativae). Bei den letzteren ist die vergeltende Funktion der Buße die Hauptsache; die Funktion des Schutzes ist bei beiden Strafarten einbegriffen. Das kanonische Recht hält sich noch heute an diese Unterscheidung, und diese Haltung gründet sich auf die oben angeführten Überzeugungen. Sie allein entspricht auch in vollem Sinn dem wohlbekannten Wort des Apostels im Römerbrief: »Nicht umsonst trägt er das Schwert«, sagt der hl. Paulus vom Staat, »er ist Diener Gottes, Werkzeug seines Zornes gegen die Übeltäter.« Hier ist die Vergeltung die Hauptsache.

Die Bußfunktion allein erlaubt schließlich, das letzte Gericht des Schöpfers selber zu verstehen, der »jedem nach seinen Werken vergilt«, wie es beide Testamente oft wiederholen. Hier verschwindet die Schutzfunktion vollkommen, wenn man das Leben im Jenseits bedenkt. Für die Allmacht und die Allwissenheit des Schöpfers ist es immer leicht, die Gefahr eines neuen Verbrechens durch die innere sittliche Umkehr des Verbrechers zu verhüten. Aber der oberste Richter wendet in seinem letzten Gericht nur das Prinzip der Vergeltung an. Dieses muß also gewiß einen Wert besitzen, der nicht vernachlässigt werden darf.

Anselm von Feuerbach: Die psychologische Abschreckungswirkung der Strafandrohung

Rechtsverletzungen jeder Art widersprechen dem Staatszweck, mithin ist es schlechthin notwendig, daß im Staate gar keine Rechtsverletzungen geschehen. Der Staat ist also berechtigt und verbunden, Anstalten zu treffen, wodurch Rechtsverletzungen überhaupt unmöglich gemacht werden.

Die geforderten Anstalten des Staats müssen notwendig Zwangsanstalten sein. Dahin gehört zunächst der *physische* Zwang des Staats, der auf doppelte Art Rechtsverletzungen aufhebt; erstens *zuvorkommend*, indem er eine noch nicht vollendete Beleidigung verhindert, und zwar a) durch Erzwingung einer Sicherheitsleistung zugunsten des Bedrohten, b) durch unmittelbare Überwindung der auf Rechtsverletzung gerichteten physischen Kräfte des Beleidigers; zweitens der Beleidigung *nachfolgend*, indem er Rückerstattung oder Ersatz von dem Beleidiger erzwingt.

Physischer Zwang reicht aber nicht hin zur Verhinderung der Rechtsverletzungen überhaupt. Denn der zuvorkommende Zwang ist nur möglich unter der Voraussetzung von Tatsachen, aus denen der Staat entweder die Gewißheit oder doch (wie bei dem Zwange zur Sicherheitsleistung) ihre Wahrscheinlichkeit erkennt; nachfolgender Zwang nur unter Voraussetzung solcher Rechtsverletzungen, deren Gegenstand ein ersetzliches Gut ist. Physischer Zwang ist daher nicht hinreichend a) zum Schutze unersetzlicher Rechte, weil der hier allein mögliche, zuvorkommende Zwang von der ganz zufälligen Erkenntnis der bevorstehenden Verletzung abhängt, und auch nicht b) zum Schutze der an sich ersetzlichen Rechte, weil sie oft unersetzlich werden und für den zuvorkommenden Zwang jene bloß zufällige Voraussetzung ebenfalls eine notwendige Bedingung ist.

Sollen daher Rechtsverletzungen überhaupt verhindert werden, so muß neben dem physischen Zwang noch ein anderer bestehen, welcher der Vollendung der Rechtsverletzung vorhergeht und, vom Staate ausgehend, in jedem einzelnen Falle in Wirksamkeit tritt, ohne daß dazu die Erkenntnis der jetzt bevorstehenden Verletzung vorausgesetzt wird. Ein solcher Zwang kann nur ein *psychologischer* sein.

Alle Übertretungen haben ihren psychologischen Entstehungsgrund in der Sinnlichkeit, inwiefern das Begehrungsvermögen des Menschen durch die Lust an oder aus der Handlung zur Begehung derselben angetrieben wird. Dieser sinnliche Antrieb kann dadurch aufgehoben werden, daß jeder weiß, auf seine Tat werde unausbleiblich ein Übel folgen, welches größer ist als die Unlust, die aus dem nicht befriedigten Antrieb zur Tat entspringt.

Damit nun die allgemeine Überzeugung von der notwendigen Verbindung solcher Übel mit Beleidigungen begründet werde, so muß erstens ein Gesetz dieselben als notwendige Folge der Tat bestimmen (gesetzliche Drohung). Und damit die Realität jenes gesetzlich bestimmten idealen Zusammenhanges in der Vorstellung aller begründet werde, muß zweitens jener ursächliche Zusammenhang auch in Wirklichkeit erscheinen, mithin, sobald die Übertretung geschehen ist, das in dem Gesetz damit verbundene Übel zugefügt werden (Vollstreckung, Exekution). Die zusammenstimmende Wirksamkeit der vollstreckenden und gesetzgebenden Macht zu dem Zweck der Abschreckung bildet den psychologischen Zwang.

Das von dem Staat durch ein Gesetz angedrohte und, kraft dieses Gesetzes, zuzufügende Übel ist die bürgerliche Strafe (poena forensis). Der allgemeine Grund der Notwendigkeit und des Daseins derselben (sowohl in dem Gesetz als in der Ausübung desselben) ist die Notwendigkeit der Erhaltung der wechselseitigen Freiheit aller, durch Aufhebung des sinnlichen Antriebs zu Rechtsverletzungen.

Unter Zweck der Strafe wird die Wirkung verstanden, deren Hervorbringung als Ursache des Daseins einer Strafe gedacht werden muß, wenn der Begriff von Strafe vorhanden sein soll. Erstens: Der Zweck der *Androhung* der Strafe im Gesetz ist Abschreckung aller, als möglicher Beleidiger, von Rechtsverletzungen. Zweitens: Der Zweck der *Zufügung* derselben ist die Begründung der Wirksamkeit der gesetzlichen Drohung, inwiefern ohne sie diese Drohung leer (unwirksam) sein würde. Da das Gesetz alle Bürger abschrecken, die Vollstreckung aber dem Gesetz Wirkung geben soll, so ist der *mittelbare* Zweck (Endzweck) der Zufügung ebenfalls bloße Abschreckung der Bürger durch das Gesetz.

Rechtsgrund der Strafe ist ein Grund, von welchem die rechtliche Möglichkeit der Strafe abhängt. Der Rechtsgrund der Androhung der Strafe ist das Zusammenbestehen derselben mit der rechtlichen Freiheit der Bedrohten; so wie die Notwendigkeit, die Rechte aller zu sichern, der Grund ist, welcher die Verbindlichkeit des Staats zu Strafdrohungen begründet. Der Rechtsgrund der Zufügung ist die vorhergegangene Drohung des Gesetzes.

Die bürgerliche Strafe als solche hat daher nicht zum Zweck und Rechtsgrund erstens *Prävention* gegen die künftigen Übertretungen eines einzelnen Beleidigers, denn diese ist nicht Strafe und es zeigt sich kein Rechtsgrund zu solchem Zuvorkommen; zweitens nicht *moralische Vergeltung*, denn diese gehört einer sittlichen, nicht einer rechtlichen Ordnung an und ist physisch unmöglich; drittens nicht *unmittelbare Abschreckung* anderer durch die Schmerzen des dem Missetäter zugefügten Übels, denn hierzu gibt es kein Recht; viertens nicht *moralische Besserung*, denn diese ist Zweck der Züchtigung, aber nicht der Strafe.

Friedrich Nietzsche: Argumente gegen Vergeltung und Abschreckung

Überall, wo Verantwortlichkeiten gesucht worden sind, ist es der *Instinkt der Rache* gewesen, der da suchte. Dieser Instinkt der Rache wurde in Jahrtausenden dermaßen über die Menschheit Herr, daß die ganze Metaphysik, Psychologie, Geschichtsvorstellung, vor allem aber die *Moral* mit ihm abgezeichnet ist. Soweit auch nur der Mensch gedacht hat, so weit hat er den Bazillus der Rache in die Dinge geschleppt. Er hat Gott selbst damit krank gemacht, er hat das *Dasein* überhaupt *um seine Unschuld gebracht*: nämlich dadurch, daß er jedes So-und-so-Sein auf Willen, auf Absichten, auf Akte der Verantwortlichkeit zurückführte. Die ganze Lehre vom Willen, diese verhängnisvollste *Fälschung* in der bisherigen Psychologie, wurde wesentlich erfunden zum Zweck der Strafe. [. . .]

Wir haben heute kein Mitleid mehr mit dem Begriff »freier Wille«: wir wissen nur zu gut, was er ist – das anrüchigste Theologen-Kunststück, das es gibt, zum Zweck, die Menschheit in ihrem Sinne »verantwortlich« zu machen, das heißt *sie von sich abhängig zu machen* . . . Ich gebe hier nur die Psychologie alles Verantwortlichmachens. – Überall, wo Verantwortlichkeiten gesucht werden, pflegt es der Instinkt des *Strafen- und Richten-Wollens* zu sein, der da sucht. Man hat das Werden seiner Unschuld entkleidet, wenn irgendein So-und-so-Sein auf Wille, auf Absichten, auf Akte der Verantwortlichkeit zurückgeführt wird: die Lehre vom Willen ist wesentlich erfunden zum Zweck der Strafe, das heißt des *Schuldigfinden-Wollens*. Die ganze alte Psychologie hat ihre Voraussetzung darin, daß deren Urheber, die Priester an der Spitze alter Gemeinwesen, sich ein *Recht* schaffen wollten, Strafen zu verhängen – oder Gott dazu ein Recht schaffen wollten . . . Die Menschen wurden »frei« gedacht, um gerichtet, um gestraft werden zu können – um *schuldig* werden zu

können: folglich *mußte* jede Handlung als gewollt, der
Ursprung jeder Handlung im Bewußtsein liegend gedacht
werden (– womit die *grundsätzlichste* Falschmünzerei *in
psychologicis* zum Prinzip der Psychologie selbst gemacht
war ...). Heute, wo wir in die *umgekehrte* Bewegung eingetreten sind, wo wir Immoralisten zumal mit aller Kraft den
Schuldbegriff und den Strafbegriff aus der Welt wieder her-
ausnehmen und Psychologie, Geschichte, Natur, die gesellschaftlichen Institutionen und Sanktionen von ihnen zu reini-
gen suchen, gibt es in unseren Augen keine radikalere Geg-
nerschaft als die der Theologen, welche fortfahren, mit dem
Begriff der »sittlichen Weltordnung« die Unschuld des Wer-
dens durch »Strafe« und »Schuld« zu durchseuchen. Das
Christentum ist eine Metaphysik des Henkers. [...]

Wer vollständig die Lehre von der völligen Unverantwort-
lichkeit begriffen hat, der kann die sogenannte strafende und
belohnende Gerechtigkeit gar nicht mehr unter den Begriff
der Gerechtigkeit unterbringen: falls diese darin besteht, daß
man jedem das Seine gibt. Denn der, welcher gestraft wird,
verdient die Strafe nicht: er wird nur als Mittel benutzt, um
fürderhin von gewissen Handlungen abzuschrecken; ebenso
verdient der, welchen man belohnt, diesen Lohn nicht: er
konnte ja nicht anders handeln, als er gehandelt hat. Also hat
der Lohn nur den Sinn einer Aufmunterung für ihn und
andere, um also zu späteren Handlungen ein Motiv abzugeben; das Lob wird dem Laufenden in der Rennbahn zugeru-
fen, nicht dem, welcher am Ziele ist. Weder Strafe noch Lohn
sind etwas, das einem als das *Seine* zukommt; sie werden ihm
aus Nützlichkeitsgründen gegeben, ohne daß er mit Gerechtigkeit Anspruch auf sie zu erheben hätte. Man muß ebenso
sagen »der Weise belohnt nicht, weil gut gehandelt worden
ist«, als man gesagt hat »der Weise straft nicht, weil schlecht
gehandelt worden ist, sondern damit nicht schlecht gehandelt
werde«. Wenn Strafe und Lohn fortfielen, so fielen die kräf-
tigsten Motive, welche von gewissen Handlungen weg, zu

gewissen Handlungen hin treiben, fort; der Nutzen der Menschen erheischt ihre Fortdauer; und insofern Strafe und Lohn, Tadel und Lob am empfindlichsten auf die Eitelkeit wirken, so erheischt derselbe Nutzen auch die Fortdauer der Eitelkeit.

Karl Menninger: Therapie statt Strafe

Seit jeher werden Strafrecht und Strafrechtswissenschaft auf ein Prinzip gegründet, das in der Psychologie als »Lust-Unlust-Prinzip« bekannt ist. Man kann mehrere Gründe dafür haben, einem Wesen etwas anzutun, das ihm Schmerz oder Unlust bereitet: Man kann ein Tier zu größeren Leistungen anspornen wollen; man kann Unrecht, das einem angetan worden ist, vergelten wollen; man kann einen anderen einschüchtern wollen; oder man kann sich an den Schmerzen des anderen weiden wollen. Wie alle Lebewesen neigt auch der Mensch dazu, das, was ihm angenehm ist, anzustreben, und das, was ihm unangenehm ist, zu meiden – woraus zu folgen scheint, daß es offenbar nur darauf ankommt, das »gute« Verhalten zu belohnen und das »schlechte« Verhalten zu bestrafen, um einen Menschen in der gewünschten Richtung zu beeinflussen. Diese Formel beherrscht unsere gesamte Denkweise hinsichtlich Kindererziehung, Bildungssystem und sozialer Verhaltenskontrolle.

Es würde mich nicht wundern, wenn drei von vier Lesern mit diesem Prinzip voll und ganz übereinstimmten. »Natürlich«, höre ich Sie sagen, »das sagt einem doch der gesunde Menschenverstand. Ich selbst bin das beste Beispiel dafür: Ich weiß genau, wie schnell ich fahren darf und welche Strafe ich zu erwarten habe, wenn ich schneller fahre als die vorgeschriebene Höchstgeschwindigkeit. Um kein Strafmandat zu bekommen, fahre ich normalerweise auch nicht schneller. Aber eines Tages hatte ich es wirklich eilig, weil ich verabredet war, und ignorierte die Verkehrsschilder einfach. Mir war klar, daß ich da etwas Verbotenes tat. Ich wurde erwischt und bekam die verdiente Strafe. Schön – ich habe etwas dazugelernt. Seitdem mir das passiert ist, fahre ich langsamer auf dieser Strecke. Und ich bin überzeugt, daß andere Leute auf ähnliche Weise davon abgehalten werden, falsche Steuererklärungen abzugeben, Banken auszurauben oder Vergewaltigungen zu begehen: Sie haben einfach Angst vor der Strafe, die darauf steht. Hätten wir die Strafe nicht, so herrschte das Chaos!«

Überlegungen dieser Art klingen zweifellos vernünftig und entsprechen ziemlich genau dem Standpunkt, den die meisten Leute in dieser Frage einnehmen – jedenfalls zeitweise. Denn sobald wir uns die Sache etwas durch den Kopf gehen lassen, erkennen wir nur zu gut, daß es Menschen gibt, die sich durch Strafen oder Strafandrohungen keineswegs davon abhalten lassen, Verbotenes zu tun. Viele rechnen sich beispielsweise eine Chance aus, nicht erwischt zu werden, und diese Chance ist alles andere als schlecht – für die meisten Straftaten ist sie sogar besser als fünf zu eins. Viele Autofahrer lassen sich nicht einmal durch die Angst vor dem eigenen Tod vom Rasen abhalten, und die meisten rechnen Geschwindigkeitsüberschreitungen selbst dann nicht zu den eigentlich kriminellen Delikten, wenn sie hochgradig gefährlich und selbstmörderisch sind. Statt dessen werden solche Vergehen als »Kavaliersdelikte« betrachtet; man weiß, daß sie auch von durchaus angesehenen Gesellschaftsmitgliedern begangen und in der Regel mit Nachsicht behandelt werden. Anders verhält es sich jedoch bei Delikten wie Vergewaltigungen, Bankraub, Scheckbetrug, Vandalismus und den unzähligen anderen Straftaten, derentwegen unser System von Freiheitsstrafen in erster Linie existiert. Dies sind Handlungen, von denen der Durchschnittsbürger (einschließlich des Lesers) aus ganz anderen Gründen abgehalten wird: Für die meisten von uns ist es keineswegs die Strafe, die unsere verbrecherischen Neigungen hier in Schach hält, sondern das eigene

Gewissen, der Wunsch nach Selbstachtung und das Bestreben, von unserer Umwelt akzeptiert zu werden.

Es ist heute kein Geheimnis mehr, daß die offizielle Strategie der Verbrechensbekämpfung durch Androhung von Freiheitsstrafen hundertprozentig versagt hat. Unter Kriminologen ist dies seit Jahren bekannt. Zu der Zeit, als in England Taschendiebe noch durch den Strang bestraft wurden, riskierten gerade die Schaulustigen, die sich zum Spektakel der Hinrichtung um den Galgen versammelt hatten, von geschickten Taschendieben bestohlen zu werden, die sich durch die Zurschaustellung der »Gerechtigkeit« offenbar nicht im geringsten abschrecken ließen. Wir wissen nicht erst seit gestern, daß die Mehrzahl der Straftäter unentdeckt bleibt, daß von denen, die gefaßt werden, nur ein Bruchteil schuldig gesprochen wird und daß noch weniger ihre Strafe tatsächlich verbüßen. Wir wissen zudem, daß eine ganze Reihe von denen, die im Namen des Gesetzes bestraft werden, dadurch allererst auf einen Weg gebracht werden, der durch fortgesetzte Straffälligkeit und einen unentwegten Kampf mit den staatlichen Verfolgungsorganen gekennzeichnet ist. Ausgeschlossen aus der menschlichen Gemeinschaft und wohl wissend, daß ihre Namen in den schwarzen Listen der Unternehmen kursieren, schließen sie sich jenen Kreisen an, zu deren Bekanntschaft ihnen das Gefängnis verholfen hat, und versuchen, ihr Verhalten den dort üblichen Spielregeln anzupassen. Auf diese Weise bringt es die Gesellschaft fertig, daß aus Individuen, die ansonsten nicht gerade durch Selbstdisziplin auffallen, loyale Mitglieder irgendeiner Untergrundclique werden.

Die Wissenschaft vom menschlichen Verhalten hat die Alltagsklassifikationen, von denen die Gesetze in früheren Zeiten diktiert waren, seit langem hinter sich gelassen. Wir wissen heute, daß sich weder Straftaten wie Vergewaltigung, Bankraub oder Steuerbetrug einfach als Lustgewinn noch die Verbüßung einer Gefängnisstrafe einfach als Unlustzufügung beschreiben lassen. Die offizielle und institutionalisierte

Strafpraxis hat so gut wie nichts mit dem Klaps gemeinsam, den man einem umhegten Kind auf die Hand gibt, die sich nach etwas Verbotenem ausstreckt. Die Straffälligen, die in unsere Gefängnisse eingeliefert werden, sind keine umhegten Kinder. In der Regel sind es ungeliebte Kinder, physisch zwar erwachsen, psychisch aber begierig nach menschlicher Wärme und Anteilnahme, die sie niemals in der normalen Weise erhalten haben. Die Folge ist, daß sie versuchen, sich diese Anteilnahme auf unnormale Weise zu verschaffen – »unnormal« von *unserem* Standpunkt aus gesehen.

Ein Mittel, das geeignet sein mag, jemanden wie den Leser von einem Verhalten abzuschrecken, das von seiner Umwelt mißbilligt wird, ist nicht notwendig auch geeignet, jenes »erwachsene Kind« abzuschrecken, das einem völlig anderen Milieu entstammt. Vielleicht hat diesen Menschen die Lebenserfahrung zu der Überzeugung gebracht, daß seine Aussichten, durch unentdeckte Betrügereien zu etwas zu kommen, weitaus günstiger sind als seine Aussichten auf faire Behandlung und Chancengleichheit. Er weiß zwar, welche staatlichen Sanktionen und gesellschaftlichen Ächtungen mit Handlungen dieser Art verbunden sind. Er weiß, welches Risiko er eingeht. Aber ungeachtet allen »Wissens« um diese Dinge brechen immer wieder Wellen von Enttäuschung, Begehrlichkeit, Aggressivität und Feindseligkeit über ihn herein und lösen Phasen sozialschädlichen Verhaltens aus.

Diese Phasen können ihn selbst wie die Gesellschaft überaus teuer zu stehen kommen. Zuweilen allerdings haftet ihnen auch ein gewisser Erfolg an. Mehrere Zeitschriften haben erst kürzlich den Wohlstand und die zeitweilige Prominenz eines Mannes geschildert, der gleichzeitig als Mörder bezeichnet wurde. Der große Verhaltensforscher Konrad Lorenz hat am Beispiel von Gänsen sehr schön ein Verhalten beschrieben, das man als Triumphreaktion bezeichnen kann: Das Herausdrücken der Brust und das Schlagen mit den Flügeln nach einer erfolgreich bestandenen Herausforderung. Wir alle haben diese primitive biologische Triumphreaktion schon einmal gesehen – bei Hähnen auf dem Hühnerhof, bei Geschäftsleuten, bei erfolgreichen Sportlern und nicht zuletzt auch bei dem einen oder anderen Kriminellen.

Im allgemeinen freilich sind die Ziele, auf die es der Straftäter abgesehen hat, und die Gewinne, die ihm sein Tun einbringt, für die meisten Menschen nicht erstrebenswert. Bei der Mehrzahl der Straftäter, denen wir das Leben schwermachen, handelt es sich um Leute, die weder sehr klug noch sehr geschickt sind und die es im Leben keineswegs besonders gut getroffen haben. Der Tätertyp, den wir unseren antiquierten Strafmaßnahmen unterziehen, ist charakteristischerweise nicht der erfolgreiche Täter, sondern der gescheiterte Täter, der sich auf das Geschäft des Verbrechens im Grunde gar nicht versteht und nicht zuletzt deshalb gefaßt wird. Ja, solange er noch nicht gefaßt und überführt ist, wird er im juristischen Sprachgebrauch gar nicht als »Straftäter« bezeichnet. Die Unbeholfenen, die Verzweifelten, die Übergangenen, die Kontaktschwachen, die geistig Behinderten, die Kranken – alle diejenigen, die Verbrechen begehen, die ihnen letzten Endes nichts einbringen, stellen zwar durchaus eine Gefahr für die Gesellschaft dar, müssen aber klar von den Berufsverbrechern unterschieden werden, von denen nicht wenige hoch geachtete Leute sind. In manchen Fällen kommt das Verbrechen durch einen bloßen Zufall oder als unerwarteter Nebeneffekt zustande; oder es beruht auf einem Impuls, der von unerträglichem Druck begleitet ist. Öfter aber ist der Straffällige ein permanent verstocktes, alleingelassenes und aggressives Individuum, das sich der einzigen Gruppe anschließt, in die es eine Chance hat, aufgenommen zu werden: der Gruppe der Ausgestoßenen und Asozialen.

Und was stellen wir mit solchen Straftätern an? In einer feierlichen, öffentlichen Zeremonie erklären wir sie zu Volksfeinden und übergeben sie – unter Berufung auf Gesetze, die vor Jahrzehnten erlassen worden sind – für einen willkürlich festgesetzten Zeitraum der Haftanstalt. Dort vertun sie ihre Zeit; Monate und Jahre verstreichen. Anschließend werden sie mit einem Stumpfsinn und einer Planlosigkeit, kaum geringer als aus Anlaß ihrer ursprünglichen Einlieferung, in die Gesellschaft zurückverfrachtet – ohne Rücksicht darauf, ob sie sich in irgendeiner Weise zum Besseren geändert haben, oder vielmehr: in der sicheren Gewißheit, daß sie sich nur zum Schlechteren geändert haben. Erneut nehmen sie den ungleichen Kampf mit der Gesellschaft auf; und da sie von den meisten Unternehmen nicht mehr eingestellt werden, erwartet man von ihnen, daß sie sich etwas Neues einfallen lassen, wie sie ihren Lebensunterhalt verdienen und ohne jede weitere Hilfe der Gesellschaft überleben können.

Der intelligentere Teil unserer Gesellschaft ist sich im klaren darüber, daß das gegenwärtige Strafsystem nicht den Erwartungen entspricht, die man ursprünglich in es gesetzt hatte, daß es antiquiert und übermäßig kostspielig ist und daß wir auf unsere archaischen Methoden, mit Rechtsbrechern umzugehen, eine Unmenge an Arbeitskraft verschwenden. Bereits im Jahre 1917 empfahl der Wickersham-Bericht des Aufsichtsausschusses für Gefängnisse im Staat New York die Abschaffung der Gefängnisse, die Einrichtung von Zentren zur Diagnose und Klassifizierung der Straftäter, die Entwicklung eines differenzierten Behandlungsprogramms mit einem entsprechenden Anstaltssystem und die Einführung des Schuldspruchs ohne zeitlich bestimmte Straffestsetzung. *Seitdem sind zweiundvierzig Jahre vergangen.* Und wie geringe Fortschritte haben wir gemacht! Bereits 1933 haben der Verband der amerikanischen Psychiater, der amerikanische Anwaltsverband und der amerikanische Ärzteverband in einer gemeinsamen, offiziellen Empfehlung die Einrichtung von psychiatrischen Diensten bei allen Straf- und Jugendgerichten gefordert, die die Gerichte, die Gefängnisse und die Bewährungshelfer bei ihrer Arbeit mit Straffälligen unterstützen sollten.

Das war vor sechsundzwanzig Jahren. Sind diese Empfehlungen irgendwo in den Vereinigten Staaten verwirklicht worden? Von wenigen Ausnahmen abgesehen, wird mit dem

Straffälligen weiter nach den althergebrachten Grundsätzen verfahren, nach Grundsätzen, die von Leuten aufgestellt wurden, die heute längst tot sind und den Straftäter, mit dem wir es hier und jetzt zu tun haben, nicht kennen konnten – sein Vorleben, die Mißverständnisse, die sich in ihm angesammelt haben, und die Provokationen, denen er in seinem bisherigen Leben ausgesetzt war.

Die einzig vernünftige, wissenschaftliche Frage, die zu stellen wäre, lautet: Wie muß der Straftäter behandelt werden, wenn er mit der größtmöglichen Wahrscheinlichkeit von weiteren Straftaten abgehalten werden soll? Einige dieser Methoden sind uns durchaus bekannt. Der eine oder andere Straffällige, der das nötige Geld, einen guten Anwalt oder einfach das Glück hat, einen einsichtigen und erfahrenen Richter zu finden, geht bereits heute einen anderen Weg, als die vorgeschriebene Routine vorsieht. Statt Gefängnis und allmählichem Persönlichkeitsverfall wird ihm die Möglichkeit einer Art des Umlernens und Umdenkens geboten, wie sie für psychiatrische Anstalten und eine psychiatrische Behandlung charakteristisch ist. Relativ wenige, gutsituierte Straftäter erhalten ihre »Behandlung« in der Haftanstalt. Damit ist nicht gesagt, daß Gerechtigkeit käuflich ist oder daß es möglich ist, sich aus der Gerechtigkeit freizukaufen; gemeint ist lediglich, daß manche Straftäter Verwandte oder Freunde haben, die sich ernsthaft um sie kümmern und bemüht sind, die bestmögliche Lösung für das Problem ihres fortgesetzten Fehlverhaltens zu finden. Fest steht jedenfalls, daß die altbewährte Zuchthaus-Methode (nach der Devise »Sie sollen es büßen!«) *nicht* die beste Lösung des Problems darstellt, und es wirft kein gutes Licht auf die demokratischen Ideale unseres Landes, daß die besseren Lösungen so oft, ja in der Regel gerade den Armen, Alleingelassenen und Unwissenden verwehrt bleiben.

Würden wir in der Behandlung Straffälliger nach wissenschaftlichen Methoden vorgehen, so müßte der überführte Straftäter so lange in Sicherungsverwahrung genommen werden, bis eine Entscheidung darüber möglich ist, ob, wie und zu welchem Zeitpunkt er mit Aussicht auf Erfolg in die Gesellschaft wiedereingegliedert werden kann. Sämtliche verfügbaren Methoden und Erkenntnisse der Verhaltenswissenschaften würden angewandt werden, um seine Persönlichkeitsstruktur, seine positiven und negativen Möglichkeiten, seine soziale Herkunft und seine Beziehungen zu seiner Umwelt zu untersuchen.

Erst wenn sich die Verantwortlichen ein ungefähres diagnostisches Bild von der Persönlichkeit des Täters verschafft haben, werden sie entscheiden können, ob Aussicht besteht, daß er in einer für beide Seiten befriedigenden Weise in die Gesellschaft wiedereingegliedert werden kann. Wenn ja, sollten die geeignetsten Techniken der Pädagogik, der Ausbildung am Arbeitsplatz, der Gruppendynamik und der Psychotherapie selektiv zur Anwendung gebracht werden, was sowohl innerhalb als auch außerhalb des Gefängnisses, je nach der Sicherheitsstufe, die in dem besonderen Fall erforderlich ist, erfolgen kann. Lassen sich in angemessener Frist spürbare Änderungen feststellen, sollte der Resozialisierungsprozeß dadurch weiter vorangetrieben werden, daß man für den Straffälligen einen geeigneten Platz im Arbeitsleben und in der Gesellschaft findet, ihn so rasch wie möglich aus dem Aufsichtsbereich des Gefängnisses herausnimmt und ihn mit der Auflage einer Meldepflicht ins bürgerliche Leben entläßt.

Daß es sich empfiehlt, Patienten so rasch wie möglich aus der Kontrolle der Anstalten zu entlassen, ist eine noch sehr junge Einsicht, mit der wir Psychiater uns ausgesprochen schwergetan haben. In der staatlichen Klinik, die ich am besten kenne, betrug die durchschnittliche Verweildauer vor zehn Jahren fünf Jahre, während sie heute ganze drei Monate beträgt. Vor zehn Jahren wurden nur sehr wenige Patienten nach weniger als zwei Jahren entlassen; heute werden 90 % noch im Laufe des ersten Jahres entlassen. Vor zehn Jahren war die Klinik überfüllt; heute hat sie einen achtmal höheren

Patientendurchlauf, die Wartelisten sind verschwunden, und es kommt wieder vor, daß Betten nicht belegt sind.

Es gibt freilich Patienten, bei denen alle Bemühungen fruchtlos bleiben. Sie müssen weiterhin in der Klinik bleiben oder nach einem Heimurlaub auf Probe sofort wieder in die Klinik zurückkehren. Auch wenn ein *Gefangener* selbst durch größte Bemühungen nicht resozialisiert werden kann, können wir nichts anderes tun als unser Scheitern eingestehen und dafür sorgen, daß er – gleichgültig, wie die Begründung im einzelnen lauten mag – auf unbestimmte Zeit in Verwahrung bleibt. Soviel sind wir der Sicherheit der Gesellschaft schuldig.

Es wird immer einige Fälle geben, bei denen sich selbst die Erfahrensten in der einen oder anderen Richtung täuschen, wie es auch immer einige Straftäter geben wird, bei denen niemand weiß, welches für sie die beste Lösung ist. Viele Fragen bedürfen noch der Klärung. Aber was ich skizziert habe, ist das Programm einer modernen Straflehre, wie ich sie verstehe – ein Programm, das in gewissem Umfang bereits heute in Kalifornien und einigen anderen Staaten sowie in einigen Bundesgefängnissen erprobt wird.

Dieses humane und aufgeklärte Programm würde viel unnötiges Unrecht und Leid überflüssig machen und uns darüber hinaus eine Menge Geld und Arbeitskraft ersparen. Aber es findet nur sehr zögernd Verbreitung. Mehrere Dinge stehen einer solchen Verbreitung im Wege: die vielerorts weiter bestehende Praxis, zeitlich festgelegte Gefängnisstrafen zu verhängen; die unaufgeklärte Einstellung der Allgemeinheit zum Straftäter, den manche am liebsten gefoltert sehen möchten; die herrschende Auffassung, daß nichts so geeignet ist, das bei einer Schandtat ertappte Individuum auf den rechten Weg zurückzubringen, wie der zeitweilige Aufenthalt in einem dunklen Kerkerloch – der allerdings zu einem bestimmten Zeitpunkt, wenn mit dem Straftäter alles nur noch schlimmer geworden ist, beendet werden sollte, da er »seine Zeit« abgesessen hat; das eingefahrene Unvermögen der Rechtsordnung, zwischen Verbrechen zu unterscheiden, die mehr oder weniger zufällig, beiläufig oder explosionsartig zustande kommen, Verbrechen, die einem relativ stabilen Verhaltensmuster entsprechen, in dem sich chronische Aggression und Frustration ausdrücken, die das Subjekt anderweitig nicht zu äußern vermag, und Verbrechen als Beruf oder Lebensstil. Ein Fortschritt auf diesem Gebiet wird schließlich auch durch das mangelnde Interesse der Anwälte verhindert (von denen sich die meisten etwas darauf zugute halten, mit Strafrecht nichts zu tun zu haben), durch das mangelnde Interesse seitens meines eigenen Standes und nicht zuletzt durch das gegenseitige Mißtrauen zwischen Anwälten und Psychiatern.

Die Vorstellung, daß psychisch Kranke vom Teufel besessen oder in anderer Weise heimgesucht sind, gehört zu einer reichlich antiquierten, vormittelalterlichen Denkweise. Aber obwohl von der Psychiatrie größtenteils aufgegeben, scheint sie in den Köpfen vieler Laien wieder herumzuspuken – fatalerweise auch in den Köpfen vieler Juristen.

Juristen haben in der Regel keine klare Vorstellung von der Arbeit des Psychiaters und von den Grundbegriffen, die ihn leiten. Den meisten Juristen will es beispielsweise nicht einleuchten, daß es so etwas wie »Verrücktheit« für den Psychiater nicht gibt. Sie wissen weder, nach welchen Methoden psychiatrische Falluntersuchungen und Diagnosen erarbeitet werden, noch, wie diese zu interpretieren sind. Sie scheinen statt dessen von der Vorstellung auszugehen, daß der Psychiater sich einen Verdächtigen nur kurz anzusehen und sich ein paar Anekdoten über ihn erzählen zu lassen braucht, um ein für allemal sagen zu können, ob jenes unheimliche Etwas, der unheilschwangere Bazillus des Wahnsinns, vorliegt oder nicht. Und da sich jeder gern beliebt macht, finden sich immer wieder Psychiater, die auf dieses Mißverständnis der Juristen eingehen und bei der Farce mitspielen.

Es ist sicher richtig, daß beinahe jeder Straftäter, der eine kurze Zeit von einem Psychiater – und sei dieser noch so

geschickt – befragt wird, Antworten geben und Verhaltensmuster an den Tag legen kann, die darauf schließen lassen,
daß er sich nicht in nennenswerter Weise von der übrigen
Menschheit unterscheidet und ohne weiteres als »normal«
bezeichnet werden kann. Aber eine psychiatrische Untersuchung erschöpft sich nicht darin, den Patienten mit Fragen zu
bombardieren. Die moderne wissenschaftliche Persönlich-
keitsforschung ist eine Sache von Spezialisten mehrerer Dis-
ziplinen – Medizinern, Therapeuten, Soziologen und Psy-
chologen – und berücksichtigt neben statischen, zum Unter-
suchungszeitpunkt sichtbaren Faktoren auch dynamische
und biographische Faktoren sowie die Interaktion des Individuums mit seiner Umwelt und mit Veränderungen dieser
Umwelt. Sie ist zukunftsbezogen, insofern sie an Möglichkeiten der Verhaltenskorrektur, der Resozialisierung und der
Verbrechensverhütung orientiert ist.
Es ist deshalb keineswegs selten, daß dieselben Individuen,
die bei oberflächlicher Betrachtung einen völlig normalen
Eindruck machen, im Verlaufe einer längeren, gründlicheren,
nach wissenschaftlichen Methoden durchgeführten Untersuchung Tendenzen erkennen lassen, die als abweichend, auf-
fällig, unnormal, krank, hysterisch, abwegig, irrational oder
»verrückt« gelten können.
Aber hier wird der Leser vielleicht fragen: »Lassen sich nicht
in jedem Menschen derartige Tendenzen finden, sofern man
nur genau genug hinsieht? Und wenn das so ist, das heißt
wenn es wahr ist, daß wir alle leicht verrückt sind (zumindest
potentiell), welchen Sinn haben dann Ihre psychiatrischen
Unterscheidungen? Welches Verhalten wollen Sie eigentlich
entschuldigen, das Verhalten des Kriminellen oder jedes Verhalten überhaupt?«
In dieser Frage steckt der entscheidende Denkfehler. Wir
Psychiater haben nicht die geringste Absicht, *irgend jemanden* zu entschuldigen. Im Gegenteil, wir nehmen den Schutz
der Allgemeinheit weitaus ernster als die Juristen. Um es
noch einmal zu sagen: Wir Psychiater wollen niemanden ent-

schuldigen, am wenigsten Leute mit antisozialen Verhaltens-
tendenzen. Im Gegensatz zu den Juristen sind wir der Überzeugung, daß *alle* Täter für das, was sie getan haben, verantwortlich sind. Und wir wollen, daß der Gefangene diese
Verantwortung auf sich nimmt beziehungsweise jemandem
überträgt, dem am Schutz der Gesellschaft wie am Schicksal
des Gefangenen gleichermaßen gelegen ist. Wir wollen nicht,
daß irgend jemand aus seiner Schuld entlassen wird – aber wir
wollen ebenfalls nicht, daß irgend jemand auf stupide Weise
beseitigt, ohne Sinn und Zweck in Haft gehalten oder vor-
schnell freigelassen wird. Wir wollen nicht, daß irgend jemand gefoltert wird – weder spektakulär mit glühenden Ei-
sen noch unauffällig mit jahrelangem, erzwungenem Nichts-
tun. Vom psychiatrischen Standpunkt aus sollte nichts,
was mit dem Straftäter geschieht, im Namen einer »Bestrafung« geschehen, auch dann nicht, wenn der Straftäter selbst
die diagnostischen Maßnahmen, die Behandlung und die
mit ihr verbundene Verwahrung als eine Form von Strafe ansieht. Wenn er dieses tut, so ist das seine subjektive Vorstellung – der Psychiater sieht die Dinge anders. Und auch
die Allgemeinheit sollte von dieser nach unserer Auffassung
irregeleiteten Sichtweise allmählich abkommen.

Als Psychiater gehen wir in der Tat davon aus, daß in absolut
allen Menschen gewisse Möglichkeiten zu antisozialem Verhalten angelegt sind, und dieselbe Annahme liegt dem Recht
zugrunde. Freilich, bei den meisten Menschen und die meiste
Zeit über werden diese kriminellen Impulse erfolgreich
unterdrückt. Aber unter gewissen Umständen, aus den ver-
schiedenartigsten Gründen haben manche Menschen diesen
Impulsen immer weniger entgegenzusetzen; sie verlieren ihre
Orientierung, werden demoralisiert und gefährden ihre Mitmenschen. Daß derjenige, der Straftaten begeht, an einer
inneren Desorientierung leidet, tritt weniger augenfällig
zutage, als das bei einem »krank« wirkenden Patienten der
Fall ist. Er macht nicht nur einen weitaus »normaleren« Eindruck; er scheint bei seiner Tat auch von denselben Impulsen

geleitet gewesen zu sein, mit denen auch wir zu kämpfen hatten – mit dem Unterschied, daß wir sie unter Kontrolle gebracht haben und er ihnen nachgegeben hat.

So kommt es, daß wir uns über den einen fürchterlich aufregen und ihn als »Verbrecher« beschimpfen, während wir den anderen »verrückt« nennen und mitleidig Nachsicht üben. Ein Chirurg dagegen wendet jedesmal dieselben chirurgischen Lehrsätze an, ob er es nun mit einem »sauberen« Fall zu tun hat, etwa einer kosmetischen Gesichtsoperation, oder mit einem »schmutzigen« Fall, übelriechend und widerwärtig. Das einzige, worauf es bei der Operation ankommt, ist das Resultat, und die Emotionen des Operateurs dürfen darauf keinen Einfluß nehmen. Die Begriffe »kriminell« und »verrückt« gehören ebensowenig zum Vokabular des Wissenschaftlers wie abfällige Ausdrücke wie »bösartig«, »psychopathisch« und »blutrünstig«. Worauf es ankommt, ist, die *deskriptiven* Begriffe zu finden, die auf den jeweils vorliegenden Fall zutreffen, und dies ist eine wissenschaftliche Aufgabe, bei der die landläufigen Verunglimpfungen deplaziert sind. Niemand, dem der Bauch aufgeschnitten worden ist, bietet einen besonders erhebenden Anblick; und jedem, der unter sozialer Kontrolle gehalten werden muß, ist eine Wunde beigebracht worden, die einen Teil seines Inneren bloßlegt.

Einsichtsvolle amerikanische Richter lehnen mittlerweile mehr und mehr die Verantwortung ab, im vorhinein zu entscheiden, wie sich der Straftäter im Gefängnis verhalten wird und wie lange es dauern wird, bis seine kriminellen Regungen abgeklungen sind. Erst wenn die Gerichte in größerem Umfang dazu übergegangen sind, zeitlich unbefristete Urteile zu fällen, und man Zentren zur wissenschaftlichen Diagnose von Straffälligen eingerichtet hat, werden wir in der Wissenschaft von der richtigen *Behandlung* antisozialer Verhaltensweisen Fortschritte erzielen können. Dann erst wird sich die juristische Dunstglocke auflösen, die augenblicklich über den Gefängnissen hängt und uns dazu zwingt, vollrehabilitierte

Gefangene in empörend sinnloser Weise weiterhin in Haft zu behalten, während andere Delinquenten, von denen die Vollzugsbeamten genau wissen, daß sie gemeingefährlich und zu keiner Arbeit zu gebrauchen sind, wider besseres Wissen entlassen werden müssen, weil irgendwo irgendein Richter (der den Fall inzwischen längst vergessen hat) gesagt hat, fünf Jahre seien genug. Bei meinen häufigen Besuchen in Gefängnissen nehme ich immer wieder mit Erstaunen zur Kenntnis, wie selten Richter sich davon überzeugen, ob die »Behandlung«, die sie verordnet haben, auch die erhoffte Wirkung zeigt. Man stelle sich vor, wenn Ärzte, die ihre schwerkranken Patienten ins Krankenhaus geschickt haben, sich weiter nicht mehr um sie kümmern würden!

Nachdem mehr und mehr Staaten dazu übergegangen sein werden, diagnostische Zentren einzurichten, deren Aufgabe es ist, die Häftlinge aus dem Gefängnis heraus- und an ihre Arbeitsplätze zurückzubringen, wird das Tabu, das die Gefängnisse heute noch umgibt, ähnlich wie im Fall von Heilanstalten nach und nach verschwinden. Es ist noch nicht allzu lange her, daß derjenige, der irgendwann im Gefängnis *oder* in der Heilanstalt gewesen war, für sein ganzes Leben als gezeichnet galt. Die »Irren«, wie man sie grausamerweise nannte, wurden gefürchtet und gemieden. Heute trifft man diese Phobie nur noch bei Ignoranten an. Sogar Krebs zu haben galt einmal als Schande, und Krebskranke hatten Angst, über ihre Krankheit zu sprechen und sich angemessen behandeln zu lassen, weil sie die damit verbundene Schmach scheuten. Die Zeit wird kommen, daß Straftäter – wie sehr wir auch verurteilen, was sie getan haben – nicht mehr als Parias der Gesellschaft betrachtet werden, die keine Arbeit finden können.

Für einen Arzt, dem es darum zu tun ist, daß wir unsere Mitmenschen sinnvoller behandeln, dürfte es sich erübrigen, hinzuzufügen, daß wir sie unter keinen Umständen umbringen sollten. Zu keiner Zeit ist dem Arzt das Recht zugestanden worden, seinen Patienten zu töten, möchte die Lage des

Patienten auch noch so hoffnungslos sein. Gewiß, in einigen staatlichen Anstalten sind Patienten ohne Urteil getötet worden – Patienten, die hohe Kosten verursachten und dem Personal das Leben schwermachten, andererseits aber zu gefährlich waren, um freigelassen zu werden. Eine Reihe von Leuten hat sich damals bereit gefunden, die Angelegenheit »ins reine zu bringen«, und ich habe sie sich dessen sogar rühmen hören. Das Hitlerregime vertrat dieselbe Anschauung.

In den meisten zivilisierten Ländern von heute werden die Rechte des einzelnen jedoch höher geachtet und die Grenzen staatlicher Verfügungsgewalt enger gezogen. Wir wissen außerdem, daß es sich bei den meisten von der Todesstrafe Betroffenen um innerlich verarmte, geistig schwache, unscheinbare und alleingelassene Individuen handelt. Wir wissen, daß die Todesstrafe die Geschworenen davor zurückschrecken läßt, die Schuldfrage unvoreingenommen zu klären. Wir wissen, daß die Todesstrafe in einem Bundesstaat nach dem andern abgeschafft wird, zuletzt in Delaware. Wir wissen, daß sie in der Praxis kaum noch zur Anwendung gelangt – so kamen zum Beispiel im letzten Jahr auf über siebentausend Kapitalverbrechen weniger als einhundert Hinrichtungen. Trotzdem werden immer noch riesige Summen darauf verwendet – oder besser: verschwendet –, gerichtlich klären zu lassen, ob ein Straftäter (selbst wenn man weiß, daß er psychisch krank war) gesund genug ist, um von der Staatsgewalt gehängt zu werden. Ein Prozeß dieser Art soll den Staat Kalifornien kürzlich 400 000 Dollar gekostet haben!

Wir wissen vor allem auch, daß kein Staatsbeamter – außer einigen wenigen vielleicht, die besser selbst Patienten wären – bei der Hinrichtung Dienst tun will und daß nur wenige Gefängnisdirektoren dieses Stück Mittelalter in ihren Mauern tolerieren wollen. So kam es etwa kürzlich zwischen zwei Beamten, die ich persönlich kenne, zu einer Auseinandersetzung, weil jeder von beiden eine Erhängung in den Zuständigkeitsbereich des anderen verweisen wollte.

Meiner Ansicht nach ist die Todesstrafe moralisch unzulässig. Sie wirkt sich auf alle – nicht nur auf die, die unmittelbar mit ihr zu tun haben – schädigend aus; sie ist mit ungeheuren Kosten belastet; sie wiegt die Allgemeinheit fälschlich in Sicherheit. Vor allem aber vernebelt sie den gesamten Problemkreis der kriminellen Motivation, der von ausschlaggebender Bedeutung ist, wenn es darum geht, was wir für den Täter und mit den Tätern tun können und was gleichzeitig für die Gesellschaft als ganze am konstruktivsten ist. Einen Verbrecher zu bestrafen, sogar zu töten, mag durchaus eine gewisse Befriedigung gewähren. Wir müssen wohl alle zugestehen, daß es Zeiten gibt, in denen wir von dem, was ein Verbrecher angerichtet hat, so betroffen sind, daß wir uns einreden, es könne nicht sein, daß der Schöpfer einen solchen Menschen habe erschaffen wollen; wir täten folglich gut daran, diesen Fehler nachträglich zu korrigieren. Aber in dieser Weise den lieben Gott spielen zu wollen, läßt sich moralisch und wissenschaftlich in keiner Weise rechtfertigen.

Um meine Einstellung zum Kernproblem dieses Aufsatzes noch einmal zusammenzufassen: An uns – den Repräsentanten einer Gesellschaft, die es nicht vermocht hat, diesen Menschen zu integrieren, die ihn gewissermaßen im Stich gelassen hat, die ihm wehgetan hat und der er seinerseits wehgetan hat – an uns ist es, die Initiative zu ergreifen. *Wir* sollten etwas tun. Und was wir tun, sollte konstruktiv, rational und zweckbezogen sein, statt atavistisch, vergeltungssüchtig und aggressiv. An uns, die wir im Auftrag der Gesellschaft handeln, liegt es, dem Spiel »wie du mir, so ich dir«, auf das sich der Straftäter törichterweise eingelassen und in das er uns hineingezogen hat, ein Ende zu machen. *Wir* werden nicht, wie er, zu unüberlegten und ungehemmten Handlungsweisen getrieben. Und da mit wachsender Einsicht in eine Sache im allgemeinen auch die Macht über sie wächst, besteht für jene Art ängstlichen Racheimpulses, von dem die herkömmliche Straftheorie lebt, kein Anlaß mehr. An die Stelle der Vergeltung sollte die gelassenere und würdigere Reaktion eines therapeutischen Resozialisierungsprogramms treten, der Schutz der Gesellschaft vor dem Straftäter für die Dauer der Behandlung und seine möglichst baldige, durch Bewährungshilfe geförderte Rückführung in den Stand eines nützlichen Staatsbürgers.

Jeffrie G. Murphy: Kritik am therapeutischen Resozialisierungsprogramm

> »Wir sollten aus der Erfahrung gelernt haben, daß wir besonders dann auf die Verteidigung der persönlichen Freiheit bedacht sein müssen, wenn die Absichten des Staates wohltätig sind. Der Mensch, zur Freiheit geboren, setzt sich fast instinktiv zur Wehr, wenn er seine Freiheit durch Machthaber bedroht sieht, die ihm übelwollen. Doch die größten Gefahren für die Freiheit lauern in den heimtückischen Übergriffen wohlmeinender, aber verständnisloser Fanatiker.«
>
> *Louis D. Brandeis*

In keinem anderen Bereich tritt die von Brandeis beschriebene Tendenz augenfälliger zutage als im Bereich des Strafrechts. Allen Warnungen einiger klarsichtiger Autoren zum Trotz werden wir seit einiger Zeit von einer nicht abebbenden Flut von Büchern und Zeitschriftenartikeln von Psychiatern und Psychoanalytikern (sowie deren juristischen Gefolgsleuten) überrollt, die allesamt von ein und derselben These beherrscht sind: daß die Kriminalstrafe ein vorwissenschaftliches Relikt aus Tagen der Barbarei ist und sobald wie möglich durch ein System der individuellen und sozialen Therapie abgelöst werden muß. Jede andere Auffassung wird nicht nur als unwissenschaftlich, sondern – soweit zwischen beidem überhaupt noch unterschieden wird – auch als unmoralisch hingestellt.

Der jüngste Versuch, diese Position argumentativ zu stützen, stammt aus der Feder von Karl Menninger. In verschiedenen

Veröffentlichungen reitet Menninger im Namen der »wissenschaftlichen Psychiatrie« eine ungewöhnlich heftige Attacke gegen die Institution der Kriminalstrafe, wie sie das anglo-amerikanische Rechtssystem kennt. Es geht ihm nicht darum, lediglich bestimmte Teile des geltenden Strafrechts zu ändern – etwa die Normierung der Zurechnungsfähigkeit; sein Ziel ist vielmehr die Abschaffung der herkömmlichen Kriminalstrafe als solcher und deren Ersetzung durch ein »wissenschaftlicheres« System der sozialen Kontrolle, in dem die Strafzumessung weitgehend in der Hand von Psychiatern und Sozialfürsorgern liegt und in dem in größerem Maße als gegenwärtig von der Möglichkeit der Vorbeugehaft Gebrauch gemacht wird. Ein solches System der Verbrechenskontrolle sei nicht zu derselben Wirkungslosigkeit verurteilt, wie sie für das gegenwärtige System charakteristisch ist. [. . .]

Es ist meine Überzeugung, daß die von Menninger vertretene Position hundertprozentig und systematisch verfehlt ist und daß seine Argumente aus nichts anderem bestehen als aus Konfusionen und Fehlschlüssen – etwa, daß man aus rein wissenschaftlichen Prämissen moralische Schlußfolgerungen ableiten kann. Ich möchte im folgenden versuchen, diese Konfusionen und Fehlschlüsse im einzelnen aufzuklären, da ich diesen Versuch vor allem aus drei Gründen für lohnend halte: Erstens ist Menninger, trotz aller Ungereimtheiten seiner Thesen, ein bekannter und einflußreicher Vertreter seines Faches; es dürfte insofern nicht ganz unwichtig sein zu zeigen, daß er sich irrt, sowie auf die Konsequenzen hinzuweisen, die sich aus seinen Irrtümern ergeben. Zweitens ist Menningers Sichtweise charakteristisch für eine Auffassung, die unter Psychiatern, Psychoanalytikern und Sozialwissenschaftlern insgesamt verbreitet ist – jedenfalls sofern die Literatur, die ich zu diesem Thema gelesen habe, einigermaßen repräsentativ ist. Und drittens – und das ist vielleicht der wichtigste Punkt – sind Menningers Ansichten nicht nur sachlich verfehlt, sondern darüber hinaus gesellschaftlich und politisch gefährlich.

Soviel zur Einleitung. Nun zu Menningers Argumenten im einzelnen und zu den in ihnen enthaltenen Konfusionen und Fehlschlüssen. Diese sind im wesentlichen von moralischer, juristischer und – ironischerweise – wissenschaftlicher Art.

Wer von »moralischen Werten« spricht, kann damit sehr verschiedene Dinge meinen. Einmal kann er die faktischen moralischen Überzeugungen bestimmter Individuen oder Gruppen meinen (Werte in diesem Sinne werden mitunter auch »Werthaltungen« genannt); zum anderen kann er die Werte meinen, die man verfolgen *soll*, gleichgültig, ob irgend jemand sie de facto verfolgt oder für wertvoll hält. In diesem Falle befinden wir uns nicht mehr in der Sphäre der Werthaltungen, sondern in der Sphäre der Moral oder Sittlichkeit im eigentlichen Sinne. Es ist unbestreitbar, daß diese beiden Sphären auseinandergehalten werden müssen. Niemand wird zum Beispiel im Ernst annehmen wollen, daß die Nazis richtig daran taten, die Juden zu verfolgen (daß die Judenverfolgung etwas war, was sie tun *sollten*), nur weil sie von der Richtigkeit der Judenverfolgung überzeugt waren. Wollte jemand diesen Standpunkt einnehmen, müßte er konsequenterweise behaupten, daß es die Nazis nicht verdient haben, für das, was sie getan haben, moralisch zur Rechenschaft gezogen zu werden – eine absurde Behauptung. Ein Irrtum in Sachen der Moral kann eine Handlung zwar unter gewissen Umständen entschuldigen, aber niemals rechtfertigen. Es mag durchaus sein, daß wir etwa einer Anhängerin der Zeugen Jehovas, die durch die Verweigerung einer Bluttransfusion den Tod ihres Kindes verursacht hat, ihre Handlungsweise moralisch nicht zum Vorwurf machen wollen; aber das bedeutet nicht, daß wir ihre Handlungsweise für moralisch richtig halten und anderen zur Nachahmung empfehlen.

Es dürfte Klarheit darüber bestehen, daß lediglich die Werte im ersteren Sinne, die Werthaltungen, ein möglicher Gegenstand empirischer Wissenschaft sein können: Werthaltungen oder Wertüberzeugungen sind selbst keine eigentlichen Werte, sondern Tatsachen und als solche der Untersuchung durch den zuständigen Experten (in diesem Falle den Verhaltenswissenschaftler) zugänglich. Wir müssen uns jedoch davor hüten zu denken, daß sich seine Autorität in Sachen Werthaltungen auch auf Aussagen darüber erstrecke, was man tun *soll*. Natürlich kann ein Wissenschaftler sich in einer moralischen Diskussion als ebenso kompetent erweisen wie jeder andere rationale und informierte Diskussionsteilnehmer, jedoch nicht – und das ist das Entscheidende – *in seiner Eigenschaft als Wissenschaftler*. Er mag zwar durch seine wissenschaftliche Tätigkeit mit Tatsachen bekannt geworden sein, die in moralischen Argumentationen von Bedeutung sind. Doch diese Tätigkeit befähigt ihn deshalb noch nicht zu irgendwelchen privilegierten Einsichten in moralische Schlußfolgerungen. Mit anderen Worten: Wissenschaftler sind immer dann als Fachleute kompetent, wenn es darum geht, die wirksamsten Mittel und Verfahren zur Erreichung bestimmter Ziele ausfindig zu machen, nicht aber dann, wenn es darum geht, diese Ziele allererst zu setzen oder die Mittel zu ihrer Erreichung moralisch zu bewerten. Effizienz und Sittlichkeit sind nicht dasselbe.

Leider werden diese Punkte bei der Entscheidung wichtiger sozialpolitischer Fragen immer wieder vergessen. Menninger läßt sie gänzlich unberücksichtigt. Er schreibt: »Schon das Wort ›Gerechtigkeit‹ muß den Wissenschaftler irritieren. Kein Chirurg rechnet damit, gefragt zu werden, ob eine Krebsoperation *gerecht* ist oder nicht. Keinem Arzt wird vorgeworfen, die von ihm verschriebene Dosis Penizillin sei größer oder kleiner, als es die *Gerechtigkeit* verlangt. Genauso muß es der Verhaltenswissenschaftler als absurd empfinden, die Frage nach der Gerechtigkeit gestellt zu bekommen, wenn es darum geht, was mit jemandem geschehen soll, der der Versuchung zum Kaufhausdiebstahl nicht widerstehen kann oder der unfähig ist, eine plötzliche aggressive Regung zu unterdrücken. Natürlich: Verhalten dieser Art muß unter Kontrolle gebracht, es muß bekämpft und verhindert werden – aber das ist für den Wissenschaftler ein Gebot der öffentlichen Sicherheit und des gedeihlichen sozialen Zusammenlebens, kein Gebot der Gerechtigkeit … Gegen die Strafe zu sein ist keine Sache des Gefühls, sondern eine logische Konsequenz unserer wissenschaftlichen Erfahrung.«

Es fällt schwer zu glauben, daß Menninger von uns erwartet, diese Sätze ernst zu nehmen. Wie in aller Welt soll sich ein »Gegen-etwas-Sein« aus rein wissenschaftlichen Prämissen logisch ableiten lassen? Und welche Erkenntnis will uns Menninger mit seinen Bemerkungen über den Chirurgen vermitteln? Natürlich rechnet kein Chirurg damit, gefragt zu werden, ob eine Operation gerecht ist; aber genausowenig rechnet er damit, gefragt zu werden, ob eine Operation sechseckig ist, ob sie gut schmeckt oder ob sie in der Nähe des Kammertons A liegt. Sollen wir daraus etwa den Schluß ziehen, daß »Sechseckigkeit«, »Wohlgeschmack« und »Kammerton A« sinnlose Begriffe sind? –

Es mag natürlich sein, daß Menninger seine These ausschließlich auf moralische Werte bezogen wissen möchte. In diesem Fall würde sein Argument lauten, daß moralische Werte deshalb sinnlos sind, weil sie sich auf wissenschaftliche Weise nicht erfassen lassen. Aber ich sehe keinerlei Grund für diese These – die These, »sinnvoll« heiße dasselbe wie »wissenschaftlich erfaßbar«; und ich bin überzeugt, daß auch Menninger sie in Wirklichkeit gar nicht vertreten würde, wenn er sich auch als Theoretiker auf sie beruft. Zu sagen, ein Begriff sei sinnlos, und dies auch wirklich zu glauben, sind zwei verschiedene Dinge. Glaubt Menninger etwa im Ernst, daß, falls die Polizei gewaltsam in sein Haus eindringen und ihn dann monatelang ohne Prozeß gefangenhalten würde, nur weil irgendein Psychiater der Meinung ist, er sei gemeingefährlich – glaubt er im Ernst, daß er Unsinn redete, wenn er eine solche Behandlung als ungerecht bezeichnen würde? Ich zweifle daran.

Was dem oben angeführten Zitat in Wirklichkeit zugrunde liegt, läßt sich meines Erachtens so beschreiben: Menninger hat bemerkt, daß die Wissenschaft – als gesellschaftliche Institution betrachtet – durch ganz bestimmte Werthaltungen charakterisiert ist; und Menningers Ansicht ist es nun, daß diese spezifischen Werthaltungen in unseren moralischen Entscheidungen stärker zur Geltung kommen sollten, als es gegenwärtig der Fall ist. Dies ist natürlich selbst wieder eine moralische Empfehlung – ein Werturteil und kein Tatsachenurteil – und damit denselben Standards unterworfen, an denen wir uns bei der Bewertung moralischer Empfehlungen generell orientieren. Wie sehr sich Menninger auch bemühen mag, seine Empfehlungen als Wissenschaft auszugeben: Tatsache ist, daß sie Empfehlungen sind und keine wissenschaftlichen Forschungsergebnisse. Daraus folgt, daß Menninger insoweit keinerlei spezifische Kompetenz beanspruchen kann. Wir müssen seine Vorschläge deshalb im Lichte all jener Kriterien beurteilen, die für Fragen wie diese vom moralischen Standpunkt aus relevant sind.

Welche Kriterien sind hier heranzuziehen? Um mich nicht auf eine lange Abhandlung über Moralphilosophie einlassen zu müssen, möchte ich hier mehr oder weniger dogmatisch feststellen, daß es im wesentlichen zwei Arten von Kriterien sind, die in moralischen Beurteilungen eine Rolle spielen: einerseits Kriterien der Nützlichkeit und andererseits Kriterien der Gerechtigkeit. Während es bei den Kriterien der Nützlichkeit darum geht, das größtmögliche Maß an Glück und Wohlbefinden in der Welt zu fördern, geht es bei den Kriterien der Gerechtigkeit darum, das Ziel der sozialen Nützlichkeit überall dort einzuschränken, wo seine Verfolgung dazu zwingen würde, einige der Betroffenen unfair zu behandeln. Die Ziele der Nützlichkeit und der Gerechtigkeit stehen zueinander in einem Spannungsverhältnis, und oft haben wir keine andere Wahl, als sie gegeneinander abzuwägen.

Dieses Spannungsverhältnis zwischen fundamentalen moralischen Werten wird von Menninger vollständig ignoriert. Er legt sich auf Nützlichkeitskriterien wie Gesundheit und öffentliche Sicherheit fest, ohne Gerechtigkeitskriterien in irgendeiner Form mit einzubeziehen. Und er geht dabei bis zum äußersten: »Die Unschädlichmachung eines Straftäters, den man zufällig gefaßt hat, *schwächt* im Grunde nur die öffentliche Sicherheit, da sie den Irrtum fördert, durch eine derart endgültige Lösung habe sich die Gefahr für die Gesellschaft verringert. Aber in Wirklichkeit bessert sich dadurch überhaupt nichts. Man weicht so nur dem eigentlichen und weiterhin ungelösten Problem aus, wie man diejenigen Staatsbürger identifizieren, ausfindig machen und in Gewahrsam nehmen kann, die für die Gesellschaft *potentiell* gefährlich sind.«

Menninger scheint hier argumentieren zu wollen, daß wie in der Psychiatrie die Gesundheit so in der Politik die öffentliche Sicherheit (das gesellschaftliche Pendant zur Gesundheit) als der höchste Wert betrachtet werden sollte. Sein Vorschlag geht dahin, einige Leute im Sinne einer prophylaktischen Behandlung ihrer Freiheit zu berauben – womit klar ist, daß Menninger die soziale Nützlichkeit über das stellt, was als ein Grundpfeiler der Strafgerechtigkeit gelten muß: ein System von rechtsstaatlichen Garantien.

In unserem Strafrecht und Strafverfahrensrecht sind Garantien der folgenden Art vorgesehen:

1. Niemand darf seiner Freiheit beraubt werden, weil er bestimmte Persönlichkeitsmerkmale aufweist oder potentiell bestimmte Dinge tun könnte; er darf nur dann seiner Freiheit beraubt werden, wenn er tatsächlich gegen eine Rechtsvorschrift verstoßen hat.

2. Jedermann gilt bis zum Beweis des Gegenteils als unschuldig, das heißt es ist Sache des Staates, das Vorliegen einer strafbaren Handlung mit Argumenten, die über jeden vernünftigen Zweifel erhaben sind, zu beweisen; es bleibt dem Angeklagten unbenommen, sich seinerseits sämtlicher Ver-

fahrensmittel zu bedienen, um einen solchen Beweis zu vereiteln.

3. Jeder ist ausschließlich für das verantwortlich, was er selbst, als Individuum, getan hat. Er darf nicht bereits deshalb als schuldig angesehen werden, weil andere, die ihm in bestimmter Hinsicht ähnlich sind, zu Straftaten neigen. Es wird häufig übersehen, daß Maßnahmen der Vorbeugehaft (vor allem, wenn sie aufgrund rein statistischen Beweismaterials erfolgen) anstatt individueller *kollektive* Schuldkriterien beinhalten, Kriterien, nach denen jemand bereits dann zu inhaftieren ist, wenn er einer bestimmten Bevölkerungsgruppe (zum Beispiel der Gruppe der Nichtseßhaften) angehört, für die eine hohe Verbrechensquote charakteristisch ist.

4. Niemand darf gezwungen werden, gegen sich selbst auszusagen und so den Staat bei dem Versuch, ihn seiner Freiheit zu berauben, zu unterstützen.

In einem rein therapeutischen oder präventiven Kontext wäre für Garantien dieser Art kein Raum mehr. Menninger hat zweifellos recht, wenn er sagt, daß die Verfahrensweisen, die aufgrund dieser Garantien notwendig werden, die Wahrheitsfindung insgesamt eher behindern als fördern und insoweit dem Ziel der Effizienz in der Gewährleistung der öffentlichen Sicherheit in gewissem Maße zuwiderlaufen. Zweifellos tun sie das – aber genau das ist ihre Funktion! Diese Verfahrensweisen zielen ja nicht auf Wahrheitsfindung, sondern auf den Schutz des Angeklagten in einer andernfalls allzu ungleichen Auseinandersetzung mit der Staatsgewalt. An der Art und Weise, wie wir mit ihnen umgehen, läßt sich ablesen, wie ernst wir es damit meinen, was zuweilen als der sittliche Grundwert unserer Strafrechtsordnung bezeichnet wird: die Überzeugung, daß es besser ist, einige Schuldige unbestraft zu lassen, als einige Unschuldige zu verurteilen.

Wir gewinnen erst dann ein halbwegs angemessenes Verständnis von dem Spannungsverhältnis, das dem Strafverfahren zugrunde liegt, wenn wir uns klarmachen, daß die Werte der Gerechtigkeit und des Rechtsstaats einerseits und der utilitaristische Wert der öffentlichen Sicherheit andererseits miteinander konkurrieren. Wären wir ausschließlich an der öffentlichen Sicherheit interessiert, so könnten wir es der Polizei erlauben, Geständnisse zu erpressen; wir könnten es ablehnen, irgendwelche Entschuldigungsgründe gelten zu lassen, und zur Abschreckung der Allgemeinheit sogar Unschuldige bestrafen. Man braucht nur an Nazi-Deutschland und die Sowjetunion oder an die Zustände, die heute (1969) in Südafrika und Griechenland herrschen, zu denken, um ein Bild davon zu haben, was passiert, wenn eine Gesellschaft Ordnung und Sicherheit allen Werten der Gerechtigkeit überordnet. (Man traut seinen Augen nicht, einen für seine liberalen und humanitären Anschauungen gepriesenen Mann wie Menninger von einem Grad öffentlicher Sicherheit schwärmen zu sehen, wie ihn die Rechtsordnungen Griechenlands und Chinas bieten!)

Gegen den eigenen Willen der Freiheit beraubt zu werden (und sei es auch durch einen Menschenfreund wie Menninger, der in diesem Zusammenhang lieber von Therapie als von Strafe spricht) ist eine Übelszufügung, von der die meisten von uns verschont bleiben möchten – zumal dann, wenn wir uns keinerlei Vergehens schuldig gemacht haben, sondern lediglich nach Meinung anderer »gefährliche Tendenzen« besitzen. Es wäre deshalb töricht von uns, Maßnahmen zu ergreifen, die letztlich zu einem Verzicht auf jene Garantien führen, die uns gegenwärtig vor derartigen Übelszufügungen bewahren. Natürlich sagt Menninger an keiner Stelle explizit, er sei gegen rechtsstaatliche Garantien – wer würde das schon tun! Aber wenn er tatsächlich nicht gegen sie ist, sind seine Vorschläge im Grunde paradox: Wenn in dem von ihm vorgeschlagenen System alle gegenwärtig bestehenden rechtsstaatlichen Garantien der Freiheit des einzelnen zuliebe aufrechterhalten bleiben sollen, weshalb ist dann von einem solchen System zu erwarten, daß es wirksamer ist als die gegenwärtige Praxis? Wenn es tatsächlich wirksamer sein soll, so müssen irgendwelche der gegenwärtig geltenden Garantien aufgegeben werden.

Es ist unsinnig, die Gewährleistung der öffentlichen Sicherheit als das *eigentliche* Problem des Strafrechts zu bezeichnen – als ob alle anderen Probleme, wie das Problem rechtsstaatlicher Garantien, Scheinprobleme wären. Natürlich läßt sich nicht bestreiten, daß die öffentliche Sicherheit ein wichtiger Wert ist, an dem sich ein Strafrechtssystem orientieren muß. Insofern muß die Frage gestellt werden, wieweit es denn zutrifft, daß, wie behauptet wird, das gegenwärtige Strafrechtssystem seiner Aufgabe der Verbrechensbekämpfung nicht gerecht wird. Dies ist eine empirische Frage, eine Frage der Wissenschaft, und man sollte denken, daß Menninger sich hier auf festem Boden bewegt. Aber weit gefehlt. Menninger meint, die Therapie müsse bereits deshalb an die Stelle der Strafe treten, weil zur Rechtfertigung der Strafe einzig die Abschreckungstheorie in Frage komme, die aber bekanntlich falsch sei. Hier befindet sich Menninger jedoch im Irrtum: Es ist keineswegs der Fall, daß man von der Abschreckungstheorie weiß, daß sie falsch ist, und auch Menninger zeigt nicht, daß sie falsch ist. Was Menninger über die Abschreckungstheorie sagt, läuft bloß darauf hinaus, daß er sie, ohne empirische Belege anzuführen, lächerlich macht. [...]

Es mag sein, daß Menninger als Psychiater mit einer Anzahl von Straftätern zu tun gehabt hat, bei denen es sich um echte Zwangstäter handelte, die einer Abschreckung nicht zugänglich waren. Daß es solche Täter gibt, macht ohne Zweifel einen Mangel in unserem Strafrechtssystem deutlich. Aber dieses System wäre als Ganzes nur dann in Frage gestellt, wenn solche Fälle als für die Gesamtheit der Kriminellen repräsentativ gelten könnten. Zu dieser Schlußfolgerung jedoch sind wir auf der Grundlage einer derart unzulänglichen Stichprobe keinesfalls berechtigt. Wie steht es zum Beispiel mit dem Studenten, der Haschisch raucht, mit einem Martin

Luther King, der zivilen Ungehorsam praktiziert, oder mit dem Universitätsprofessor, der in seiner Steuererklärung einige Nebeneinnahmen vergißt? Rechtlich gesehen sind sie allesamt Straftäter – aber sind ihre Handlungsweisen, wie es bei Menninger heißt, »die Krämpfe und Zuckungen von Menschen, die immerfort zu kurz gekommen sind«? [...]

Eine weitere Konfusion in Menningers Ablehnung der Abschreckungstheorie hängt mit der ersten unmittelbar zusammen: Menninger versäumt es, zwischen der Generalprävention und der Spezialprävention zu unterscheiden. Sein Rekurs auf die empirischen Rückfallquoten ist insofern gänzlich irreführend. Zwar lassen die Rückfallquoten erkennen, daß viele von denen, die in Strafverfahren verwickelt werden, durch die Kriminalstrafe in keiner Weise abgeschreckt werden. Aber die Behauptung, daß die Existenz eines Abschreckungssystems zahlreiche Mitglieder der Gesellschaft von vornherein davon abhält, sich auf kriminelle Handlungen einzulassen und somit Strafe auf sich zu ziehen, wird dadurch überhaupt nicht berührt. Man kann zum Beispiel durchaus annehmen, daß zumindest einer der Gründe, weshalb nicht mehr Leute Haschisch rauchen oder unrichtige Steuererklärungen abgeben, in der abschreckenden Wirkung der entsprechenden Strafen zu sehen ist. Wollte man die Abschreckungstheorie der Generalprävention mit wissenschaftlichen Mitteln widerlegen – und damit die Grundlage schaffen, das gesamte bestehende Strafsystem durch etwas anderes zu ersetzen –, dann müßte gezeigt werden, daß diejenigen, die zur Zeit *nicht* straffällig werden, zu einem erheblichen Teil auch dann nicht straffällig würden, wenn alle Strafsanktionen abgeschafft wären. Für die Wahrheit dieser komplexen, kontrafaktischen Aussage haben wir keinerlei empirische Anhaltspunkte. In Ermangelung solcher Anhaltspunkte aber ist es unverantwortlich, die Abschreckungstheorie im Namen der Wissenschaft lächerlich zu machen und ohne weitere Diskussion abzutun.

Nach Menningers Ansicht hat der Psychiater im Gerichtssaal nichts zu suchen. (Ich habe durchaus einiges für diese Auffassung übrig, wenn auch aus ganz anderen Gründen.) Menninger will psychiatrische Gutachten allenfalls zum Nachweis des zu einer strafbaren Handlung erforderlichen subjektiven Elementes zulassen, das über den Grad der persönlichen Schuldfähigkeit und Verantwortlichkeit entscheidet. Doch gleichzeitig äußert Menninger in polemischer Form, am besten solle man auf die Überprüfung dieses subjektiven Elementes ganz verzichten: Wir sollten uns lediglich davon überzeugen, ob die in Frage stehende Straftat wirklich verübt wurde, ungeachtet des subjektiven Zustands, in dem sie verübt wurde. Gelangen wir dabei zu dem Ergebnis, daß der Angeklagte tatsächlich die Straftat verübt hat, sollten wir ihn an ein Team von Psychiatern und anderen Experten überweisen, die seinen psychischen Zustand daraufhin untersuchen, für wie lange er zum Schutz der Gesellschaft und zu seiner eigenen Resozialisierung zu inhaftieren ist.

Dieser Vorschlag mag auf den ersten Blick plausibel erscheinen, läßt sich jedoch kaum konsequent durchhalten. Wie soll man jemanden lediglich aufgrund des objektiven Tatbestands verurteilen können, wenn das subjektive Element ein konstitutiver oder definierender Bestandteil der Straftat selbst ist? Angenommen, wir fragen uns, ob wir es mit einem Mord oder einem Totschlag zu tun haben. Diese Frage, die davon abhängt, ob der Täter »aus niedrigen Beweggründen« gehandelt hat, kann ohne die Untersuchung des subjektiven Elements der Tat gar nicht beantwortet werden. Die Änderungen und Komplizierungen unseres Rechtssystems, welche die Eliminierung des subjektiven Tatelements erforderlich machen würde, wären unübersehbar. Alle diese Probleme werden von Menninger entweder gar nicht gesehen oder doch vollkommen übergangen.

Nehmen wir jedoch einmal an, wir hätten jedes subjektive Element erfolgreich aus dem Strafprozeß verbannt. Wir hätten jemanden der strafbaren Handlung »Verursachung des

Todes eines anderen Menschen« überführt und würden ihn nun den Psychiatern übergeben. Die Probleme, die mit einem solchen Vorgehen verbunden sind, liegen auf der Hand. Nehmen wir an, der Tod wurde vom Täter völlig schuldlos verursacht; es lag also nicht einmal Fahrlässigkeit vor. Nehmen wir weiter an, bei näherer Überprüfung des Falles stellt sich heraus, daß es sich beim Täter um einen »potentiell gefährlichen« Menschen handelt. Sollen wir ihn nun für eine bestimmte Zeit (vielleicht sogar lebenslänglich) zur Zwangstherapie einsperren – obwohl er sich nichts hat zuschulden kommen lassen? Man denke auch an relativ triviale Delikte: Sollen wir jemanden, der zwanghaft ungedeckte Schecks einlöst, als hoffnungslosen Fall für unbestimmte Zeit in eine psychiatrische Anstalt einweisen?

Alle diese Fragen sind keine Fragen der Medizin oder der Wissenschaft, sondern Fragen, die eine *moralische* und *politische Entscheidung* erfordern, und es wäre töricht von uns, die Verantwortung für diese Entscheidung einem Team sogenannter Experten zu überlassen. Welche Schwächen Richter auch haben mögen, sie sind immerhin an die von der Rechtsgemeinschaft erlassenen Gesetze gebunden. Im Unterschied zu Psychiatern dürfen sie ihre Entscheidung nicht einfach danach treffen, was nach ihrer persönlichen Auffassung für die Allgemeinheit gut oder schlecht ist. [...]

Wenn jemand nicht dafür eingesperrt wird, was er tatsächlich getan hat, sondern dafür, was er eventuell tun könnte, spricht man von Vorbeugehaft. In der Theorie ist eine derartige Maßnahme in unserer Rechtsordnung nicht vorgesehen. De facto freilich wird sie nicht nur zugelassen, sondern sogar gefördert, wenn auch gewöhnlich unter anderen, euphemistischen Bezeichnungen. Naheliegende Beispiele sind etwa reine Statusdelikte (wie Nichtseßhaftigkeit), die Ablehnung einer Freilassung gegen Kaution bei noch nicht überführten Beschuldigten, die Zwangseinweisung von »Geisteskranken« in Heilanstalten und der breite richterliche Ermessensspielraum bei der Haftdauer und der Strafaussetzung zur Bewährung. Dieser Ermessensspielraum erlaubt es dem Richter, bei einem Täter, von dem seines Erachtens weitere Delikte zu erwarten sind, die Dauer der Strafe beziehungsweise Therapie erheblich auszudehnen. Mehr und mehr wird die alte retributive Vorstellung, daß der Straftäter die Freiheit wiedererlangt, nachdem er für seine Tat den Preis bezahlt hat, von der Vorstellung abgelöst, daß die Freiheit noch von etwas anderem abhängt: von seiner »Resozialisierung«. [...]

Kritische Einwände gegen die Idee der Vorbeugehaft fallen zumeist merklich milder aus, sobald die Vorbeugehaft mit Therapie gekoppelt wird. Diese Tendenz ist bedauerlich. Denn wir sollten uns weder hinsichtlich der Wirksamkeit noch hinsichtlich der Humanität oder Gerechtigkeit der Therapie irgendwelche Illusionen machen. Die bisherigen Versuche einer Resozialisierung von Straftätern waren keineswegs durch besondere Erfolge gekennzeichnet. Sie stellen seitens der Psychologie eher ein Versprechen als seine Einlösung dar. Es wäre im übrigen völlig kurzsichtig zu meinen, ein Therapiesystem sei einem Strafsystem moralisch überlegen. Denn der entscheidende und häufig übersehene Punkt ist, daß beide, die Kriminalstrafe wie die vorbeugende Resozialisierung, den zwangsweisen Entzug der persönlichen Freiheit bedeuten. Einen Menschen gegen seinen Willen einzusperren und ihm damit etwas anzutun, was er nicht will, ist zumindest prima facie sittlich unzulässig, gleichgültig, ob das, was man ihm antut, als Strafe oder als Therapie und das, wohin man ihn einliefert, als Gefängnis oder als Klinik bezeichnet wird. Wenn die Therapie wirklich etwas so Humanes und die Resozialisierung wirklich etwas so Positives ist, wie gesagt wird, wie sollen wir uns dann erklären, daß sich die meisten nicht weniger heftig (und oft sogar noch heftiger) dagegen sträuben als gegen die Strafe? Im Fall der Strafe wissen wir zumindest, womit wir zu rechnen haben; eben das wissen wir nicht, wenn wir annehmen müssen, daß jemand daran geht, gegen unseren Willen unsere Persönlichkeit zu ändern.

Ich möchte nicht den Eindruck erwecken, schlechthin ein Gegner von Therapie oder Resozialisierung zu sein. Ganz im Gegenteil. Es ist eine Schande für unsere Gefängnisse und psychiatrischen Anstalten, daß sie für eine sinnvolle Therapie keine angemessenen Möglichkeiten bieten – kaum mehr als ein monatliches Gespräch mit dem Psychiater und ein paar Elektroschockbehandlungen. Ich bin nicht gegen Therapie oder Resozialisierung, sondern gegen den *Freiheitsentzug* zum Zwecke der Therapie oder Resozialisierung *gegen den Willen* dessen, der resozialisiert werden soll. Im Vergleich dazu ist die Strafhaft eine ehrliche Sache. Gewiß ist sie grausam und deprimierend; aber jeder ist sich darüber im klaren und dementsprechend bedacht, sie zu vermeiden. Bei der therapeutischen Haft dagegen wird eine praktisch identische Behandlung mit humanitären Schlagworten beschönigt. Big Brother bleibt Big Brother, auch wenn er im Jesusgewand daherkommt.

Ein weiteres zentrales und selten zur Kenntnis genommenes Problem ist das Ausmaß, in dem die Anwendung eines Begriffs wie »resozialisierungsbedürftig« von politischen Präferenzen und Ideologien beeinflußt sein kann. Man denke in diesem Zusammenhang nur an den psychiatrischen Begriff der *psychopathischen* oder *sozial gestörten* Persönlichkeit: Psychopathen werden als »Menschen ohne sittliches Empfinden«, als »Menschen ohne Gefühl für die Interessen anderer« geschildert. Man sollte sich nicht über die Gefahren täuschen, die uns bevorstehen, wenn einige Leute autorisiert werden, andere aufgrund derart nebulöser Kriterien ihrer Freiheit zu berauben. Wäre Martin Luther King den amtlichen Psychiatern der Behörden der Südstaaten in die Hände gefallen – wer weiß, wie es ihm ergangen wäre! [...]

Schließlich sollten wir uns keiner Täuschung darüber hingeben, was gelegentlich in unseren Anstalten und Gefängnissen als Resozialisierung ausgegeben wird. Wir sollten uns nicht einbilden, daß diejenigen, die als resozialisiert gelten, unbedingt moralische Sensibilität und Prinzipientreue entwickelt haben. Das Gegenteil kann der Fall sein. Vielleicht haben sie nur gelernt, sich mit dem jeweils Stärkeren zu identifizieren und der Repression anzupassen, die zweifelhaften Tugenden eines braven und konformen Verhaltens an den Tag zu legen und den Wünschen anderer, anstatt den Geboten des eigenen Innern zu folgen.

Einige werden diesen Weg des Kompromisses nicht gehen – um den Preis, länger als ihre anpassungswilligen Mitinsassen im Gefängnis oder in der Anstalt bleiben zu müssen. Bei Eldridge Cleaver heißt es: »Vielleicht schade ich mir, wenn ich frei und offen meine Meinung sage. Doch das ist mir völlig gleichgültig. Natürlich will ich unbedingt wieder aus dem Gefängnis heraus; aber eines Tages werde ich so oder so draußen sein. Es beunruhigt mich mehr, was aus mir geworden ist, wenn ich rauskomme. Ich bin sicher, meine Rettung liegt darin, daß ich von dem Weg, den ich mir vorgenommen habe, nicht abweiche. Hätte ich mich angepaßt, so wäre ich ohne Zweifel schon längst draußen. Doch ich wäre kein richtiger Mann mehr. Ich wäre schwächer; und ich fühlte mich weniger sicher, wie es weitergehen soll und was ich später tun werde.«

H. L. A. Hart: Eine Vereinigungstheorie von Prävention und Vergeltung

Wir müssen uns darüber im klaren sein, daß eine Theorie der Strafe nur dann moralisch annehmbar sein kann, wenn in ihr verschiedene Prinzipien, von denen jedes *in einem gewissen Sinne* rechtfertigend wirkt, an verschiedenen Punkten eine

Rolle spielen. Wir benötigen nämlich Antworten auf so unterschiedliche Fragen wie: Was rechtfertigt die *allgemeine Praxis* staatlichen Strafens? *Wer* darf bestraft werden? *Wie streng* dürfen wir strafen? – Wenn wir uns mit solchen Problemen der Strafe befassen, sollten wir nicht vergessen, daß es bei dieser wie bei den meisten anderen Institutionen der Fall sein kann, daß die Verfolgung *eines* Zieles entweder eingeschränkt wird durch die Verfolgung anderer Ziele, oder daß sie für die Verfolgung anderer Ziele eine nicht zu verpassende Gelegenheit bietet. Solange wir nicht dieses Gespür für die Komplexität der Strafe entwickelt haben, wird es uns schwerfallen zu beurteilen, in welchem Maße diese ganze Institution durch neue Vorstellungen über den Menschen etwa hinfällig geworden ist oder diesen neuen Vorstellungen doch angepaßt werden muß. [...]

Ich definiere den Standardfall der Strafe durch fünf Elemente:
1. Strafe muß die Zufügung von Leid oder andere Konsequenzen beinhalten, die gewöhnlich als unangenehm gelten.
2. Strafe muß einen Verstoß gegen rechtliche Normen zum Gegenstand haben.
3. Strafe muß sich gegen denjenigen richten, der tatsächlich oder vermutlich den Verstoß begangen hat.
4. Strafe muß, von Menschen, und zwar von einer anderen Person als dem Täter, mit Absicht vollzogen werden.
5. Strafe muß von einer Autorität ausgesprochen und vollzogen werden, die durch jene Rechtsordnung, gegen die der Verstoß gerichtet ist, konstituiert wird.
Wenn ich beim Vorliegen dieser Voraussetzungen vom *Standardfall* der Strafe spreche, so betrachte ich die folgenden, neben vielen anderen bestehenden Möglichkeiten als Fall einer *sekundären* Verwendung des Begriffs:
a) Strafen, die nicht von amtlichen Organen ausgesprochen oder vollzogen werden, wenngleich eine Verletzung rechtlicher Normen vorliegt (dezentralisierte Sanktionen).

b) Strafen für die Verletzung außerrechtlicher Normen oder Anordnungen (Strafen in der Familie oder Schule).

c) Die stellvertretende oder kollektive Bestrafung von Mitgliedern einer sozialen Gruppe für Taten, die andere ohne ihre Ermächtigung, Aufforderung, Kontrolle oder Erlaubnis begangen haben.

d) Die Bestrafung von Personen (über Fall c hinausgehend), die weder tatsächlich noch vermutlich einen Normenverstoß begangen haben.

Die Aufzählung dieser sekundären Fälle hat vor allem die Bedeutung, in Diskussionen über die Strafe der Berufung auf die von mir so genannte »Definitionssperre« vorzubeugen. Der darin liegende *Mißbrauch* einer Definition stellt vor allem dann eine Versuchung dar, wenn jemand sich der Bedingungen 2 und 3 des Standardfalles bedient, um gegen die utilitaristische These zu argumentieren, nach der die Praxis staatlichen Strafens ihre Rechtfertigung darin findet, daß sie positive Folgen hat, insofern sie die Einhaltung der Gesetze sichert. Gegen diese These lautet das stereotype Argument der Vergeltungstheoretiker: Wenn *das* die Rechtfertigung der Strafe ist, warum sollen wir dann nicht, sofern es sich lohnt, auch Unschuldige bestrafen, die wir aufs Geratewohl bestimmen, oder Frau und Kinder des Täters? Und hierauf lautet die *falsche* Antwort: Das wäre, per definitionem, keine »Strafe« mehr, es ist aber die Rechtfertigung der *Strafe*, die zur Debatte steht. Diese Definitionssperre kann nicht nur den Vertreter der »Vergeltung« nicht zufriedenstellen, sie würde uns auch daran hindern, gerade das zu untersuchen, was der moderne Skeptiker vor allem in Frage stellt: den rationalen und moralischen Stellenwert unseres Eintretens für ein System der Strafe, in dem Maßnahmen, die dem einzelnen Leid bringen, nur dann ergriffen werden, wenn er eine Straftat begangen hat. Warum ziehen wir diese Form sozialer Hygiene anderen Formen vor, deren wir uns bedienen könnten, um asozialem Verhalten entgegenzuwirken, und die wir unter besonderen Umständen, bisweilen widerwillig, auch tatsächlich heranziehen? Keine Straftheorie kann es sich leisten, diese Frage mit einer Definition abzutun. [...]

Ich will hier nicht die Verständlichkeit, die innere Konsistenz oder die Angemessenheit jener Theorien kritisieren, die darin übereinstimmen, die Institution der Strafe nicht deshalb für gerechtfertigt zu halten, weil sie heilsame Konsequenzen hat, sondern hauptsächlich aus dem Grunde, weil die Zufügung von Leid gegenüber einem sittlich schuldigen Rechtsbrecher in sich von Wert sei. Sehr vielfältige Auffassungen, die als rechtfertigendes Strafziel »Vergeltung«, »Sühne« oder »Mißbilligung« nennen, fallen trotz ihrer Unterschiede unter diese allgemeine Beschreibung. Ich meine zwar, daß alle diese Auffassungen entweder dem Problem der Rechtfertigung überhaupt ausweichen oder, trotz ihrer gegenteiligen Beteuerungen, versteckte Formen des Utilitarismus sind; trotzdem will ich davon ausgehen, daß Vergeltung, definiert einfach als die Zufügung des Strafübels gegenüber einem moralisch schuldigen Täter, eine der denkbaren Rechtfertigungen für ein Strafsystem sein kann. Ich werde lediglich darauf bestehen, daß es zwei ganz verschiedene Dinge sind, ob man den Begriff der Vergeltung *an diesem Punkt* einer Straftheorie einführt, um damit dem System eine allgemeine Rechtfertigung zu geben, oder ob man mit Hilfe dieses Begriffs sicherstellen will, daß die Frage »Wer darf bestraft werden?« (die Frage der Verhängung des Strafübels) die Antwort findet »Nur wer eine Straftat begangen hat«.

Diesen Unterschied zwischen der Vergeltung im Sinne eines allgemeinen, rechtfertigenden Strafzieles und der Vergeltung im Sinne der einfachen Forderung, daß nur diejenigen bestraft werden dürfen, die das Recht gebrochen haben (und zwar aus freiem Entschluß gebrochen haben), wird von vielen Autoren übersehen. Wir wollen den zweiten Sinn im Gegensatz zu dem ersten als »Vergeltung bei der Strafverhängung« bezeichnen. Viel verwirrendes Schattenboxen zwischen Utilitaristen und ihren Gegnern läßt sich vermeiden, wenn man erkennt, daß man ohne jeden Widerspruch *sowohl* das allgemeine Ziel und die Rechtfertigung der Institution der Strafe in ihren positiven Konsequenzen sehen *als auch* die Qualifizierung oder Einschränkung dieses allgemeinen Zieles durch Verhängungsprinzipien fordern kann, nach denen eine Strafe nur für einen Rechtsverstoß und gegenüber dem Täter selbst verhängt werden darf. Aus der Anerkennung des letztgenannten Grundsatzes der Vergeltung bei der Strafverhängung folgt nicht im mindesten, daß allgemeines Ziel und Rechtfertigung der Strafe in der Vergeltung liegen müssen, wenn auch natürlich umgekehrt Vergeltung als allgemeines Ziel Vergeltung bei der Verhängung zur Folge hat.

Jene Prinzipien der Gerechtigkeit, die der Vergeltung bei der Strafverhängung zugrunde liegen, werden wir uns noch klarmachen. Vorher sollten wir jedoch sehen, daß sowohl der Vergeltungstheoretiker alter Art (in bezug auf das allgemeine Ziel) wie auch der progressivste Skeptiker oft genau dieselbe – wie ich glaube, völlig falsche – Annahme machen: Das einschränkende Prinzip, wonach Strafe nur einen Rechtsbrecher für seine Tat treffen darf, könne nur sinnvoll verstanden werden, wenn man in der Vergeltung allgemeines Ziel und Rechtfertigung der Strafe als Institution sieht. So wirft der Skeptiker allen Strafsystemen, sofern sie die Einschränkung durch den Grundsatz der Vergeltung bei der Verhängung enthalten, die ganze Irrationalität vor, die er im Gedanken der Vergeltung, verstanden als Ziel und Rechtfertigung der Strafe überhaupt, findet. Und umgekehrt meinen die Anhänger dieser letzten Konzeption, die Anerkennung der Vergeltung bei der Verhängung widerlege die utilitaristische Behauptung, daß die Rechtfertigung der Strafe in ihren sozialen Folgen liegt.

Die ganz allgemeine Lehre, die man hieraus ziehen kann, geht über den Gegenstand der Strafe hinaus. Sie besagt, daß wir uns in bezug auf jede gesellschaftliche Einrichtung, nachdem wir ihr allgemeines Ziel bestimmt haben, fragen sollten, ob es irgendwelche Prinzipien gibt, die der uneingeschränkten

Verfolgung dieses Zieles entgegenstehen, und wie diese Prinzipien aussehen. Gerade weil die Verfolgung jedes einzelnen sozialen Zieles stets einer Einschränkung unterliegt, besitzen unsere wichtigsten gesellschaftlichen Einrichtungen eine Reihe von Merkmalen, die sich nur als Kompromiß zwischen einander teilweise widerstreitenden Prinzipien verstehen lassen. Das trifft sogar auf weniger bedeutende Rechtsinstitute wie den Vertrag zu. Im allgemeinen soll der Vertrag dem einzelnen die Möglichkeit geben, seinen Wünschen entsprechend ein Gefüge von Rechten und Pflichten zu errichten und so in einer bestimmten Weise seine Rechtsposition zu verändern. Doch gleichzeitig besteht das Bedürfnis, denjenigen zu schützen, der ein mündliches Angebot im guten Glauben so versteht, wie es gewöhnlich verstanden wird, und, nachdem er es angenommen hat, in seinem Handeln davon ausgeht, daß ein gültiger Vertrag zustande gekommen ist. Ihm gegenüber wäre es nicht fair, dem Partner die Einwendung zu gestatten, seine Worte bzw. ihre übliche Bedeutung entsprächen nicht seinen wirklichen Wünschen und Absichten. Aus diesem Grunde führt man Prinzipien über den »objektiven Sinn« eines Vertrages in das Recht ein und schränkt so den Grundsatz ein, wonach das Recht den Inhalt von Verträgen durchsetzt, um den übereinstimmenden Wünschen der vertragschließenden Parteien Geltung zu verschaffen.

Ähnlich wie im Fall des Eigentums, hat auch bei der Strafe das Problem der Verhängung zwei Aspekte: Wer darf bestraft werden? Und wie hoch soll die Strafe sein? In diesem Abschnitt werde ich vorwiegend die erste Frage behandeln.

Aus der vorangehenden Erörterung ergibt sich zweierlei. Erstens: Auch nachdem wir entschieden haben, welches Ziel die Institution der Strafe verfolgen soll, müssen wir immer noch auf die Frage der Verhängung »Wer darf bestraft werden?« eine Antwort finden. Zweitens: Wenn wir diese Frage mit »Nur ein Rechtsbrecher für seine Tat« beantworten, dann ist dieser Grundsatz der Vergeltung bei der Verhängung nicht ein Prinzip, aus dem sich irgend etwas für die Schwere oder das Maß der Strafe folgern ließe; insbesondere ermöglicht oder erfordert dieser Grundsatz nicht (wie das Vergeltungsprinzip im Sinne des allgemeinen Strafzieles es tut) schwerere Strafen, als sie Abschreckung oder andere utilitaristische Kriterien nötig erscheinen lassen.

Die eigentliche Frage ist jedoch, warum wir bei der Strafverhängung die Vergeltung als moralisches Prinzip so wichtig nehmen, wie wir es tun. Ich will jetzt jene theoretischen Bemühungen erörtern, die zeigen möchten, daß die Beschränkung der Strafe auf solche Personen, die einen Rechtsbruch begangen haben, eine einfache Folgerung des jeweiligen Prinzips ist, das die Rechtfertigung der Strafe als Institution darstellt (Vergeltung beziehungsweise Verhütung).

Das Standardbeispiel, das Philosophen heranziehen, um die Bedeutung der Vergeltung bei der Strafverhängung zu illustrieren, ist der Fall eines vollkommen Unschuldigen, der nicht einmal schuldlos eine Handlung begangen hat, deren schuldhafte Begehung das Gesetz bestraft. Es wird angenommen, daß zum Zwecke der Abwendung irgendeiner sozialen Katastrophe amtliche Stellen falsche Beweise vorbringen, aufgrund deren der Betreffende angeklagt, verurteilt und mit Gefängnis oder dem Tod bestraft wird. Oder man nimmt an, daß, auch ohne betrügerische Manipulationen, möglicherweise mehr Personen von Straftaten abgehalten werden, wenn man anstelle der Täter ihre Frauen und Kinder bestraft. Manche Formen eines solchen Vorgehens mögen durch eine in sich folgerichtige, genügend umfassende utilitaristische Theorie ausgeschlossen werden. Mit Sicherheit dürften sich betrügerische Methoden falscher Anschuldigung nicht auf utilitaristischer Grundlage rechtfertigen lassen. Wir können uns unter bestimmten Bedingungen zwar vorstellen, daß man etwa einen Neger unter der falschen Anschuldigung der Notzucht ins Gefängnis steckt oder hinrichtet, um einer um sich greifenden Lynchjustiz mit zahlreichen Opfern Einhalt zu gebieten. Aber ein *System*, das die staatlichen Stellen *offen* ermächtigte, so vorzugehen, würde, selbst wenn es in der Abwendung so spezieller Übel wie der Lynchjustiz Erfolge haben sollte, eine derartige Angst und Unsicherheit hervorrufen, daß der Gewinn, den die Ausübung dieser Ermächtigung brächte, nach jeder utilitaristischen Rechnung mehr als aufgewogen würde durch das Unglück, das ihr bloßes Vorhandensein bewirkte. Bei einer besonderen Gelegenheit allerdings könnte die amtliche Zuflucht zu dieser Art von Betrug – unter Verletzung der bestehenden Normen und bei nachfolgender Amnestie der verantwortlichen Beamten – möglicherweise vielen Menschen das Leben retten und deshalb als eine Maßnahme mit einem deutlichen Übergewicht positiver Folgen betrachtet werden. Ganz gewiß könnte letzteres auf die stellvertretende Bestrafung der Familie eines Täters zutreffen, und in gelegentlichen Ausnahmefällen haben Rechtsordnungen tatsächlich von diesem Mittel Gebrauch gemacht. Ein Beispiel ist die römische Lex Quisquis, welche die Bestrafung der Kinder von Personen vorsah, die sich des crimen majestatis schuldig machten. Im Extremfall halten es wohl auch heute noch viele für richtig, diese Mittel einzusetzen, aber wir sollten dabei nicht vergessen, daß wir, wenn wir es tun, ein wichtiges Prinzip preisgeben. Wir sollten uns dessen bewußt sein, daß wir uns für das geringere von zwei Übeln entscheiden, und diese Tatsache läßt sich nicht erklären, wenn das der Nützlichkeit preisgegebene Prinzip selbst nichts weiter als eine Forderung der Nützlichkeit wäre.

Ganz entsprechend läßt sich die Tatsache, daß wir die Beschränkung der Strafe auf den Täter moralisch so wichtig nehmen, nicht als eine bloße Folge jenes Prinzips erklären, nach dem Ziel und Rechtfertigung der Strafe die Vergeltung für das unsittliche Verhalten des Rechtsbrechers ist. Vergeltung bei der Strafverhängung ist ein Wert auch unabhängig von der Vergeltung als Strafziel. Das zeigt sich darin, daß wir das einschränkende Prinzip, das nur die Bestrafung des Täters zuläßt, selbst dort für wichtig halten, wo eine Rechtsverletzung nicht im Geruch der Unmoral steht. Ja sogar dort, wo die Gesetze selbst extrem unmoralisch sind, wie unter den Nazis, und zum Beispiel Tätigkeiten verbieten, die man sogar für sittlich geboten halten kann (etwa die Unterstützung von Kranken und Notleidenden einer rassischen Minderheit), wäre das Fehlen jenes Prinzips, das die Bestrafung auf den Täter beschränkt, eine weitere *spezielle* Ungerechtigkeit; dagegen zeigt die Anerkennung dieses Prinzips bei der Anwendung moralisch verwerflicher Gesetze wenigstens einen Rest von Achtung vor der Gerechtigkeit.

Was bei dem einschränkenden Prinzip der Strafverhängung moralisch auf dem Spiel steht, kann man jedoch mit diesen isolierten Beispielen – seine Verletzung durch falsche Anschuldigungen oder stellvertretende Strafen – nicht hinreichend deutlich zeigen. Entscheidend ist vielmehr die systematische Einordnung der Rechtfertigungs-, Entschuldigungs- und Strafmilderungsgründe, wie sie zur Verteidigung gegen eine Strafklage geltend gemacht werden. Der erste dieser Gesichtspunkte hängt vom allgemeinen Ziel der Strafe ab; die anderen beiden sind verschiedene Aspekte der Prinzipien der Strafverhängung.

Englische Juristen haben früher unterschieden zwischen »entschuldbarer« Tötung (zum Beispiel infolge eines zufälligen Ereignisses, das nicht auf Fahrlässigkeit beruht) und »gerechtfertigter« Tötung (zum Beispiel in Notwehr oder bei der Festnahme eines Schwerverbrechers); diese beiden Formen der Tötung hatten rechtlich unterschiedliche Konsequenzen. Heute hat diese Unterscheidung im englischen Recht keine Bedeutung mehr: Man betrachtet beide Formen einfach als Fälle, in denen eines der Elemente einer strafbaren Tötung, sei es positiv oder negativ, fehlt. Aber die Unterscheidung zwischen diesen beiden Möglichkeiten, eine Straftat auszuschließen, ist immer noch von großer *moralischer* Bedeutung. Töten in Notwehr bildet eine Ausnahme von einer allgemeinen Norm, die Töten strafbar macht; man läßt diese Ausnahme zu, weil der Grundsatz beziehungsweise die Zielvorstellungen, die im allgemeinen die Bestrafung des

Tötens rechtfertigen (etwa der Schutz menschlichen Lebens), einen Fall wie diesen nicht umfassen. Bei der *Rechtfertigung* betrachtet man die Handlung als etwas, das vom Recht nicht verurteilt beziehungsweise sogar begrüßt wird. Doch wo man Töten (etwa als zufallsbedingt) *entschuldigt*, scheidet die strafrechtliche Haftung aus einem anderen Grunde aus. Man bedauert zwar die Tat, aber der Bewußtseinszustand des Täters zum Zeitpunkt der Tat erfüllt eine oder mehrere Bedingungen, welche nach allgemeiner Auffassung die öffentliche Verurteilung und Bestrafung ausschließen. Es handelt sich hier um ein Gebot der Fairneß oder der Gerechtigkeit im Umgang mit Personen, das ohne Rücksicht auf das allgemeine Ziel der Strafe gilt und das seinen Wert behält, gleichgültig ob die Strafgesetze sittlich gut, indifferent oder schlecht sind.

Die wichtigsten dieser entschuldigenden Bedingungen sind jene Formen von Mangel an Kontrolle, die eine Handlung als unabsichtlich erscheinen lassen: das Fehlen körperlicher Kontrolle, das die Freiwilligkeit der Handlung ausschließt; drastischer Zwang in Form von Drohungen sowie Formen geistiger Abnormalität, die den Täter offenbar unfähig machen, eine rationale Entscheidung zu treffen beziehungsweise diese Entscheidung auszuführen. Nicht alle diese Entschuldigungsgründe werden von allen Rechtsordnungen für alle Straftäter anerkannt. Fast alle Strafrechtssysteme schließen, wie wir noch sehen werden, an diesem Punkt einen Kompromiß mit anderen Grundsätzen; aber die meisten der Gründe werden zumindest gegenüber den besonders schwerwiegenden Straftaten in einem beträchtlichen Ausmaß anerkannt. Handlungen unter diesen entschuldigenden Bedingungen werden in der irreführenden Terminologie des angloamerikanischen Rechts begangen ohne »mens rea«, und die meisten Leute würden von ihnen sagen, sie seien »nicht freiwillig« beziehungsweise »nicht ganz freiwillig«.

Rechtfertigungs- und Entschuldigungsgründe sind, wenn auch voneinander verschieden, einander doch darin gleich, daß beide eine Verurteilung und Bestrafung ausschließen. Darin unterscheiden sie sich von der *Strafmilderung*, die voraussetzt, daß jemand einer Straftat überführt ist und die Strenge seiner Strafe zur Debatte steht. Die Strafmilderung hat also mit jenem Aspekt der Strafverhängung zu tun, den man als Strafzumessung bezeichnen kann. Gewiß wird das Strafmaß zum Teil schon durch das allgemeine Strafziel bestimmt. Ein Utilitarist wird zum Beispiel prinzipiell solche Strafen ausschließen, die zu mehr Leid führen als die Freigabe der betreffenden Straftat; weiter wird er der Auffassung sein, daß zur Verhütung einer Straftat, die mehr Leid hervorruft als eine andere, notfalls eine schwerere Strafe verhängt werden darf. Er wird außerdem von solchen Verschärfungen des Strafmaßes absehen, die nutzlos sind, weil sie nichts zu einer größeren Gesetzestreue oder irgendeinem anderen Wert beitragen. Doch jenen Begrenzungen im Strafmaß, die aus dem Ziel der Strafe folgen, fügt der Gedanke der Strafmilderung noch besondere Einschränkungen hinzu. Diese haben, wie das Prinzip der Strafverhängung mit seiner Beschränkung der Strafe auf Rechtsbrecher, einen Status, der vom allgemeinen Strafziel unabhängig ist. Das besondere Merkmal der Strafmilderung ist, daß ein guter Grund in ihrem Sinne dann vorliegt, wenn der Täter aufgrund seines geistigen Zustandes oder seiner Situation einer ungewöhnlichen oder besonders großen Versuchung ausgesetzt war oder wenn die Kontrollfähigkeit über seine Handlungen ohne eigenes Verschulden derartig geschwächt war, daß die Befolgung des Gesetzes für ihn – im Vergleich zu Personen in normalen Umständen – besonders schwierig war. [...]

Wenn auch die typischen Fälle von Rechtfertigung, Entschuldigung und Strafmilderung deutlich voneinander verschieden sind, so begegnen uns doch auch Grenzfälle. Denn es gibt viele Verhaltensmerkmale, die man in der einen wie in der anderen Weise auffassen kann und tatsächlich auch auffaßt. So ist nach englischem Recht Nötigung (also Zwang durch

Androhung eines ernsthaften Übels) – in der Praxis allerdings ohne große Bedeutung – bei einigen Straftaten ein die Verantwortlichkeit ausschließender Entschuldigungsgrund. Hier liegt die Auffassung zugrunde, daß, da B nur deshalb eine Straftat begangen hat, weil A ihn genötigt hatte, B's Handlung nicht das Ergebnis einer »freien« oder unabhängigen Entscheidung ist; B ist lediglich A's Werkzeug, der ihn gezwungen hat. Trotzdem ist B nicht ein Werkzeug in demselben Sinne, in dem er ein Werkzeug wäre, hätte A ihn gegen ein Fenster gestoßen, das er dann zerbrochen hat; wenn er aus Furcht vor der Drohung nicht gerade im wörtlichen Sinne gelähmt war, dann, so dürfen wir annehmen, hätte B sich weigern können, A zu gehorchen. Wenn er gehorchte, so können wir sagen, »er wollte gezwungenermaßen«, und können nun die Situation zwar nicht so ansehen, daß sie eine Bestrafung überhaupt unerträglich macht, aber doch so, daß sie, ähnlich wie eine schwere Provokation, eine Strafmilderung erfordert. Wenn andererseits die Straftat, zu der B von A genötigt wird, geringfügig ist im Vergleich zu dem ernsthaften Übel (zum Beispiel dem Tod), das A androht, wäre es keineswegs unsinnig, A's Drohung sogar als rechtfertigend für B's Verhalten anzusehen, obzwar wenige Rechtsordnungen offen so verfahren. Wenn man es tut, geht der Gedanke der Nötigung über in den Gedanken des Notstands, der in den meisten Strafrechtssystemen als ein strafbefreiender Faktor vorkommt. [...]

Die Anerkennung von Entschuldigungsgründen ist eine Sache der Strafverhängung; sie wird von eindeutigen Prinzipien der Gerechtigkeit gefordert, die das Ausmaß einschränken, in dem allgemeine soziale Ziele auf Kosten des einzelnen verfolgt werden dürfen. Die moralische Bedeutung, die man diesen Prinzipien im Strafrecht beimißt, unterscheidet die Strafe von anderen Maßnahmen, die ähnliche Ziele (etwa den Schutz von Leben und Eigentum) wie die Strafe verfolgen, und zwar mit Methoden, die wie die Strafe für die betroffenen

Individuen oft unangenehm sind – Methoden wie die Internierung von Angehörigen feindlicher Staaten oder Vereinigungen in Kriegszeiten, die Einsperrung von Geisteskranken oder die zwangsweise Quarantäne von Trägern ansteckender Krankheiten. Zu ihnen greift man, um sich vor Katastrophen zu schützen.

Jedes Strafrechtssystem hält die Anerkennung von Entschuldigungsgründen mit Rücksicht auf andere soziale Werte in Grenzen, und kein System gewährt ihnen so viel Raum (insbesondere nicht in Fällen geistiger Störung), wie viele es sich wünschen. Wenn wir jedoch eine oberflächliche, allerdings naheliegende Antwort auf die modernen Zweifel am Sinn beziehungsweise an der Wahrheit des Satzes, der Straftäter hätte das von ihm verletzte Gesetz einhalten können, vermeiden wollen, dann müssen wir sehen, daß unsere moralische Bevorzugung eines Systems, das derartige Entschuldigungsgründe anerkennt, ebensowenig mit dem allgemeinen Ziel der Strafe erklärt werden kann wie unser Widerwille gegen so unzivilisierte Dinge wie falsche Anschuldigungen oder stellvertretende Bestrafungen. Auch hier, sofern die Gesetze uns sittlich unhaltbar oder doch zweifelhaft erscheinen, so daß ihr Bruch keine moralische Schuld bedeutet, wäre die Bestrafung derjenigen, die das Recht unabsichtlich verletzen, ein zusätzlicher Verstoß und die Ablehnung solchen Vorgehens ein Zeichen von Anstand.

Vertreter der Vergeltungstheorie (Vergeltung als allgemeines Strafziel) haben der Begründung dieses Aspektes der Strafe nicht viel Aufmerksamkeit gewidmet; sie haben gewöhnlich (zu Unrecht) angenommen, daß er nur als Folge des allgemeinen Vergeltungsgedankens Bedeutung hat. Utilitaristen hingegen haben immer wieder versucht, im einzelnen zu zeigen, daß die Beschränkung der Strafe auf diejenigen Personen, die freiwillig das Recht gebrochen haben, auf rein utilitaristischer Basis erklärbar ist. Bentham hat in dieser Richtung die umfassendsten Bemühungen unternommen; ihr Scheitern ist eine lehrreiche Warnung für die Straftheorie von heute.

Benthams Argumentation ist eine Entgegnung auf Blackstone, der bei der Erläuterung der wichtigsten Entschuldigungsgründe im Strafrecht die Behauptung aufstellte, daß
»alle die verschiedenen Einwendungen und Entschuldigun-
gen, die den Täter einer verbotenen Handlung vor Strafe
bewahren, sich auf einen einzigen Gesichtspunkt reduzieren
lassen: einen Mangel im Willen, sowie auf das Prinzip, nach
dem die erste Voraussetzung eines Verbrechens ein böser
Wille ist«. In seinem Buch *Introduction to the Principles of
Morals and Legislation* stellt Bentham unter der Überschrift
»Fälle, für Strafe ungeeignet« ähnlich wie Blackstone eine
Liste der wichtigsten Entschuldigungsgründe zusammen;
dann versucht er zu zeigen, daß Strafe gegenüber denjenigen,
die unter einer dieser Bedingungen gegen das Gesetz verstoßen haben, »unwirksam sein muß«; sie kann nicht ihre präven-
tive Wirkung entfalten«. All das Gerede über Willensmängel
oder das Fehlen eines »bösen« Willens sei, so sagt er, »völlig
zwecklos«, außer es habe jenen einen Gesichtspunkt zum
Inhalt (die Unwirksamkeit der Strafe), den er selbst für die
Anerkennung dieser Entschuldigungsgründe anführt.

Benthams Argumentation enthält in Wirklichkeit einen
offenkundigen Fehlschluß. Er will beweisen, daß die *Bestrafung* von Geisteskranken, von Kindern oder von denjenigen,
die unabsichtlich, unter Nötigung oder sogar im »Notstand«
das Recht brechen, ohne Wirkung sein muß; doch das, was er
allenfalls beweist, ist der ganz andere Satz, daß die Straf*androhung* gegenüber Personen, auf welche die genannten
Bedingungen zutreffen, keine Wirkung haben wird. Es ist
ohne weiteres möglich, daß zwar (wie Bentham meint) die
Straf*androhung* ihnen gegenüber unwirksam bleiben muß,
daß aber ihre *tatsächliche Bestrafung* bei tatverantwortlichen
Personen ein höheres Maß an Gesetzestreue gewährleistet als
die Zulassung von Entschuldigungsgründen. Wenn es nur um
utilitaristische Prinzipien ginge, dann würden wir den Straf-
ausschluß aufgrund von Entschuldigungsgründen fallenlas-
sen, und zwar ohne das Bewußtsein, irgendein wichtiges

Prinzip zu opfern oder von zwei Übeln das geringere zu wählen. Auf utilitaristischer Grundlage würden wir nur dann anders entscheiden, wenn wir der Meinung wären, die Angst, die Unsicherheit oder das Unglück infolge derartig drakonischer Strafgesetze sei schlimmer als das geringere Maß an Gesetzesbefolgung, das die Zulassung von Entschuldigungsgründen mit sich bringt.

Dieser Einwand gegen Benthams Rechtfertigung von Entschuldigungsgründen ist nicht ohne praktische Bedeutung. Jede Erhöhung der Anzahl von Bedingungen, an welche die strafrechtliche Verantwortlichkeit geknüpft ist, schafft neue Gelegenheiten, die Gerichte durch die Vorspiegelung zu täuschen, daß eine dieser Bedingungen nicht erfüllt sei. Und wenn es sich bei der betreffenden Bedingung um einen psychologischen Umstand handelt, sind die Aussichten, daß eine solche Vorspiegelung zum Erfolg führt, beträchtlich. Ganz abgesehen vom Fall der Geisteskrankheit, zeigen die Fälle, in denen der Angeklagte etwa geltend macht, bei mangelndem Bewußtsein, in einem vorübergehend abnormen Geisteszustand oder durch Zufall getötet zu haben, daß eine Täuschung nicht übermäßig schwierig ist. Vom utilitaristischen Standpunkt aus kann dieser Umstand in doppelter Weise zu »Verlusten« führen: Erstens kann die Annahme, daß eine derartige Täuschung möglich ist, Personen, die andernfalls das Risiko der Bestrafung nicht eingehen würden, ermutigen, es auf eine solche Täuschung der Gerichte ankommen zu lassen. Und zweitens bleibt ein Krimineller, der auf diese Weise tatsächlich Erfolg hat, auf freiem Fuße, obschon er zu jenen Leuten gehört, die das Recht eigentlich unschädlich machen möchte. [...]

Nach alledem ist es nicht möglich, das Prinzip, das unter schuldausschließenden Bedingungen keine Bestrafung zuläßt, lediglich als Folge des allgemeinen Strafzieles darzustellen, das – sei es Vergeltung oder Prävention – die *Institution* der Strafe rechtfertigt. Läßt sich über dieses Prinzip –

abgesehen davon, daß wir ihm moralische Bedeutung beimessen, wenn es darum geht, die Verfolgung unseres allgemeinen Strafzieles einzuschränken – etwas Positives sagen?

Es ist klar, daß dieses Prinzip, wie alle Prinzipien der Gerechtigkeit, mit dem *Ausgleich* von Ansprüchen einer Mehrzahl von Menschen zu tun hat. Es verkörpert den Gedanken, daß jeder einzelne Schutz verdient gegen den Anspruch aller anderen, durch seine Bestrafung für eine Rechtsverletzung ein Höchstmaß an Sicherheit und Wohlergehen zu erlangen. Zu diesem Zweck ist eine moralische Unbedenklichkeitserklärung in Form eines Beweises erforderlich, daß der Angeklagte den Rechtsbruch durch eine Handlung begangen hat, die das Ergebnis seiner freien Entscheidung war. Die Anerkennung von Entschuldigungsgründen aber ist das Beste, was wir tun können, um die Beachtung dieser Bedingung zu gewährleisten. Hiermit sollte die Analyse dieses einschränkenden Prinzips vielleicht abbrechen. Wir sollten vielleicht einfach sagen, daß dieses Prinzip eine Forderung der Gerechtigkeit ist und daß Gerechtigkeit einfach darin besteht, beim Ausgleich konkurrierender Ansprüche menschlicher Individuen jene Grundsätze zu beachten, die erstens alle als Personen gleich behandeln, indem sie der freiwilligen menschlichen Handlung besondere Bedeutung zuweisen, und zweitens den Gebrauch eines einzelnen Menschen zum Nutzen anderer verbieten, es sei denn als Ausgleich für seine freiwillig gegen sie begangenen Handlungen. [. . .]

Die Kriminalstrafe als Versuch, ein erwünschtes Verhalten herbeizuführen, unterscheidet sich von den manipulativen Techniken einer »Brave New World« (Konditionierung, Propaganda usw.) wie von der einfachen Unschädlichmachung von Personen mit asozialen Tendenzen dadurch, daß sie ein Risiko eingeht. Sie wartet mit dem Eingreifen, bis ein Schaden eingetreten ist; ihre Hauptfunktion besteht einfach darin, gewisse Verhaltensnormen festzulegen, ihre Mißachtung durch Strafandrohung weniger attraktiv zu machen und dann die Entscheidung dem Individuum anheimzustellen. Es handelt sich hierbei um eine Methode sozialer Kontrolle, die im Rahmen der Zwangsordnung des Rechts in verschiedener Hinsicht ein Maximum an individueller Freiheit gewährt. Erstens hat der einzelne die Wahl zwischen Gehorsam und Strafe; diese Wahlmöglichkeit für die individuelle Lebensgestaltung ist um so wertvoller, je schlimmer die Gesetze sind. Zweitens ermöglicht dieses System dem einzelnen nicht nur die Ausübung dieser Wahl, es erhöht für ihn auch die Möglichkeit, im vorhinein Lebensperioden abzustecken, in denen ihn das Strafrecht nicht behelligen wird, und sein Leben entsprechend zu planen. Dieser ganz offenkundige Umstand wird oft verdeckt von den übrigen Vorzügen einer Beschränkung der Strafe auf freiwillig begangene Taten, verdient jedoch besondere Beachtung. Gäbe es diese Beschränkung nicht, so müßte der einzelne damit rechnen, seine Pläne durchkreuzt zu sehen durch die Bestrafung von Handlungen, die er unabsichtlich, in Unkenntnis, durch Zufall oder im Irrtum begangen hat. Ein derartiges System strikter Haftung bei allen Straftaten würde, sofern überhaupt möglich, nicht nur die Zahl der Bestrafungen enorm ansteigen lassen, sondern auch die Möglichkeit des einzelnen einschränken, im voraus einzelne Zeiten festzulegen, in denen er straffrei leben wird. Das ist so, weil wir uns kaum darauf verlassen können, daß wir in einem bestimmten Zeitraum nicht unabsichtlich, zufällig usw. eine Straftat begehen werden; wohingegen viele von uns sich hinreichend kennen, um zu der Annahme berechtigt zu sein, daß sie sich für eine gewisse Zeit im voraus nicht *absichtlich* strafbar machen werden, und dementsprechend ihr Leben einrichten können. Natürlich kann eine derartige Zuversicht, obschon auf Selbstkenntnis beruhend, nicht den Grad der Gewißheit erreichen. Mein Vertrauen, daß ich mich in den nächsten zwölf Monaten nicht mit Absicht strafbar mache und daher vor Strafe frei bleibe, mag sich als verfehlt erweisen; aber es ist größer und auch besser begründet als mein Vertrauen, daß ich nicht einmal unabsichtlich eine Handlung begehe, die unsere Rechtsordnung, sofern absichtlich begangen, bestraft.

Der Gedanke der Strafmilderung verkörpert die Überzeugung, daß, mag auch das Maß oder die Strenge der Strafe vorwiegend durch das allgemeine Strafziel bestimmt sein, die Gerechtigkeit doch fordert, daß diejenigen geringer bestraft werden, die sich bei der Beachtung der von ihnen verletzten Gesetze besonderen Schwierigkeiten gegenübersahen. Prinzipien der Gerechtigkeit haben jedoch nach einer verbreiteten Meinung noch in mindestens zwei weiteren Richtungen einen Einfluß auf das Strafmaß. Zunächst ist da die etwas vage Forderung, daß »gleiche Fälle gleich behandelt werden«. Mit Sicherheit hält man diese Forderung jedenfalls dann für verletzt, wenn der Grund für eine unterschiedliche Bestrafung von Tätern desselben Delikts weder eine persönliche Eigenschaft des Täters im Zusammenhang mit seiner Tat noch die Wirkung der Strafe auf ihn ist. Falls eine bestimmte Straftat zu einer gegebenen Zeit etwa besonders verbreitet ist und ein Richter ihre Begehung deshalb (»zur Warnung«) schwerer bestraft als bei früheren Anlässen, so erleidet die Gerechtigkeit zugunsten der öffentlichen Sicherheit eine Einbuße, mag dies auch vielen – als das geringere von zwei Übeln – als akzeptabel erscheinen.

Auch das weitere Prinzip, daß verschiedene Arten von Delikten unterschiedlicher Schwere (wie immer man diese bestimmen will) nicht gleich streng bestraft werden sollen, kann zwar wie andere Prinzipien der Strafverhängung die Verfolgung unseres allgemeinen Strafzieles einschränken, ist aber nicht aus diesem ableitbar. Lange Freiheitsstrafen würden vielleicht die Übertretungen von Parksündern wirksam unterbinden; trotzdem halten wir es für falsch, uns ihrer zu bedienen; und zwar *nicht*, weil es für jede Straftat eine Strafe gäbe, die ihrem Maß an Verwerflichkeit auf »natürliche« Weise angemessen ist (wie manche Vertreter der Vergeltungsstrafe denken mögen); und auch nicht, weil wir der Überzeugung wären, daß das Leid infolge solcher Bestrafungen (das insgesamt durchaus gering sein könnte, weil sie selten zur Anwendung kämen) größer wäre als das Leid infolge der nicht verhinderten Straftaten (wie ein Utilitarist argumentieren würde). Der entscheidende Gedanke ist vielmehr, daß innerhalb eines Systems von Strafen eine gewisse Verhältnismäßigkeit herrschen muß zwischen den *Taten*, die das allgemeine Empfinden je nach ihrer Schwere in eine Skala einstuft, und den dafür verhängten *Strafen*. Diese Skala beruht ihrerseits ohne Zweifel auf sehr groben Beurteilungen der relativen moralischen Verwerflichkeit sowie der Schädlichkeit der verschiedenen Deliktstypen: Sie unterscheidet etwa zwischen einer bloßen Parkübertretung und Totschlag oder zwischen Sterbehilfe und Mord aus Gewinnsucht; eine genaue Einstufung der Schuld des Täters kann sie freilich nicht leisten (wer kann das?). Das Festhalten an einer Verhältnismäßigkeit dieser Art ist trotzdem nicht ohne Bedeutung. Denn wo die gesetzliche Abstufung der Taten, wie sie in der relativen Schwere der Strafdrohungen zum Ausdruck kommt, von dieser groben Skala deutlich abweicht, besteht die Gefahr, daß man die allgemeine Moral entweder verwirrt oder verächtlich macht und das Recht in Mißkredit bringt.

Die Ideale der Resozialisierung und der täterbezogenen Strafe, wie sie vor allem in den Maßregeln der Besserung und Sicherung zum Ausdruck kommen, sind in der englischen Strafpraxis seit 1900 in zunehmendem Maße berücksichtigt worden. Gleichwohl laufen sie dem zweiten, wenn nicht beiden der genannten Prinzipien der Gerechtigkeit oder Verhältnismäßigkeit eindeutig zuwider. Einige Leute fürchten und andere hoffen, daß das weitere Vordringen dieser Ideale mit der Ersetzung richterlicher Strafe durch eine von Experten durchgeführte »Behandlung« seinen Abschluß finden wird. Es ist jedoch wichtig zu sehen, worin genau das Verhältnis zwischen Resozialisierung und Strafe liegt, das oft falsch charakterisiert wird.

»Resozialisierung« ist ohne Zweifel ein sehr vages Ziel; zur Zeit meint man damit wohl jegliche Stärkung der Disposition und der Fähigkeit des Täters zu rechtskonformem Verhalten, die gezieltem menschlichen Bemühen, nicht aber der Furcht vor Strafe zu verdanken ist. Zu den Methoden der Resozialisierung gehören etwa: die Anregung zur Reue, zur Anerkennung moralischer Schuld und zu einem stärkeren Bewußtsein von Wesen und Anforderungen der Gesellschaft; die Bereitstellung von Ausbildungsmöglichkeiten im weitesten Sinne; berufliches Training; psychologische Behandlung. Unter dem Eindruck der weitgehenden Nutzlosigkeit, ja Schädlichkeit traditionellen Strafens reden viele so, als ob Resozialisierung das allgemeine Ziel der gesamten Strafpraxis beziehungsweise der dominierende Zweck des Strafrechts sein könnte und sollte: »Die Besserungstheorie, gegründet auf die Konzeption einer vielfältigen Determiniertheit und einer heilend-rehabilitierenden Behandlung, sollte in der Gesetzgebung wie in der Praxis von Rechtsprechung und Vollzug eindeutig den Vorrang haben« (Hall).

Natürlich ist dies ein mögliches Ideal; aber es ist nicht ein Ziel von *Strafe*. Innerhalb eines Systems der Strafe kann Resozialisierung lediglich als Ausnutzung der Möglichkeiten einen Platz haben, die Verurteilung und Inhaftierung des Täters bieten. Resozialisierung ist keine alternative Rechtfertigung der Institution Strafe, sondern ein Ziel, dessen Verfolgung innerhalb eines Systems der Strafe die Einschränkung beziehungsweise völlige Verdrängung von Prinzipien der Gerechtigkeit und Verhältnismäßigkeit bei der Strafzumessung bedeutet. Dieses ist der Punkt, an dem Resozialisierung und täterbezogene Maßnahmen zu der herkömmlichen Moral des Strafens in Widerspruch geraten.

Es ist in der Tat paradox zu behaupten, daß Resozialisierung in einer Strafrechtsordnung den »Vorrang« haben soll, so als ob der Hauptzweck der Bestrafung des Mordes wäre, den Mörder zu erziehen, und nicht, Morde zu verhindern. Und das Paradox ist noch größer, wo die Straftat, moralisch betrachtet, geringfügig ist, zum Beispiel beim Verstoß gegen ein staatliches Transportmonopol. Gegen den Versuch, der

Resozialisierung im Konzept der Strafe eine derartige Rolle zuzuweisen, spricht nicht nur, daß Strafe Leid bedeutet und Resozialisierung nicht, sondern auch, daß Resozialisierung ein Hilfsmittel ist, das von vornherein nur dort in Betracht kommt, wo das Strafrecht in seiner primären Funktion, die Gesellschaft vor dem Übel des Rechtsbruchs zu bewahren, versagt hat. Man kann eine Gesellschaft zu jedem Zeitpunkt in zwei Klassen von Leuten einteilen: in solche, die tatsächlich ein gegebenes Gesetz gebrochen haben, und solche, die es noch nicht gebrochen haben, es aber vielleicht brechen werden. Resozialisierung als das dominierende Strafziel zu betrachten würde bedeuten, die zweite und – im Hinblick auf die ernsteren Straftaten – zahlenmäßig viel größere Klasse nicht mehr beeinflussen zu können. Man würde die Verhinderung von Erstverbrechen der Verhinderung von Rückfalltaten unterordnen.

Eine Betrachtung der Bedingungen und Annahmen, unter denen ein solches Vorgehen als vernünftig erscheint, bringt uns zu dem Thema des modernen skeptischen Zweifels an der gesamten Institution der Strafe. Wenn wir der Meinung sein sollten, daß die Androhung oder Verhängung von Strafen ohne Wirkung bleibt, weil diejenigen, die nicht straffällig werden, es ohnehin nicht würden, dann wäre im Strafrecht ein dramatischer Wandel, mit dem Ziel einer ausschließlichen Konzentrierung auf die tatsächlich Straffälligen, nötig. Eben weil wir hiervon zur Zeit nicht völlig überzeugt sind, befinden wir uns in einem Dilemma, dem wir mit einem zweifelhaften Kompromiß begegnen. Strafen, die wir zur Abschreckung für notwendig halten, um ein Höchstmaß an Rechtstreue zu erreichen, machen unter Umständen aus dem Täter, gegen den sie verhängt werden, einen verhärteten Feind der Gesellschaft; die Anwendung von Resozialisierungsmaßnahmen dagegen verringert unter Umständen die Strafwirkung gegenüber Dritten. Zur Zeit schließen wir im Hinblick auf diesen relativ neuen Aspekt der Strafe ebenso einen Kompromiß wie im Hinblick auf die wichtigsten Elemente der Strafe.

Was diesen Kompromiß erträglich erscheinen läßt, ist die Annahme, daß die abschreckende Wirkung der Strafe oft von ihrer Schwere unabhängig ist und viel mehr mit der Schande der Verurteilung beziehungsweise mit dem Freiheitsentzug zusammenhängt, den viele Resozialisierungsmaßnahmen, wie sie zur Zeit üblich sind, ebenso mit sich bringen.

Literaturhinweise

Klaus Adomeit: Rechtstheorie für Studenten. 2. Aufl. Heidelberg/ Hamburg: R. Decker, 1981. (UTB 883.)

Hans Albert: Traktat über rationale Praxis. Tübingen: J. C. B. Mohr, 1978.

Carlos E. Alchourrón / Eugenio Bulygin: Normative Systeme. Freiburg i. Br. / München: Karl Alber, 1994.

Robert Alexy: Begriff und Geltung des Rechts. Freiburg i. Br. / München: Karl Alber, 1992.

– Recht, Vernunft, Diskurs. Studien zur Rechtsphilosophie. Frankfurt a. M.: Suhrkamp, 1995. (stw 1167.)

Heiner Alwart: Recht und Handlung. Die Rechtsphilosophie in ihrer Entwicklung vom Naturrechtsdenken und vom Positivismus zu einer analytischen Hermeneutik des Rechts. Tübingen: J. C. B. Mohr, 1987.

Michael Baurmann: Zweckrationalität und Strafrecht. Opladen: Westdeutscher Verlag, 1987.

– Der Markt der Tugend. Recht und Moral in der liberalen Gesellschaft. Tübingen: J. C. B. Mohr, 1996.

Jes Bjarup: Skandinavischer Realismus. Freiburg i. Br. / München: Karl Alber, 1978.

Arnold Brecht: Politische Theorie. Die Grundlagen politischen Denkens im 20. Jahrhundert. 2. Aufl. Tübingen: J. C. B. Mohr, 1976.

Norbert Brieskorn: Rechtsphilosophie. Stuttgart: Kohlhammer, 1990.

James M. Buchanan: Die Grenzen der Freiheit. Zwischen Anarchie und Leviathan. Tübingen: J. C. B. Mohr, 1984.

Franz Bydlinski: Juristische Methodenlehre und Rechtsbegriff. Wien / New York: Springer, 1982.

– Fundamentale Rechtsgrundsätze. Zur rechtsethischen Verfassung der Sozietät. Wien / New York: Springer, 1988.

Helmut Coing: Grundzüge der Rechtsphilosophie. 4. Aufl. Berlin / New York: Walter de Gruyter, 1985.

Ralf Dreier: Recht – Moral – Ideologie. Studien zur Rechtstheorie. Frankfurt a. M.: Suhrkamp, 1981. (stw 344.)

– Recht – Staat – Vernunft. Studien zur Rechtstheorie 2. Frankfurt a. M.: Suhrkamp, 1991. (stw 954.)

Roland Dubischar: Vorstudium zur Rechtswissenschaft. Eine Einführung in die juristische Theorie und Methode anhand von Texten. Stuttgart: Kohlhammer, 1974. (Urban-Taschenbücher. 196.)

Ronald Dworkin: Bürgerrechte ernstgenommen. Frankfurt a. M.: Suhrkamp, 1984.

Karl Engisch: Auf der Suche nach der Gerechtigkeit. Hauptthemen der Rechtsphilosophie. München: Piper, 1971.

Armin Engländer: Diskurs als Rechtsquelle? Zur Kritik der Diskurstheorie des Rechts. Tübingen: J. C. B. Mohr, 2002.

Rainer Forst: Kontexte der Gerechtigkeit. Frankfurt a. M.: Suhrkamp, 1994. (stw 1252.)

Michael Fritsch: Ökonomische Ansätze zur Legitimation kollektiven Handelns. Berlin: Duncker & Humblot, 1983.

Peter Glotz (Hrsg.): Ziviler Ungehorsam im Rechtsstaat. Frankfurt a. M.: Suhrkamp, 1983. (es 1214.)

Stefan Gosepath / Georg Lohmann (Hrsg.): Philosophie der Menschenrechte. Frankfurt a. M.: Suhrkamp, 1998. (stw 1338.)

Peter Gril: Die Möglichkeit praktischer Erkenntnis aus der Sicht der Diskurstheorie. Eine Untersuchung zu Jürgen Habermas und Robert Alexy. Berlin: Duncker & Humblot, 1998.

Jürgen Habermas: Faktizität und Geltung. Frankfurt a. M.: Suhrkamp, 1992.

H. L. A. Hart: Der Begriff des Rechts. Frankfurt a. M.: Suhrkamp, 1973.

– Recht und Moral. Drei Aufsätze. Göttingen: Vandenhoeck & Ruprecht, 1971. (Kleine Vandenhoeck-Reihe. 339.)

Friedrich A. von Hayek: Die Verfassung der Freiheit. 2. Aufl. Tübingen: J. C. B. Mohr, 1983.

Heinrich Henkel: Einführung in die Rechtsphilosophie. Grundlagen des Rechts. 2. Aufl. München: C. H. Beck, 1977.

Otfried Höffe: Politische Gerechtigkeit. Grundlegung einer kritischen Philosophie von Recht und Staat. Frankfurt a. M.: Suhrkamp, 1989. (stw 800.)

Norbert Hoerster: Verteidigung des Rechtspositivismus. Frankfurt a. M.: Alfred Metzner, 1989.

– Ethik des Embryonenschutzes. Ein rechtsphilosophischer Essay. Stuttgart: Reclam, 2002. (Universal-Bibliothek. 18186.)

Norbert Horn: Einführung in die Rechtswissenschaft und Rechtsphilosophie. Heidelberg: C. F. Müller, ²2001.

Detlef Horster: Rechtsphilosophie zur Einführung. Hamburg: Junius, 2002.

Wolfgang Huber: Gerechtigkeit und Recht. Grundlinien christlicher Rechtsethik. Gütersloh: Gütersloher Verlagshaus, 1996.

Stefan Huster: Ethische Neutralität des Staates. Tübingen: J. C. B. Mohr, 2002.

Hermann Kantorowicz: Der Begriff des Rechts. Göttingen: Vandenhoeck & Ruprecht, o. J. (Kleine Vandenhoeck-Reihe. 152/153.)

Arthur Kaufmann: Rechtsphilosophie. München: C. H. Beck, ²1997.

– / Winfried Hassemer (Hrsg.): Einführung in Rechtsphilosophie und Rechtstheorie der Gegenwart. Heidelberg: C. F. Müller, ⁶1994. (UTB 593.)

Matthias Kaufmann: Rechtsphilosophie. Freiburg i. Br. / München: Karl Alber, 1996.

Hans Kelsen: Was ist Gerechtigkeit? Stuttgart: Reclam, 2000 (Universal-Bibliothek. 18076.)

– Reine Rechtslehre. 2. Aufl. Wien: Franz Deuticke, 1960.

– Allgemeine Theorie der Normen. Wien: Manzsche Verlags- und Universitätsbuchhandlung, 1979.

Wolfgang Kersting: Die politische Philosophie des Gesellschaftsvertrags. Darmstadt: Wissenschaftliche Buchgesellschaft, 1994.

Hartmut Kliemt: Zustimmungstheorien der Staatsrechtfertigung. Freiburg i. Br. / München: Karl Alber, 1980.

– Moralische Institutionen. Empiristische Theorien ihrer Evolution. Freiburg i. Br. / München: Karl Alber, 1985.

August M. Knoll: Katholische Kirche und scholastisches Naturrecht. Zur Frage der Freiheit. Neuwied/Berlin: Luchterhand, 1968.

Peter Koller: Neue Theorien des Sozialkontrakts. Berlin: Duncker & Humblot, 1987.

– Theorie des Rechts. Eine Einführung. Wien/Köln/Weimar: Böhlau, ²1997.

Martin Kriele: Kriterien der Gerechtigkeit. Zum Problem des rechtsphilosophischen und politischen Relativismus. Berlin: Duncker & Humblot, 1963.

– Recht und praktische Vernunft. Göttingen: Vandenhoeck & Ruprecht, 1979. (Kleine Vandenhoeck-Reihe. 1453.)

Niklas Luhmann: Das Recht der Gesellschaft. Frankfurt a. M.: Suhrkamp, 1993. (stw 1183.)

John L. Mackie: Ethik. Auf der Suche nach dem Richtigen und Falschen. Stuttgart: Reclam, 1981 [u. ö]. (Universal-Bibliothek. 7680.)

Werner Maihofer (Hrsg.): Naturrecht oder Rechtspositivismus? Darmstadt: Wissenschaftliche Buchgesellschaft, 1962.

– Begriff und Wesen des Rechts. Darmstadt: Wissenschaftliche Buchgesellschaft, 1972.

Karl Menninger: Strafe – ein Verbrechen? Erfahrungen und Thesen eines amerikanischen Psychiaters. Frankfurt a. M.: S. Fischer, 1982. (Fischer Taschenbuch. 42244.)

Johannes Messner: Das Naturrecht. 6. Aufl. Innsbruck/Wien/München: Tyrolia, 1966.

Wolfgang Naucke: Rechtsphilosophische Grundbegriffe. 2. Aufl. Frankfurt a. M.: Alfred Metzner, 1986.

Robert Nozick: Anarchie, Staat, Utopia. München: Moderne Verlagsgesellschaft, o. J.

Walter Ott: Der Rechtspositivismus. Kritische Würdigung auf der Grundlage eines juristischen Pragmatismus. Berlin: Duncker & Humblot, 1976.

Chaim Perelman: Über die Gerechtigkeit. München: C. H. Beck, 1967. (Beck'sche Schwarze Reihe. 45.)

Josef Pieper: Gerechtigkeit. In: J. P.: Das Viergespann. München: Kösel, 1964. S. 65–161.

Dietmar von der Pfordten: Rechtsethik. München: C. H. Beck, 2001.

Gustav Radbruch: Rechtsphilosophie. 13. Aufl. Stuttgart: K. F. Koehler, 1980.

John Rawls: Gerechtigkeit als Fairneß. Freiburg i. Br. / München: Karl Alber, 1977.

– Eine Theorie der Gerechtigkeit. Frankfurt a. M.: Suhrkamp, 1979 [u. ö.]. (stw 271.)

John C. Rees: Soziale Gleichheit. Anspruch und Wirklichkeit eines politischen Begriffs. Frankfurt a. M. / New York: Herder & Herder, 1974.

Alf Ross: On Law and Justice. London: Stevens & Sons, 1958.

Hans Ryffel: Grundprobleme der Rechts- und Staatsphilosophie. Philosophische Anthropologie des Politischen. Neuwied/Berlin: Luchterhand, 1969.

Eberhard Schmidhäuser: Vom Sinn der Strafe. 2. Aufl. Göttingen: Vandenhoeck & Ruprecht, 1971. (Kleine Vandenhoeck-Reihe. 143/143a/143b.)

Kurt Seelmann: Rechtsphilosophie. München: C. H. Beck, 1994.

Peter Singer: Praktische Ethik. Stuttgart: Reclam, 1984, ²1994 [u. ö.]. (Universal-Bibliothek. 8033.)

Stefan Smid: Einführung in die Philosophie des Rechts. München: C. H. Beck, 1991.

Stig Strömholm: Allgemeine Rechtslehre. Göttingen: Vandenhoeck & Ruprecht, 1976. (UTB 619.)

Robert S. Summers: Pragmatischer Instrumentalismus und amerikanische Rechtstheorie. Freiburg i. Br. / München: Karl Alber, 1983.

Ilmar Tammelo: Theorie der Gerechtigkeit. Freiburg i. Br. / München: Karl Alber, 1977.

Robert Walter: Der Aufbau der Rechtsordnung. Eine rechtstheoretische Untersuchung auf Grundlage der Reinen Rechtslehre. 2. Aufl. Wien: Manz, 1974.

– Rechtstheorie und Erkenntnislehre gegen Reine Rechtslehre? Wien: Manz, 1990.

Michael Walzer: Sphären der Gerechtigkeit. Frankfurt a. M.: Campus, 1992.

Ota Weinberger: Logische Analyse in der Jurisprudenz. Berlin: Duncker & Humblot, 1979.

– Normentheorie als Grundlage der Jurisprudenz und Ethik. Eine Auseinandersetzung mit Hans Kelsens Theorie der Normen. Berlin: Duncker & Humblot, 1981.

Donald N. MacCormick / Ota Weinberger: Grundlagen des institutionalistischen Rechtspositivismus. Berlin: Duncker & Humblot, 1985.

Christoph Westermann: Argumentationen und Begründungen in der Ethik und Rechtslehre. Berlin: Duncker & Humblot, 1977.

Reinhold Zippelius: Rechtsphilosophie. München: C. H. Beck, 1982, ³1994.

Textnachweise

1. Kapitel

John Austin: Rechtsnormen als Befehle des politischen Machthabers.
– Aus: John Austin: The Province of Jurisprudence Determined.
London: Weidenfeld and Nicolson, 1955. S. 13, 13–14, 14–15, 16,
19, 24, 25–26, 192–193, 132, 193–194, 194–195. Übers. von Norbert Hoerster.

Hans Kelsen: Die Rechtsordnung als hierarchisches System von
Zwangsnormen. – Aus: Hans Kelsen: Reine Rechtslehre. 2. Aufl.
Wien: Franz Deuticke, 1960. S. 4–5, 7–9, 10, 196–197, 36–37,
202–204, 200–201, 48–49, 50, 50–51, 26, 51–53, 53–54, 55–56, 57,
59. Abdruck mit Genehmigung der Verlags- und Universitätsbuchhandlung Franz Deuticke, Wien.

Alfred Verdross: Die naturrechtliche Basis der Rechtsgeltung. – Aus:
Alfred Verdross: Die systematische Verknüpfung von Recht und
Moral. In: Ernst Sauer (Hrsg.): Forum der Rechtsphilosophie.
Köln: Balduin Pick, 1950. S. 9–12, 13–15, 15. Abdruck mit Geneh-
migung des Autors (†).

Gustav Radbruch: Gesetzliches Unrecht und übergesetzliches Recht.
– Aus: Gustav Radbruch: Rechtsphilosophie. 8. Aufl. Stuttgart:
K. F. Koehler, 1973. S. 327–328, 344–346, 346–347. Abdruck mit
Genehmigung des K. F. Koehler Verlags, Stuttgart.

H. L. A. Hart: Akzeptanz als Basis einer positiven Rechtsordnung. –
Aus: H. L. A. Hart: Legal and Moral Obligation. In: Abraham I.
Melden (Hrsg.): Essays in Moral Philosophy. Seattle/London:
University of Washington Press, 1958. S. 87–93, 95–99. – H. L. A.
Hart: The Concept of Law. Oxford: The Clarendon Press, 1961.
S. 38–41, 199–207. (Die Passagen wurden für den vorliegenden
Band neu übersetzt; für die deutsche Ausgabe des gesamten Buches
siehe die Literaturhinweise.) Übers. von Peter Frellesen, Hart-
mut Kliemt und Norbert Hoerster. Abdruck mit Genehmigung
von University of Washington Press, Seattle (Washington), und
Oxford University Press, Oxford (© 1961 Oxford University
Press).

2. Kapitel

Vladimir I. Lenin: Das Recht als Instrument der Klassenherrschaft. – Aus: Vladimir I. Lenin: Staat und Revolution. 15. Aufl. Berlin [Ost]: Dietz, 1970. S. 17, 8–9, 10, 103–104, 97–98, 99–102, 93–94, 107–108, 95–96, 18–21. Abdruck mit Genehmigung des Dietz Verlags, Berlin, Deutsche Demokratische Republik.

Johannes Messner: Die Natur des Menschen als Grundlage des Sittengesetzes. – Aus: Johannes Messner: Das Naturrecht. 6. Aufl. Innsbruck/Wien/München: Tyrolia, 1966. S. 33–35, 39–42, 345, 547–548. Abdruck mit Genehmigung der Verlagsanstalt Tyrolia Gesellschaft m. b. H., Innsbruck.

Bundesgerichtshof: Das natürliche Sittengesetz im Umfang der Geschlechter. – Aus: Entscheidungen des Bundesgerichtshofes in Strafsachen 6 (1954) S. 48, 50–52, 53–54. – Entscheidungen des Bundesgerichtshofes in Zivilsachen 11 (1954) S. 65*–66*.

H. L. A. Hart: Eine empirische Theorie der Rechtsbegründung. – Aus: H. L. A. Hart: The Concept of Law. Oxford: The Clarendon Press, 1961. S. 182–195. (Die Passage wurde für den vorliegenden Band neu übersetzt; für die deutsche Ausgabe des gesamten Buches siehe die Literaturhinweise.) Übers. von Peter Frellesen und Hartmut Kliemt. Abdruck mit Genehmigung von Oxford University Press, Oxford (© 1961 Oxford University Press).

Norbert Hoerster: Die moralische Pflicht zum Rechtsgehorsam. – Eine überarbeitete Fassung von: Norbert Hoerster: Gibt es eine moralische Verpflichtung zum Rechtsgehorsam? In: Logik, Ethik, Theorie der Geisteswissenschaften. XI. Deutscher Kongreß für Philosophie, Göttingen 1975. Hamburg: Felix Meiner, 1977. S. 112–122.

3. Kapitel

Bundesverwaltungsgericht: Die verfassungsrechtliche Bindung an das Gleichheitsgebot. – Aus: Entscheidungen des Bundesverwaltungsgerichts 33 (1970) S. 32–34; 39 (1972) S. 5, 5, 7–9.

William K. Frankena: Gerechtigkeit als Chancengleichheit. – Aus: William K. Frankena: Some Beliefs about Justice. Lindley Lecture. Lawrence (Kansas): The University of Kansas, 1966. S. 3–20. Übers. von Joachim Schulte und Norbert Hoerster. Abdruck mit Genehmigung des Autors.

Friedrich A. von Hayek: Argumente gegen die Verteilungsgerechtigkeit. – Aus: Friedrich A. von Hayek: Die Verfassung der Freiheit. Tübingen: J. C. B. Mohr, 1971. S. 105–118, 122–124. Abdruck mit Genehmigung des Verlags J. C. B. Mohr (Paul Siebeck), Tübingen.

John Rawls: Eine Vertragstheorie der Gerechtigkeit. – Aus: John Rawls: Distributive Justice. In: Peter Laslett / Walter G. Runciman (Hrsg.): Philosophy, Politics and Society. Third Series. Oxford: Basil Blackwell, 1967. S. 58–68. Übers. von Joachim Schulte und Norbert Hoerster. Abdruck mit Genehmigung des Autors.

4. Kapitel

Pius XII.: Die Schuldvergeltung als metaphysisches Strafziel. – Aus: Pius XII.: Über das Internationale Strafrecht. In: Herder-Korrespondenz 8 (1953/54) S. 81. – Pius XII.: Schuld und Strafe. In: Herder-Korrespondenz 9 (1954/55) S. 267, 270, 269. – Pius XII.: Über das Internationale Strafrecht. In: Herder-Korrespondenz 8 (1953/54) S. 82, 82–83. Abdruck mit Genehmigung des Verlags Herder GmbH & Co. KG, Freiburg i. Br.

Anselm von Feuerbach: Die psychologische Abschreckungswirkung der Strafandrohung. – Aus: Anselm von Feuerbach: Lehrbuch des gemeinen in Deutschland gültigen Peinlichen Rechts. 14. Aufl. Gießen: Georg Friedrich Heyer, 1847. S. 37–40.

Friedrich Nietzsche: Argumente gegen Vergeltung und Abschreckung. – Aus: Friedrich Nietzsche: Aus dem Nachlaß der Achtzigerjahre. In: F. N.: Werke in drei Bänden. Hrsg. von Karl Schlechta. Bd. 3. Darmstadt: Wissenschaftliche Buchgesellschaft, 1963. S. 822. – Friedrich Nietzsche: Götzen-Dämmerung. In: Ebd. Bd. 2. S. 976–977. – Friedrich Nietzsche: Menschliches, Allzumenschliches. In: Ebd. Bd. 1. S. 511–512.

Karl Menninger: Therapie statt Strafe. – Aus: Karl Menninger: Verdict Guilty. Now What? In: Harper's Magazine (August 1959) S. 60–64. Übers. von Dieter Birnbacher. Abdruck mit Genehmigung des Autors.

Jeffrie G. Murphy: Kritik am therapeutischen Resozialisierungsprogramm. – Aus: Jeffrie G. Murphy: Criminal Punishment and Psychiatric Fallacies. In: Law and Society Review (August 1969) S. 111–112, 112–116, 117, 118–119. – Jeffrie G. Murphy: Preventive Detention and Psychiatry. In: Dissent (September/Oktober 1970) S. 448, 449–450, 460. Übers. von Dieter Birnbacher. Abdruck mit Genehmigung des Autors.

H. L. A. Hart: Eine Vereinigungstheorie von Prävention und Vergeltung. – Aus: H. L. A. Hart: Prolegomena zu einer Theorie der Strafe. In: H. L. A. H.: Recht und Moral. Drei Aufsätze. Göttingen: Vandenhoeck & Ruprecht, 1971. (Kleine Vandenhoeck-Reihe. 339.) S. 60, 61–63, 65–72, 73–74, 75–77, 79–80, 81–86. Abdruck mit Genehmigung der Verlagsbuchhandlung Vandenhoeck & Ruprecht, Göttingen.

Reclam – Philosophie

Textausgaben
von der Antike bis heute

Textsammlungen, Reader

Lexika

Einführungen

Interpretationen

Philosophiegeschichte

Reclam